博士文丛

税收立法权研究

胡小红 著

安徽大学出版社

图书在版编目(CIP)数据

税收立法权研究 / 胡小红著．—合肥：安徽大学出版社，2009．4
(博士文丛)
ISBN 978-7-81110-546-9

Ⅰ．税... Ⅱ．胡... Ⅲ．税收管理—立法—研究—中国
Ⅳ．D922．220．4

中国版本图书馆 CIP 数据核字(2009)第 024817 号

税收立法权研究 胡小红 著

出版发行	安徽大学出版社 (合肥市肥西路 3 号 邮编 230039)	**印　　刷**	合肥创新印务有限公司
		开　　本	710×1000 1/16
联系电话	编辑部 0551-5108223 发行部 0551-5108397	**印　　张**	16
		字　　数	230 千
E-mail	zlqemail2008@126.com	**版　　次**	2009 年 4 月第 1 版
责任编辑	朱丽琴	**印　　次**	2009 年 4 月第 1 次印刷
封面设计	岚 桥		

ISBN 978-7-81110-546-9　　**定价**：29.00 元

MU LU

目 录

导论

一、选题的意义

(一)"黄宗羲定律"的根源在于制税权的专制性

税收随着国家的产生而产生,不论从纵向的历史发展比较,还是从横向的国别比较,不同社会形态、不同发展阶段的国家都普遍存在税收制度。然而,长期以来,税收却成为统治者和社会利益冲突的焦点。苛捐杂税导致民生凋敝,横征暴敛把人民推向苦难的深渊,逼迫人民揭竿而起,社会动荡不安。一部中国古代史乃至近现代史就是一部税收斗争的历史。休养生息的"轻徭薄赋"往往和太平盛世相联系,从而为后人所称道。

我国明末清初著名思想家、史学家黄宗羲对我国古代赋税制度的弊端有深刻的揭示,他指出:"斯民苦暴税久矣,有积累莫返之害,所税非所出之害,田土无等第之害。"[①]这段话翻译成现代汉语大意就是:不分土地好坏都统一征税;农民种粮食却要等生产的产品卖了之后用货币交税,中间受商人的一层剥削;历代税赋改革,每改革一次,税就加重一次,而且一次比一次重。"三害"之中以"积累莫返之害"的揭示最为深刻,何谓"积累莫返之害"?黄宗羲具体分析道:"三代之贡、助、彻,止税田土而已。魏晋有户、调之名,有田者出租赋,有户者出布帛,田之外复有户矣。唐初立租、庸、调之法,有田则有租,有户则有调,有身则有庸,租出谷,庸出绢,调出缯纩布麻,户之外复有

---

① (清)黄宗羲著:《明夷待访录·田制三》,第26页,北京:中华书局,1981。

丁矣。杨炎变为两税，人无丁中，以贫富为差，虽租、庸、调之名浑然不见，其实并庸、调而入租也。相沿至宋，未尝减庸、调于租内，而复敛丁身钱来。后世安之，谓两税，租也，丁身，庸、调也，岂知其为重出之赋乎！使庸、调之名不去，何至是耶！故杨炎之利一时者少，而害于后世者大矣。有明两税，丁口而外有力差，有银差，盖十年而一值。嘉靖末行'一条鞭法'，通府州县十岁中夏税、秋粮、存留、起运之额，均徭、里甲、土贡、雇募、加银之例，一条总征之，使一年而出者分为十年，及至所值之年一如余年，是银、力二差又并入两税也。未几而里甲之值年者，杂役仍复纷然。其后又安之，谓条鞭，两税也，杂役，值年之差也，岂知其为重出之差乎！使银差、力差之名不去，何至是耶！故条鞭之利于一时者少，而害于后世者大矣。万历间，旧饷五百万，其末年加新饷九百万，崇祯间又增练饷七百三十万，倪元璐为户部，合三饷为一，是新饷、练饷又并入于两税也。至今日以为两税固然，岂知其所以亡天下者之在斯乎！使练饷、新饷之名不改，或者顾名而思义，未可知也。此又元璐不学无术之过也。嗟乎！税额之积累至此，民之得有其生者亦无几矣。"①

虽然黄宗羲对我国历史上税制改革的评价有失偏颇，但是，他提出的"积累莫返之害"，深刻揭示我国历史上每搞一次"并税"改制就会催生出一次杂派高潮的规律。有史学家称之为"黄宗羲定律"，用公式表示，即：②

两税法＝租庸调＋杂派

王安石免役钱法＝两税法＋杂派＝租庸调＋杂派＋杂派

一条鞭法＝王安石税法＋杂派＝两税法＋杂派＋杂派＝租庸调＋杂派＋ 杂派＋杂派

---

① (清)黄宗羲著:《明夷待访录·田制三》,第26—27页,北京:中华书局,1981。

② 秦晖:《"黄宗羲定律"与税费改革的体制化基础:历史的经验与现实的选择》,载《税务研究》,2003(7)。

倪元璐税法＝一条鞭法＋杂派＝王安石税法＋杂派＋杂派＝两税法＋杂派＋杂派＋杂派＝租庸调＋杂派＋杂派＋杂派＋杂派

地丁合一＝……＝租庸调＋杂派＋杂派＋杂派＋杂派＋杂派

用数学通式表示就是：$bn=a+nx$。式中 bn 为经过 n 次改制之后的新税额，a 为原始税额，x 为杂派，n 为改制次数。显然，这是个累进的算术级数。

我国古代的专制王朝始终不能突破"黄宗羲定律"的怪圈，其根源就在于专制王朝制税权的专制性。在专制王朝费用刚性增长的条件下，财政安排只能"量出制入"，而不能"量入为出"。为克服胡征乱派之弊、减少税收中途流失和官吏层层贪污中饱，并税—除费—简化税则，就成为主流的改革思路。一般说来，上述改革大都可以在短期内使"向来丛弊为之一清"。然而它的中长期效果却无例外地与初衷相反。原因很简单：原来税种繁多时虽有官吏易于上下其手之弊，但这些税种包括了能够"巧立"的一切"名目"，也使后来者难以再出新花样。如今并而为一，诸名目尽失，恰好为后人新立名目创造了条件。时间稍移，人们"忘了"今天的"正税"已包含了以前的杂派，一旦"杂用"不足，便会重出加派。[①]"溥天之下，莫非王土；率土之滨，莫非王臣。"专制王朝的最高统治者拥有绝对的制税权，大小官吏巧立名目加征杂派，贪欲的膨胀使他们无度地向人民索取。皇权及其官吏体系制税权、增税权的任意性，最充分地实现了"皇权天然占有和役使其子民人身和一切财产"的绝对法理。[②]

(二)建立正当合理税收制度的根本在于税收立法权的配置和控制

关于国家课税的依据，西方经济学提出了如下主要观点：①公需

---

① 秦晖：《"农民减负"要防止"黄宗羲定律"的陷阱》，载《中国经济时报》，2000 年 11 月 5 日。

② 王毅著：《中国皇权制度研究(下)》，第 957—958 页，北京大学出版社，2007。

说；②义务说；③牺牲说；④掠夺说；⑤交换说；⑥保险说；⑦社会政策说；⑧经济调节说。[①] 有学者提出“税的三种逻辑”，即税的“狐狸逻辑”、“强盗逻辑”、“契约逻辑”。[②] 笔者认为，“狐狸逻辑”采用的是骗术，并不符合税的强制性特征，税的逻辑主要有两类，即“强盗逻辑”和“契约逻辑”。

先来看看税的“强盗逻辑”。美国经济学家曼瑟·奥尔森提出了国家起源的“流寇”转“坐寇”理论，他指出：“如果一个流窜的匪帮理智地安顿下来，以常规收税的形式窃取财富，同时在他的地盘上保持偷窃方面的垄断地位，那么被他要求交税的那些人有进行生产的激励。合理的常驻匪帮仅以税收的形式获取部分收入，因为如果他能使他的臣民有动力进行生产，提高他赖以征税的收入，那么他就能从他们手中榨取较大数目的收入。”[③]“如果一个常驻的匪帮在他的地盘上垄断了偷窃，那么他的受害者便不必担心其他偷窃者。如果他仅以常规税收的方式偷窃，那么他的臣民会知道支付税金后他们能留下的产出比例。在一个流窜的匪帮活动频繁的世界里，对于任何人来说都很少或根本没有激励进行生产或积累财富，因为它们很可能被偷走，因此也就没有什么可供匪帮偷窃的东西。有理性的匪徒会相应地劝导匪徒头子抓住一块特定的地盘，占地为王，并为当地的居民提供和平秩序和其他公共物品，以税的形式窃取财富会比流窜抢劫所获更为丰厚。”[④] 按照税的“强盗逻辑”，制税权掌握在独裁者手中。“尽管常驻土匪主导历史进程的形式多种多样，但是只要我们假设独裁者以明确税收的方式获得他的所有收入，就能看出其本质。理性的独裁者会将他以税收的形式获取的资源的一部分投入到公共物品上，但是他会征收比公共物品所需费用高得多的税率，因为他还要利用税收使他的净剩余最大化。在税率给定的情况下，公共物品

① 郭庆旺等编著：《当代西方税收学》，第 3—7 页，大连：东北财经大学出版社，1997。

② 邹啸鸣：《税的三种逻辑》，载《经济观察报》，2006 年 12 月 24 日。

③④ [美]曼瑟·奥尔森：《独裁、民主和发展》，载盛洪主编《现代制度经济学（上卷）》，第 363 页，北京大学出版社，2003。

供给的水平越高，社会的收入及从这种税率中获得的收益就越高。而同样的，在公共物品的供给给定的情况下，税率越高，社会的收入就越低，因为税收影响激励。”[①]“税收收入将随着税率的增加而增加，但是达到最大化收入之后，较高的税率影响了激励，并大大减少收入，以至于税收会下降。理性的自私自利的独裁者选择了收入最大化这一点上的税率。”[②]然而，由于统治集团成员的个人理性往往导致集体的非理性，使其税率远远超出社会的承受能力，导致杀鸡取卵、竭泽而渔，不仅使社会收入降低、民生凋敝，而且使统治者的税收收入也无法达到最大化。因此，税的“强盗逻辑”往往会成为社会发展的障碍、社会动荡的导火索。

再来看看税的“契约逻辑”。按照税的“契约逻辑”，税收的正当性在于社会的公共需要。德国重商主义的官房学派学者克洛克认为：“租税不是出于公共福利的公共需要，即不得征收，如果征收，则不得称为正当的征税，所以，必须以公共福利的公共需要为征税的理由。”[③]由于公共产品具有受益的非排他性、效用的不可分割性以及消费的非竞争性，所以“免费搭车”现象不可避免，市场不能解决公共产品的有效供给。这样，社会成员通过订立社会契约组建政府，由政府来提供公共产品，社会通过税收支付公共产品的“价格”。私人产品的供求关系所形成的价格是个体私人决策的结果，而税收是全社会的集体决策。

一项集体决策往往会招致两个成本：决策成本与外在成本。决策成本是在进行集体决策时，为了获得通过一项决策所要达到的足够赞成票所耗费的包括时间在内的各种资源与费用。外在成本是集体决策通过后在实施过程中产生的对其成员的不利影响或净效用损失。在极端的情况下，如果决策是独裁性质的，则决策成本最低为

①② [美]曼瑟·奥尔森：《独裁、民主和发展》，载盛洪主编《现代制度经济学(上卷)》，第365页，北京大学出版社，2003。

③ 转引自张美中著《税收契约理论研究》，第60页，北京：中国财政经济出版社，2007。

零;如果采用全体一致同意规则,则外在成本就会消失。任何一项集体决策都要招致这两种成本,所需赞成票的多少对这两种成本的影响正好相反:所需赞成票越多,决策成本越高,外在成本越低;所需赞成票越少,决策成本越低,外在成本越高。[①] 全体一致同意的决策成本过于高昂,一般不具有可行性。国家事务的集体决策还有直接民主和间接民主之分。直接民主,指的是统治者和被统治者身份的重合,公民作为国家的主人直接管理自己的事务,而不通过中介和代表。直接民主有两个层次上的含义:一种指的是在具体问题上以直接民主的方式来作出决定,但是整个国家的主导制度仍然是间接民主;另一种指的是整个国家在体制上的直接民主,如古希腊雅典的直接民主。间接民主指的是公民通过由自己选举的代表来负责制定法律和管理公共事务。所以,间接民主常常又被称为代议制民主,即人民通过其代表来进行统治,而不是直接进行统治。[②] 直接民主一般不具有可行性,而且易于导致多数暴政,因此,间接民主成为普遍的选择。但是,在间接民主制度中,可以适当引入直接民主因素,如全民公决等。资本主义国家的代议制民主采取议会制,社会主义国家的代议制民主采取人民代表制,人民代表机关是国家的权力机关。按照税收契约论,税收决策并不是要采取一致同意规则,也不是采取直接民主,而是采取多数规则的间接民主。从历史和现实来看,税收立法的民主一般采取的是间接民主,而不是直接民主。一些国家的宪法明确排除税收立法采取全民公决,例如,1991 年《罗马尼亚宪法》第七十三条“立法动议权”第三款规定:“税务问题、国际性问题、大赦及减免刑问题不得成为公民立法创制权的目标。”[③]1992 年《爱沙尼亚共和国宪法》第一百零六条规定:“有关预算、税收、国家财政义务、批准

---

① 许云霄著:《公共选择理论》,第 295 页,北京大学出版社,2006。

② 刘军宁:《直接民主与间接民主:近义,还是反义?》,载刘军宁等编《直接民主与间接民主》,第 37—38 页,北京:三联书店,1998。

③ 参见郑军主编《博通宪法研究平台》(光盘),西北工业大学(音像)出版社,2003。本文的宪法资料均出自该光盘,下文不再一一说明。

与废除同其他国家的条约，实行与取消戒严以及国家防御问题不可以提交全民公决。”

税收应当由人民选举产生的代表组成的代议机关(包括议会和权力机关)制定法律或者地方性法规，政府才能取得征税权。换言之，只有创制性税收立法权由代议机关行使，才能认为税收是人民同意的结果，税收才具有正当性。英国有一句名谚：“税收是代议制之母。”[①]只有经过人民的同意，税收和公共产品之间才是一种社会契约关系，税收“价格”才具有公平合理性。“税法的确立，就是税收价格的确定，就是社会公众愿意支付公共产品价格的契约的签署，是对政府征税权的认可和授予。”[②]对社会成员个体来说，税收是强制的，对全社会而言，税收是自愿缴纳的。某些准公共产品以及负外部行为的补偿也无法通过自愿的交易来完成，也需要由政府强制性收取费用。但是，政府的这种强制权力同样需要代议机关通过法律来设定，其费用负担要遵循公平原则。

税收立法权由代议机关保留，但是，这种保留是相对的，而不是绝对的。间接民主的决策成本也非常高昂，效率相对较低，而行政决策的外在成本较高，但是，其决策成本相对较低，效率较高。因此，税收立法权在代议机关、行政机关之间进行合理配置，对建立正当、合理、高效的税收制度至关重要。创制性税收立法权由代议机关来行使，是税收正当性的基本依据。由于税收立法在很多领域具有灵活、多变性以及税法的专业性、技术性，因此需要授予行政机关以相应的税收立法权。另外，行政机关基于职权或者授权享有执行性税收立法权。行政机关依据授权进行的税收立法或者依据职权进行的执行性税收立法应当受到代议机关、司法机关的监督。如何根据本国国情合理配置代议机关、行政机关的税收立法权，处理好创制性税收立法权和执行性税收立法权的关系、职权性税收立法权和授权性立法

① 刘丽著：《税权的宪法控制》，第26页，北京：法律出版社，2006。

② 张美中著：《税收契约理论研究》，第18页，北京：中国财政经济出版社，2007。

权的关系，值得进一步深入研究。

税收立法权如何在中央和地方之间进行配置，对于一国政治制度的选择、经济发展等都有重要意义。根据本国国情赋予地方政府适度的税收立法权，可以产生适度的国内税收竞争的积极效应，提高地方公共产品的提供效率，有效约束政府的自利行为，防止政府规模膨胀，有助于建立高效率的税收制度。但是，如果地方政府享有过度的税收立法权，则会产生恶性的国内税收竞争，带来诸多负面效应。如何在借鉴各国税收立法权纵向配置的经验、吸取其教训的基础上，根据我国国情对税收立法权进行合理的纵向配置，需要进一步深入研究。

税收民主立法也存在缺陷，民主也会带来多数暴政的问题，各种利益集团通过各种途径影响议会的税收立法，争取集团利益。选民的目光短浅，只注重眼前利益，税收民主立法往往会带来过度的收入再分配，乃至引发财政危机。"租税国危机"系奥地利经济学家熊彼特在 1918 年发表的一篇广为当时及后人所引用的经济政策论文的标题。熊彼特所谓之"租税国"，系依据 Goldscheid 的观点，指一国之收入多取诸人民所缴纳之租税，而非如 19 世纪一些国家，其收入以来自国有地、国有财产及国营事业所得为大宗。租税国危机在于支出面国家职权之超载；而在收入面，一方面税收受经济及政治条件限制停滞不前，另一方面财税政策上引入许多传统财政收入以外之目标（如经济及社会目的租税优惠），加深了税收之短缺。[①]

通过宪政来制约、控制立法权，是权力制约的重要方面。通过消极的、相对较弱的司法权适度干预立法权，矫正立法权的缺陷，保障公民基本权利，是宪政制度的基本价值。通过税收立宪确认、规范税收立法权，设定税收立法权行使的基本原则，通过违宪审查来对税收立法权进行适度的司法干预，建立起对税收立法权的宪法控制机制，是税收立法权正当行使的重要保障。在加强税收立法民主化建设的同时，建立适

① 葛克昌著：《国家学与国家法：社会国、租税国与法治国理念》，第 95—99 页，台北：月旦出版社股份有限公司，1996。

合我国国情的税收立法违宪审查制度，值得进一步研究。通过宪法来规范、控制税收立法权，对我国税收制度的完善具有重要意义。

(三)合理配置和控制税收立法权是完善我国税收制度的长久之计

目前在我国税收立法权实际运行中，最突出的问题就是权力机关的缺位。全国人民代表大会及其常务委员会制定的税收法律只有寥寥几部，主要有《个人所得税法》、《企业所得税法》、《税收征收管理法》等。全国人民代表大会及其常务委员会对国务院进行了两次空白的税收立法授权，权力机关和司法机关对税收行政立法缺乏有效的监督。下文将以农村税费改革问题为例来说明我国在这方面存在的制度缺陷。

在我国农村税费改革之前，农业生产者按照第一届全国人大常委会 1958 年 6 月 3 日通过的《农业税条例》缴纳农业税，农业特产品生产者按照 1994 年 1 月 30 日国务院 143 号令发布的《关于农业特产收入征收农业税的规定》缴纳农业特产税。作为农业税和农业特产税计税依据的农业收入和农业特产品收入都是纳税人的毛收入，没有作成本、费用的扣除，故不是纳税人的纯收入。农业收入和大多数的农业特产纯收入都较低，甚至非常微薄，农业所面临的灾害风险也很大。除了农业税和农业特产税之外，农民还要承担村提留、乡统筹等多项收费以及劳务。1991 年国务院颁布的《农民承担费用和劳务管理条例》第八条规定，乡统筹费用于安排乡村两级办学、计划生育、优抚、民兵训练、修建乡村道路等民办公助事业。乡统筹费可以用于五保户供养。五保户供养从乡统筹费中列支的，不得在村提留中重复列支。实际上，乡村两级办学、计划生育、优抚、民兵训练以及五保户供养等都具有全国性公共产品或者远比乡村层次更高的地方性公共产品的属性，其经费来源应当是本书所指的狭义税收，即为公共产品所负担的金钱给付，应当按照经济能力来确定税负。而以经济能力为标准，当地农民一般并不需要承担税负。因此，对农民征收的乡统筹费大多都是以费代税，并且明显违反税收公平原则。1990—2000 年农民承担的税费负担总额为 11139 亿元，其中税外负担为

8152 亿元，占税费负担总额的 75%。1990—1993 年，农民承担的税外负担占税费负担总额的 80%以上，1994 年以后逐年下降，到 2000 年这一比例仍高达 65.8%。[①] 这里所谓的税外负担实际上很多都是以收费名义出现的公共开支的负担，实质上是狭义的税收。

下表以国家统计局公布的 1998 年至 2007 年全年农村居民人均纯收入、城镇居民人均可支配收入的数据来说明农民的经济能力。[②]

年份	全年农村居民人均纯收入（单位：元）	全年城镇居民人均可支配收入（单位：元）
1998 年	2162	5425
1999 年	2210	5854
2000 年	2253	6280
2001 年	2366	6860
2002 年	2476	7703
2003 年	2622	8472
2004 年	2936	9422
2005 年	3255	10493
2006 年	3587	11759
2007 年	4140	13786

因此，我国农村税费总体而言违反了公平原则，并且也与扶持农业的产业政策导向背道而驰，应当加以废除。2000 年，党中央、国务院作出在全国进行农村税费改革试点的重大决策，到 2003 年在全国全面铺开，改革的主要内容是：取消乡统筹、农村教育集资等专门向农民征收的行政事业性收费和政府性基金、集资，取消屠宰税，取消

① 吴孔凡著：《取消农业税与农村税费制度研究》，第 111 页，北京：中国财政经济出版社，2006。

② 数据来源于国家统计局网站。

统一规定的劳动义务工；调整农业税和农业特产税政策；改革村提留征收使用办法。2005年，全国已有28个省份全面免征了农业税，河北、山东、云南也按中央要求降低农业税率到2%以下。2005年12月29日，第十届全国人大常委会第十九次会议决定，第一届全国人大常委会于1958年6月3日通过的《农业税条例》自2006年1月1日起废止。2006年，在全国范围内免除了农业税，取消除烟叶以外的农业特产税，全部免征牧业税，中国延续了2600多年的"皇粮国税"走进了历史博物馆。

实事求是地说，农村税费改革是一项具有重大现实意义和深远历史意义的德政工程，但是，这项工程的启动不是来自权力机关或者司法机关的监督、推动，而是源于中共中央的文件和国务院的决定，甚至最高权力机关颁布的法律也在实际上被中共中央文件和国务院的决定所越权终止。这使得这项德政工程不免带有人治色彩。我国目前不合理的税费制度仍然大量存在，要建立正当、合理、高效的税收制度，长久之计仍然是要使税收立法走上民主、宪政的轨道。因此，税收立法权的深入研究在我国当前具有重要的现实意义，对于我国民主、法治的探索也有启发意义。

二、本课题的研究现状

税收立法权的研究首先应当从税收概念的界定开始，西方的一些经济学者、财政税收学者对税收作出了自己的定义，西方的一些工具书也对税收的概念进行了定义。我国的经济学者、财政税收学者以及法学学者也从不同的角度提出了多种税收的定义。从现有的税收定义来看，多认为税收具有强制性、无偿性、固定性。德国学者、我国台湾学者对宪法上税收的概念进行了探讨，我国大陆学者也受到他们研究的影响。德国学者对于宪法上税概念和法律税概念的关系，存在同一说与非同一说的争论。我国台湾学者陈敏1981年在《政大法学评论》第24期发表论文《宪法之租税概念及其课征限制》，对宪法内租税的特征、宪法税概念进行了探讨。台湾学者黄俊杰出版的专著《宪法税概念与税条款》(台北传文文化事业有限公司 1997 年版)中,对宪法税概念的各种观点进行了评介,提出作者自己关于宪法税概念的观点。台湾学者葛克昌在其专著《税法基本问题(财政宪法篇)》(初版于 1995 年,2004 年北京大学出版社在大陆地区出版)对宪法税概念也进行了探讨。

关于税收立法权的概念,我国一些学者将税收立法权作为税权的一个内容进行研究。赵长庆发表于《政法论坛》1998 年第 1 期的论文《论税权》认为:税权的内容,从总体上说包括两方面:其一,是立法税权(也称税收立法权),又包含中央立法权和地方立法权;其二,是执法税权(也称税收执法权),又包含税款征收权和税务管理权。张守文发表于《法商研究》2000 年第 1 期的论文《税权的定位与分配》认为:狭义税权的主体应当是国家或政府,其具体内容包括税收立法权、税收征管权和税收收益权(或称税收入库权),其中,税收立法权是基本的原创性的权力;税收征管权是最大量、最经常行使的税权;税收收益权是税收征管权的一项附随性的权力。刘剑文在《财税法专题研究》(北京大学出版社 2007 年版)等著作中、许善达在《中国税权研究》(中国税务出版社 2003 年版)中也对税收立法权进行了定义。白彦锋在发表于《兰州商学院学报》2006 年第 6 期的论文《税权概念辨析》中提出:税权亦称征税权,就是国家为实现其职能取得税收收入,在税收立法、税收征管和税收收益方面的权力和权利,是国家取得财产所有权之权。税权的具体内容包括税收立法权、税收征管权和税收收益权。通常情况下,税收行政权、税收执法权与税收征管权有着类似的含义,因此,它们和税收立法权、税收收益权一起构成了国内层面上国家税权的全部内容。税收立法权包括税法的初创权、税法的修订权和解释权、税法的废止权。其中尤为重要的是税种的开征权和停征权、税目的确定权和税率的调整权、税收优惠的确定权等。

关于英国、法国、美国议会取得税收立法权的历史过程,以下著作作了论述:蒋劲松著:《议会之母》,中国民主法制出版社 1998 年版;

马克垚著:《中西封建社会比较研究》,学林出版社1997年版;钱乘旦、许洁明著:《英国通史》,上海社会科学院出版社2002年版;阎照祥著:《英国政治制度史》,人民出版社1999年版;齐延平著:《自由大宪章研究》,中国政法大学出版社2007年版;吕一民著:《法国通史》,上海社会科学院出版社2002年版;郭华榕著:《法国政治制度史》,人民出版社2005年版;李剑鸣著:《美国通史》第Ⅰ卷《美国奠基时代1585—1775》,人民出版社2002年版等。关于税收立法权的横向配置,目前学术界研究最多的是税收法定主义。日本税法学者金子宏在《日本税法》(金子宏著,战宪斌等译,法律出版社2004年版)中、日本税法学者北野弘久在《税法学原论》(北野弘久著,陈刚、杨建广等译,中国检察出版社2000年版)中对税收法律主义的具体内涵及其历史发展作了阐述。我国台湾学者陈清秀在《税法总论》(翰芦图书出版有限公司2004年版)中对于税捐法定主义的意义、内容、作用等进行了研究。我国大陆学者张守文在《法学研究》1996年第6期的论文《论税收法定主义》,刘磊在《涉外税务》1999年第1期的论文《论税收法律主义》,覃有土、刘乃忠、李刚在《现代法学》2000年第3期的论文《论税收法定主义》,刘剑文在《财税法专题研究》(北京大学出版社2007年版)中对税收法定主义的概念、具体内容进行了研究。王鸿貌在《法学评论》2004年第3期的论文《税收法定原则之再研究》中提出:在国内外法学界,许多学者都将税收法定原则与税收法定主义混为一谈,认为税收法定原则就是税收法定主义或税收法律主义、捐税法律主义、税赋法定主义。王鸿貌认为这种观点虽然说明了税收法定主义与税收法定原则之间存在的一种内在继承关系,但却混淆了二者之间最本质的区别:税收法定主义作为西方封建社会中晚期教会、自由民与新兴的资产阶级反对封建君主统治的一种理论思潮或思想武器,其实质是主张限制封建王权,借以保护被统治者的某些利益;而税收法定原则作为现代成文法的一项原则,其实质是要规范税收立法与税收征管活动,从而维护国家的税收和经济秩序。因此,尽管税收法定原则是从税收法定主义发展而来的,但二者是绝对不能混为一谈的。鲁篱在2000年第2期《财经科学》的论文《税收法律主义初探——兼评我国税收授权立法之不足》中对税收法律主义进行了探讨,对我国税收授权立法的不足及其成因进行了剖析。白彦锋在《河北法学》2004年第10期的论文《税收法定主义原则与我国政府税收立法权的界定》中对税收法定原则与政府税收立法权的关系进行了探讨。

关于各国税收立法权纵向配置的情况,财政部《税收制度国际比较》课题组编著:《美国税制》、《加拿大税制》、《德国税制》、《日本税制》、《英国税制》、《法国税制》、《俄罗斯联邦税制》、《韩国税制》等(中国财政经济出版社)对各国税收立法权的纵向配置作了介绍。杨文利主编的《中国税权划分问题研究》(中国税务出版社2001年版)发表了总报告《关于税权划分问题的研究报告》以及五个分报告:《关于税权划分的几个理论问题》、《税权划分的国家与地区比较分析》;《中国税权划分的起源与发展》、《我国现阶段税权划分存在的问题与成因研究》、《改革和完善我国税权划分的基本思路与构想》。许善达等著《中国税权研究》(中国税务出版社2003年版)对美国、日本、澳大利亚的税收立法权纵向配置情况作了介绍,对我国税收立法权纵向配置的历史、现状以及未来如何完善进行了研究。钟晓敏主编《地方财政学》(中国人民大学出版社2006年版)、王玮主编《地方财政学》(武汉大学出版社2006年版)以及杨全社、郑健翔编著《地方财政学》(南开大学出版社2005年版)等教材对各国地方税收立法权进行了介绍,并对我国地方税收立法权的现状及其完善进行了研究。白彦锋著《税权配置论:中国税权纵向划分问题研究》(中国财政经济出版社2006年版)对税收立法权纵向划分的一般原理、地方税权约束、税收立法权的国际比较、我国税收立法权纵向划分的历史和现实等进行了研究。葛夕良著《国内税收竞争》(中国财政经济出版社2005年版)对国内税收竞争的一般理论、国内横向税收竞争、国内纵向税收竞争进行了分析,介绍了国外国内税收竞争,总结了其经验教训,在此基础上提出了构建我国国内税收竞争新模式。地方税收立法权和国内税收竞争有密切关系，国内税收竞争理论是地方税收立法权配置的经济学依据。孙开在《财经问题研究》1999 年第 3 期的《税收权限划分的国际比较与启示》，苏明在《宏观经济研究》1999 年第 11 期的《中国地方税税权的划分研究》，周俊琪在《税务研究》2004 年 12 期的《中央与地方税权关系的历史考察》，安体富、王海勇在《经济研究参考》2006 年第 58 期的《税权划分的国际比较与改革思路》，周俊鹏在《税务与经济》2008 年第 1 期的《论税收立法权纵向划分的基本思路》等论文中对国外及我国税收立法权的纵向配置进行了研究。

关于税收立法的违宪审查，我国台湾学者葛克昌著《税法基本问题(财政宪法篇)》(北京大学出版社 2004 年版)、《所得税与宪法》(北京大学出版社 2004 年版)、《行政程序与纳税人基本权》(北京大学 2005 年版)等，台湾学者黄俊杰著《税捐正义》(北京大学出版社 2004 年版)、《纳税人权利之保护》等对宪法税概念、宪法税收条款、税收立法的违宪审查进行了研究。朱孔武在其专著《财政立宪主义研究》(法律出版社 2006 年版)中对宪法税收和征税权的合宪性控制进行了研究。刘丽在其专著《税权的宪法控制》(法律出版社 2006 年版)对自由法治国和社会国税权控制的基本原则以及我国宪法对税权的控制进行了研究。钱俊文在其专著《国家征税权的合宪性控制》(法律出版社 2007 年版)中对税收立宪的意义、宪法上的税收原则以及税收立法的违宪审查进行了研究，其核心是运用宪法控制税收立法权的问题。刘剑文在发表于《法学杂志》2004 年第 1 期的论文《关于我国税收立宪的建议》中对国外税收立宪的内容、模式进行了比较，并提出我国税收立宪的建议。王鸿貌、李小明发表于《法学家》2004 年第 1 期的论文《税收立宪论》对税收立宪的理论基础、税收立宪的模式、内容进行了研究，提出完善我国税收立宪的建议。

三、本书的研究思路

要研究税收立法权，首先要界定什么是税收。目前主流的理论认为税收具有无对价给付性或非直接偿还性，但是，税收实践对传统的税收概念进行了发展和突破，也对主流税收概念提出了挑战，具体体现在：税收从无偿性到间接偿还性；受益税的出现使税收与特定的受益发生关联；矫正税的出现使税收与纳税人对社会所造成的损失发生关联。现代的税收概念可以作狭义、中义和广义的理解。狭义的税收概念可以界定为：国家为了满足当代人的公共利益，按照经济能力向其管辖范围内的自然人、社会组织强制征收的金钱给付。中义的税收概念可以界定为：国家为取得财政收入，由税务机关适用税收征收管理法向其管辖范围内的自然人、社会组织强制征收的金钱给付。某些特殊税种可以由海关、财政机关等其他国家机关按照专门的征收管理程序征收。广义的税收概念可以界定为：国家为取得财政收入而向其管辖范围内的自然人、社会组织强制征收的金钱给付。本书采用广义税收的概念。本书运用经济分析方法对三种税收概念进行了分析。公共收费是公共部门在提供准公共产品时按照自愿原则和分担成本原则向准公共产品的受益者收取的货币。

立法权概念可以作两种理解，即狭义立法权、广义立法权。狭义立法权是指国家最高权力机关或者国会制定、修改、补充、废止法律的权力；广义立法权是指特定的主体制定、修改、补充、废止具有普遍约束力的规范性文件的权力。除了狭义立法权外，还包括行政机关制定、修改、补充、废止行政法规、规章的权力，地方立法机关制定、修改、补充、废止地方性法规的权力，司法机关创制判例法、规范性司法解释的权力等。税收立法权可以分为狭义税收立法权、广义税收立法权。狭义税收立法权是指国家最高权力机关或者国会制定、修改、补充、废止税收法律的权力。广义税收立法权是指国家机关制定、修改、补充、废止具有普遍约束力的税收规范性文件的权力。除了狭义税收立法权外，还包括行政机关制定、修改、补充、废止税收行政法规、税收规章的权力，地方立法机关制定、修改、补充、废止税收地方性法规的权力，司法机关创制税收判例法、税收规范性司法解释的权力等。本书中的税收立法权概念，除非特别指明外，均指广义的税收立法权。

议会取得税收立法权是代议制度的发端及其确立的重要标志，英国、美国、法国的代议制度的产生与确立历史是其典型例证。通过历史史实来考察英、美、法三国议会取得税收立法权的过程，比较当今各国宪法，可以发现各国代议机关税收立法权的立宪体例有：直接规定代议机关的税收立法权；通过税收法定条款来规定代议机关的税收立法权；在规定税收法定条款的同时直接规定代议机关的税收立法权。

在确立代议机关的税收立法权之后，随着社会经济的日趋复杂化，税收授权立法得到广泛发展。为了克服行政机关税收授权立法的负面影响，必须对其加以必要的限制。执行性立法是指为执行法律、法规、决定、命令的需要，根据法律、法规、决定、命令所进行的立法活动。从名词来说，执行性立法就是执行性立法活动所产生的法律文件。在法律实施过程中，法律解释可以分为立法性解释、适用性解释。立法性解释是立法机关、行政主体或司法机关基于宪法所赋予的解释职权或者授权法所授予的解释职权，按照法定的程序对法律规范所作出的具有普遍约束力的进一步说明和界定。适用性解释是指行政执法人员作出行政处理决定，法官在处理具体案件时对法律规范所作的进一步说明、界定。行政解释是行政主体及其执法人员对法律规范所作出的进一步说明和界定，行政解释也可以分为立法性行政解释和适用性行政解释。立法性行政解释是指行政主体基于宪法所赋予的职权或授权法授予的职权，按照法定程序对法律规范所作出的具有普遍约束力的进一步说明和界定。适用性行政解释是行政主体及其执法人员在处理具体行政事务、作出行政处理决定时，对法律规范所作出的进一步说明和界定，也可以称为执法性行政解释。从实质上看，立法性行政解释也就是执行性立法。行政机关基于职权或者授权享有执行性税收立法权。从各国税收立法的实践来看，税收法定主义并不是绝对的，并不意味着完全排除税收行政立法，它具有相对性。

为了保障税收行政立法权的正当行使，必须加强对税收行政立法的监督。税收行政立法的监督包括立法机关的监督（立法监督）、司法机关的监督（司法审查）以及行政机关的内部监督。

我国税收立法权的横向配置存在着诸多问题，主要体现在：税收立法空白授权违背《立法法》；国务院税收授权立法权的转授权缺乏法律根据；越权立法时有发生；缺乏对税收行政立法完善的监督机制；征费的设定采取行政审批制，脱离权力机关的控制。我国应当加强全国人民代表大会及其常务委员会的税收立法工作，逐步实现中央创制性税收立法权主要由全国人大及其常委会亲自行使，完善税收行政立法的监督机制。

考察各国税收立法权的纵向配置，税收立法权纵向配置的模式可以分为分权模式、适度分权模式、集权模式。税收立法权纵向配置的分权模式目前存在于联邦制国家，分权模式的代表是美国、加拿大等国家；适度分权模式的代表是日本、德国；集权模式的代表是英国、俄罗斯等国家。

在市场经济条件下，生产要素自由流动，地方政府享有税收立法权将导致制度内的国内税收竞争，因此，在既定条件下，地方税收立法权的经济效应也就是制度内国内税收竞争的经济效应。“税收竞争有效论”、“税收竞争无效论”均有其理论价值。通过对各国税收立法权纵向配置实践的考察，提出税收立法权纵向配置的几条基本经验：税收立法权纵向配置应与国家结构形式相适应；税收立法权纵向配置应与经济体制、经济发展水平相适应；税收立法权纵向配置应与国家的民主、法治水平相适应；根据税种的特征和功能来合理划分各级财政之间的税种，合理配置各级财政税种的立法权。

在民国政府成立以前，我国地方政府税收立法权两个典型的例子是清朝雍正时期开始推行的“耗羡归公”、清朝后期的“厘金”制度。新中国成立后，我国税收立法权纵向配置经过了多次演变。目前，我国税收立法权纵向配置所存在的问题主要在于：形式上的税收立法权高度集中于中央；中央政府对于地方政府征费的设定权的监督控制不够健全；地方政府行使变相的税收立法权，进行制度外的税收竞争。本书对完善我国税收立法权纵向配置提出以下建议：通过税收基本法对我国税收立法权纵向配置作出规定；减少财政级次，在合理配置地方税种的基础上合理配置各级政府的税收立法权；授予地方政府对全国统一实行的部分地方税的执行性立法权，部分税收要素的调整、确定权；授予地方政府对非全国统一实行的地方税的立法权，但要经过上级政府的批准。

在论述税收立法权配置之后，着重探讨税收立法权的宪法控制。税收立宪是为了控制税收立法权，为税收立法权的正当行使确立基本的准则，具体而言，税收立宪的意义主要体现在两个方面：确立和控制代议机关的税收立法权，保障公民、社会组织的财产权；确立税收立法权正当行使的基准，实现社会公平。大凡各国宪法的税收条款主要有：税收立法权的代议机关保留；税收立法权在中央和地方之间的分配；联邦制国家的税收收益权和税收征收管理权在联邦政府和成员政府之间的划分；税收公平原则等。

税收立法违宪主要体现在：税收立法超越立法权限或者违反法定程序；税收立法违反税收公平原则；税收立法违反生存权保障原则；税收程序法违反正当法律程序。对于税收立法超越立法权限、违反法定程序的违宪审查应当采取严格的审查基准。对于税收程序法违反正当法律程序的违宪审查也应当采取严格的审查基准。对于税收立法违反生存权保障原则的违宪审查应当采取严格合理性审查基准。对税收立法违反税收公平原则的违宪审查基准应当采取合理性审查基准。我国应当完善宪法上的税收条款，在加强税收立法民主化建设的同时，建立税收立法的违宪审查制度。

第一章 税收立法权的概念解析

国家的存在离不开税收,国家产生后,就取得了征税权。国家征税应当有法可依,否则,行政机关的税收征管权将无限膨胀。自从产生以来,税收就成为国家和社会之间利益冲突的焦点。建立正当、合理的税收制度的根本在于税收立法权的配置和控制,税收立法权是国家税权的核心。理解税收立法权的概念,首先要对税收的概念进行界定。本章将在界定税收概念的基础上,对税收立法权的概念进行分析。

第一节 税收的概念

一、税收概念的学理界定与法律界定的现状

古典经济学派的代表人物亚当·斯密指出,税收是"人民须拿出自己一部分私有的收入,给君主或国家,作为一笔公共收入"。[①] 英国的西蒙·詹姆斯、克里斯托弗·诺布斯将税收界定为:"税收是由政权机构实行不直接偿还的强制性征收。"[②] 日本学者金子宏认为:"税收不是作为国家对特别支付的一种报偿,而是国家以实现提供公共

---

① [英]亚当·斯密著,郭大力、王亚南译:《国民财富的性质和原因研究》(下卷),第383页,北京:商务印书馆,1972。

② [英]西蒙·詹姆斯、克里斯托弗·诺布斯著,罗晓林、马国贤译:《税收经济学》,第10页,北京:中国财政经济出版社,1988。

服务而筹集资金这一目的，依据法律规定向私人所课的金钱给付。”[①]日本财政学者井手文雄认为：“所谓租税，就是国家依据其主权（财政权），无代价地、强制性地获得的收入。”[②]美国财政学者塞里格曼在1895年指出：“赋税是政府对人民的一种强制性征收，用以支付谋取公共利益所需的费用，其中不包含是否给予特种利益的关系。”[③]此外，在西方国家的重要工具书中也有关于税收概念的表述。英国《新大英百科全书》指出：“税收是强制的、固定的征收，它通常被认为是对政府财政收入的捐献。用以满足政府开支的需要，而并不表明是为了某一特定的目的。税收是无偿的。它不是通过交换来取得，这一点与政府的其他收入不大相同，如出售公共财产或发行公债等等。税收总是为了纳税人的福利而征收，每一个纳税人在不受利益支配的情况下承担了纳税的义务。”《美国经济学词典》认为：“税收是居民个人、公共机构和团体向政府强制转让的货币（偶尔也采取实物或劳务的形式）。其征收对象是财产、收入或资本收益，也可以来自附加价格或大宗的畅销商品。”美国《现代经济学词典》中写道：“税收的作用是为了满足政府开支需要而筹集稳定的财政资金。”在经合组织（OECD）的分类中，税收被定义为“对政府的强制性的、无偿的支付”；世界银行则将税收定义为“为公共目的而收取的强制性的、无偿的、不可返还的收入”。

国内学者对税收概念的看法也有所不同，《税收经济学导论》一书中对税收的定义是：“税收是国家为了满足一般的社会共同需要，按事先预定的标准，对社会剩余产品进行的强制、无偿的分配。”[④]而《中国税务百科全书》把税收定义为：“国家为满足社会公共需要，依

① ［日］金子宏著，战宪斌等译：《日本税法》，第7页，北京：法律出版社，2004。

② ［日］井手文雄著，陈秉良译：《日本现代财政学》，第254页，北京：中国财政经济出版社，1990。

③ ［美］塞里格曼：《租税各论》（英文版），第432页，转引自杨尤杰《税收学》，第4页，北京：经济管理出版社，2002。

④ 侯梦蟾：《税收经济学导论》，第3页，北京：中国财政经济出版社，1991。

据其社会职能，按照法律规定，参与国民收入中剩余产品分配的一种规范形式。"[①]有学者认为："税收是为了满足一般的社会共同需要，凭借政治权力，按照国家法律规定的标准，强制地、无偿地取得财政收入的一种分配关系。在这种分配关系中，其权利主体是国家，客体是人民创造的国民收入和积累的社会财富，分配的目的是为了满足一般的社会共同需要。"[②]我国有税法学者提出税收有如下明显的特征：(1)税收的权利主体是国家或地方公法团体；(2)税收的义务主体包括自然人和社会组织；(3)税收以财政收入为主要目的或附随目的；(4)税收以满足法定构成要件为前提；(5)税收是一种公法上的金钱给付义务；(6)税收是一种无对价的给付；(7)税收是一种强制性的给付。[③] 并进而认为宪法上的税收概念可以从如下三个层次加以解释：(1)税收是面向不特定公众强制征收的无对价金钱给付；(2)税收是遵从宪法最低约束的给付；(3)税收是用于合宪开支的给付。[④]

德国在法律上对税收进行了定义，德国 1919 年 12 月 23 日生效的《帝国税收通则》第一条规定："公法团体以收入为目的，对所有符合法律规定给付义务之构成要件者，课征一次性或继续性的无对价金钱给付。"德国 1977 年《税收通则》第三条规定："公法团体以收入为目的，对所有符合法律规定给付义务之构成要件者，课征无对价之金钱给付。收入得为附带目的。"

二、本书关于税收概念的理解

(一)本书对于税收概念的界定

从税收实践的发展来看，税收是一个不断发展的概念，有着多层次的含义。笔者认为，现代税收概念可以作狭义、中义和广义的理解。狭义的税收概念可以界定为：国家为了满足当代人的公共利益，

① 金鑫、刘志城、王绍飞：《中国税务百科全书》，第 1 页，北京：经济管理出版社，1991。
② 严振生编著：《税法》，第 1 页，北京大学出版社，1999。
③④ 刘剑文、熊伟：《税法基础理论》，第 1—10、13—15 页，北京大学出版社，2004。

按照经济能力向其管辖范围内的自然人、社会组织强制征收的金钱给付。中义的税收概念可以界定为：国家为取得财政收入，由税务机关适用税收征收管理法向其管辖范围内的自然人、社会组织强制征收的金钱给付。某些特殊税种可以由海关、财政机关等其他国家机关按照专门的征收管理程序征收。广义的税收概念可以界定为：国家为取得财政收入而向其管辖范围内的自然人、社会组织强制征收的金钱给付。本书采用广义税收的概念，如未特别指明，均指广义税收。

为何将现代税收限于金钱给付？自古以来，税收的存在形式先是实物，以后随着经济的发展才逐渐转为金钱。因此，从历史上看，税收既可能是货币税，也可能是实物税。不过，在现代经济社会中，金钱给付已经成为税收的一般形式，而实物给付仅仅是一种特例，不具有代表性。因此，将税收界定为一种金钱给付义务，以便更准确地概括现代税收的特点。[①] 我国台湾学者认为，按税捐之所以要限定为金钱给付义务，而不及于实物与劳务，此与租税国家理念有关。按租税国家，在宪法上保障财产自由权与营业、职业自由，亦即将实物（动产、不动产）之财产权归私人所有，营业之选择与职业自由归私人所享有。国家仅就财产权之使用收益部分与劳务、职业收入部分，借税课参与分配。换言之，国家尽量不干预市场秩序，税捐所以要限定为金钱给付义务，此固与货币经济时代有关，但主要系着眼于对经济自由之限制而言，盖金钱给付义务对行为之自由限制最少，财产权之行使虽附有社会义务，但基于比例原则，此种社会义务，应以最少损害方式为之，若能以金钱给付方式为之，自然保有了营业、职业（行为）自由。[②] 日本税法学者金子宏教授也认为：税是以金钱给付为原则的，当然也有允许以物纳税的情况，不过这是例外，即使这种例外情况，其着眼点在于所缴纳财产的金钱价值而不是在于它的使用价值。

---

① 刘剑文、熊伟：《税法基础理论》，第 8 页，北京大学出版社，2004。

② 葛克昌著：《行政程序与纳税人基本权》，第 21—22 页，北京大学出版社，2005。

如果着眼于该缴纳物的使用价值，则该物是不会被承认为税的。[①] 税收的客体一般是金钱给付，而公用征收的客体是土地等物的给付。

广义上的税收是国家强制取得的金钱给付，那么国家强制取得金钱给付的根据何在？如何理解三个层次的税收概念？下文将进行具体分析。

（二）如何理解狭义的税收概念

国家强制性金钱给付首先是用来提供纯粹的公共产品和为具有正外部性的准公共产品的生产进行补贴。萨缪尔森指出：公共品（Public Goods，也可译作"公共物品"或"公共产品"）是指那种不论个人是否愿意购买，都能使整个社会每一成员获益的物品。私人品（private goods）恰恰相反，是那些可以分割、可以供不同人消费，并且对他人没有外部收益或成本的物品。[②] 纯粹的公共产品具有以下三个方面的特点：在全社会范围内具有受益的非排他性、效用的不可分割性、消费的非竞争性。受益的非排他性是指在全社会范围内不能排除其成员对公共产品不付代价的消费，这种排除或者在技术上不可行，或者成本高昂而无法接受。公共产品效用的不可分割性是指在全社会范围内其任何一个成员消费的集体物品的数量（X_i）就是该公共产品的总量（X），用数学公式表达就是：$X=X_i$，其效用无法分割为不同部分供付费者消费。社会成员对纯粹公共产品的评价可能有差异，但都无法逃避公共产品的效用，因而，又具有消费的被动性。消费的非竞争性是指在全社会范围内其某一成员对公共产品的消费不会排除、妨碍其他成员对公共产品的消费，也不会减少其他成员对公共产品的消费。在国家产生之后，全社会是指全人类、全国和国家的地方辖区，这样，纯粹公共产品就包括全球性纯粹公共产品、全国性纯粹公共产品和地方性纯粹公共产品。正因为纯粹的公共产品具

---

① ［日］金子宏著，战宪斌等译：《日本税法》，第 8 页，北京：法律出版社，2004。

② ［美］萨缪尔森、诺德豪斯著，萧琛等译：《经济学》，第 268 页，北京：华夏出版社，1999。

有上述特点，"免费搭车"现象不可避免，市场交易和社会自治都不能解决纯粹公共产品的有效供给，必须通过国家强制性融资才能为纯粹公共产品有效供给提供资金，并且，为了体现社会公平，这种资金应当按照经济能力在国民中分担。同样道理，国家为具有正外部性的准公共产品生产提供补贴也需要通过这种融资方式。这种为提供纯粹公共产品和补贴具有正外部性的准公共产品生产的强制性融资就是一般目的税收，其纳税人负担的税负和其受益之间没有关联，一般目的税收的支出是使全社会成员不可避免、均等地受益，即使个人的主观评价可能有差异。为了体现代际公平，一般目的税是为了满足当代人的公共利益。财政学理论认为：从代际的角度看，为不使税收负担跨期，税收应实行同代受益原则，也就是不要造成隔代负担，既不要后代人替当代人负担，也不要当代人为后代人负担。政府的经常性开支原则上应用税收来筹措，这意味着当代人缴纳的税收用于使当代人受益的公共产品（政府的经常性支出）。如果政府的税收被用于政府的资本性支出，这说明当代人为后代人负担；如果政府的公债被用于政府的经常性支出，这说明后代人为当代人负担。可见，根据同代受益原则，税收原则上应用于政府的经常性支出，而公债原则上应用于政府的资本性支出。[①] 一般目的税就是前文所述的狭义的税收。本书中所称的一般目的税并不是指税款的用途非专款专用，而是指税款的用途是用于提供纯粹公共产品和补贴具有正外部性的准公共产品的生产，原则上税款应当按照经济能力来普遍负担。即使专款专用于提供某种纯粹公共产品和补贴具有正外部性的准公共产品的生产，原则上也应当按照经济能力来负担，也属于一般目的税。

狭义的税收也并非无偿，而是具有间接偿还性。狭义的税收是纳税人支付的公共产品的"价格"，但是，纳税人并不能获得直接的对待给付，只能从政府提供的公共产品中共同受益。日本财政学者指

① 储敏伟、杨君昌主编：《财政学》，第216—217页，北京：高等教育出版社，2000。

出："如果认为租税是依据国家的行政活动，对全体国民享受一般利益的一种返还，那么，就不能把租税说成是无偿征收的了。但是，在这种情况下，国家对租税是给予全体纳税者的一般性返还，而不是对每个纳税者分别的返还。"①

日本税法学者北野弘久提出："应从纳税者的立场立足于两方面统一的观念来把握租税概念的含义。如果不是这样就不能真正地维护纳税者的人权。要展开租税法律主义理论必须要以广义的租税概念（租税的征收与使用相统一的概念）为前提，并以它作为广义的财政民主主义的一环来构成和展开。"②北野弘久认为，基于纳税人立场构筑的租税概念完全不同于传统的租税概念，它以维护纳税人、国民的福利为核心内容，在这个意义上，可以把所有的租税都叫做福利目的税。③如果仅仅从税款征收阶段看，税收还具有无偿性的表象，那么，从税收的征收与使用相统一的角度看，狭义的税收无偿性就无法成立了。税收法定、议会的预算审批、监督制度、社会公众对财政收支的监督等都是为了实现税收公平地间接偿还。

（三）如何理解中义的税收概念

在现实生活中，纯粹的公共产品是比较少见的，很多是介于纯粹公共产品和私人产品之间的准公共产品。关于准公共产品的定义，经济学界并不很统一，笔者认为，所谓准公共产品就是不完全具备纯粹公共产品特征的产品。"还有无数的物品因为既不是纯公共的也不是私人的，而是介于两者之间，可定义为非纯公共产品。"④准公共产品即指非纯公共产品。有学者将准公共产品概括为以下几类：其一是消费可排他和收益的不完全排他；其二是一种消费活动同时借

① ［日］井手文雄著，陈秉良译：《日本现代财政学》，第255页，北京：中国财政经济出版社，1990。

②③ ［日］北野弘久著，陈刚、杨建广等译：《税法学原论》，第19、79页，北京：中国检察出版社，2001。

④ ［美］鲍德威、威迪逊著，邓力平译：《公共部门经济学》（第二版），第45页，北京：中国人民大学出版社，2000。

助了排他性的和非排他性的两部分产品，或者一个产品的某些属性具有排他性而另一些属性不具有排他性；其三是从消费者角度看，非排他性有一定的范围，超过这一范围就具有排他性，而从生产者角度看则具有排他性的俱乐部产品；其四是从空间上看，在一定的空间范围内具有非排他性，而超过了一定范围，就具有排他性的地方公共产品或区域性公共产品；其五是拥挤公共设施，个人对其服务的使用数量是可变的，也叫“可变使用公共设施”；最后，还有最终的消费品具有消费上的排他性，但生产者在生产时使用了非排他的公共投入。[①]

准公共产品有的具有消费的竞争性，如教育、保健；有的具有消费的拥挤性和使用数量的可变性，如俱乐部产品、公共设施等。总之，对于准公共产品，社会成员的受益程度是有差异的，因此，本着“谁受益、谁付费”、“多受益、多付费”的原则，准公共产品的受益者应当分担准公共产品的成本，国家通过征收一般目的税根据准公共产品收益外部性的程度为准公共产品的生产提供补贴。如果准公共产品具有排他性，或者在技术上采取排他措施是可行的、其成本是可以接受的，那么，就可以通过由特定的受益人自愿缴费的办法弥补这种准公共产品的部分成本，而不缴费者可以被排除在受益范围之外，如教育（不包括基础教育）、俱乐部产品等。当然，对于收益的外部性非常强的准公共产品也可以免费提供，如基础教育。如果准公共产品不具有排他性，或者在技术上对特定的人采取排他措施是不可行的、其成本是不可以接受的，那么，就难以采取自愿缴费的办法来筹集资金，通过国家来进行强制性融资就必不可少。对于某些具有外部性的私人优值品，虽然可以实现消费的排他，但是出于国家的父爱主义，也可以由国家通过强制性融资来提供，如社会保险。这种为分担准公共产品的成本而进行的强制性融资不像一般目的税那样根据经济能力来负担，而是要在不同程度上根据受益的多少来分担成本。

---

① 许彬：《公共经济学导论：以公共产品为中心的一种研究》，第112－113页，哈尔滨：黑龙江人民出版社，2003。

外部性所指的是那些无法通过市场交易为它付费的收益或无法通过市场交易获得补偿的损失。[①] 收益的外部化也就是正的外部效应(Positive Externalities),某种产品的生产或者消费会使生产者或者消费者以外的社会成员遭受损失,而他们却无法因此得到补偿,这就是成本的外部化,或称负的外部效应(Negative Externalities)。[②] 负外部性包括生产的负外部性和消费的负外部性。外部效应的矫正,就是指对产品或劳务的私人边际成本或私人边际收益进行调整,使之与社会边际成本或社会边际收益相一致,实现外部效应的内在化。[③] 英国福利经济学家庇古提出用税收来矫正负外部性,如果对负外部性产生者征收相当于外部不经济性价值的税款,其私人成本就会与社会成本相等。所以,这种用来矫正负外部效应的税收被经济学界称为"庇古税"。

除了狭义税收外,还存在以下以取得财政收入为目的的两类强制性金钱给付:以分担准公共产品的成本为目的、按照受益程度确定的强制性金钱给付;以矫正负外部性为目的、按照负外部行为给社会造成的损失确定的强制性金钱给付。按照狭义税收的观点,这两类强制性金钱给付都属于政府收费的范畴。而按照中义税收的观点,如果这两类强制性金钱给付由税务机关适用税收征收管理程序征收,则它们就属于税收范畴,笔者称之为受益税和矫正税。燃油税、社会保险税是较典型的受益税,财产税也具有一定的受益税性质,排污税是典型的矫正税,选择性消费税也具有矫正税性质。

中义的税收概念认为,税收是国家为取得财政收入,由税务机关适用税收征收管理法向其管辖范围内的自然人、社会组织强制征收的金钱给付。当然,这也有例外。某些特殊税种由税务机关以外的其他国家机关按照专门的征收管理程序征收,按照中义税收的概念,

① 黄恒学主编:《公共经济学》,第 100 页,北京大学出版社,2002。

② 樊勇明、杜莉编著:《公共经济学》,第 61 页,上海:复旦大学出版社,2001。

③ 朱柏铭编著:《公共经济学》,第 117 页,杭州:浙江大学出版社,2002。

也作为税收。关税和海关代征的税收通常由海关按照海关法规定的征收管理程序来征收。我国的契税“征收机关为土地、房屋所在地的财政机关或者地方税务机关。具体征收机关由省、自治区、直辖市人民政府确定。”(《契税暂行条例》第十二条)，修改前的耕地占用税以及目前已经废止的农业税、牧业税由财政机关征收，不适用《税收征收管理法》。我国2001年4月28日修订的《税收征收管理法》第九十条第一款规定：“耕地占用税、契税、农业税、牧业税征收管理的具体办法，由国务院另行制定。”

由于税收关系到公共利益的实现，必须充分运用国家强制力来保障税款及时、足额的缴纳。如何配置税收行政强制权？行政强制权是由行政机关来行使，还是由司法机关来实施，或是在两者之间作出一定的权限分工？在两大法系中，大陆法系行政法由于受其发达的行政行为效力理论的影响，认为行政行为的执行力是行政行为效力内容中不可缺少的组成部分。对于不履行行政行为所课以义务的行政相对人，行政机关不待法院的确定判决，即有权直接以行政行为为执行名义，自行对义务人实施强制执行，因而其设置了以行政机关为主要行政强制主体的行政强制执行制度。英美法系以“司法优先”原则和“法治”原则为其主要特征，法律并不承认行政机关具有“自力救济”的特权，传统上经由法院加以司法控制或司法审查为原则，行政机关所作出的行政决定必须依赖法院的支持，通过司法程序来强制当事人履行义务，以实现行政目的，因而其行政强制主体这一角色主要由法院来承担。[①] 而在各国税收征收管理中，税收行政强制一般由税务机关自行实施，税务机关拥有税收行政强制权，包括税收行政强制措施权和税收行政强制执行权。在民事诉讼中，为了保护利害关系人或者当事人的权益不受损失，建立了财产保全制度。而在税收征收中，税务机关为了保障国家税款的安全，享有采取税收行政强制措施的权力。税收行政强制措施既包括对财产的行政强制措

① 胡建森主编：《行政强制》，第179—180页，北京：法律出版社，2002。

施——税收保全措施，也包括对人身的行政强制措施，如阻止出境等。税收保全措施包括责令限期缴纳税款、责成提供纳税担保、冻结银行或其他金融机构的存款、扣押、查封财产等。“税收强制执行，是指纳税人或相关主体逾期不履行税法义务，税务机关采取的促使其履行义务或实现税款入库的各种间接或直接的强制执行制度的总称。”[①]税收强制执行措施包括加收滞纳金，划扣存款，查封、拍卖、变卖商品、货物或其他财产等。

我国大陆地区行政强制执行的基本制度是：以申请人民法院强制执行为原则，以行政机关强制执行为例外。[②] 税收行政强制执行权由税务机关享有就是其中的例外之一。我国台湾地区 1998 年 10 月 22 日通过的《行政执行法》第四条规定：“行政执行，由原处分机关或该管行政机关为之。但公法上金钱给付义务逾期不履行者，移送法务部行政执行署所属行政执行处执行之。‘法务部行政执行署’及其所属行政执行处之组织，另以法律定之。”[③]

不仅狭义税收由税务机关适用税收征收管理法征收，对于准公共产品的受益者按照受益程度确定的、负外部行为制造者按照其行为对社会造成的损失确定的强制性金钱给付，也可以由税务机关依据税收征收管理法征收，因而这些强制性金钱给付就成为中义的税收。中义的税收不仅包括一般目的税（即狭义税收），也包括受益税和矫正税。

（四）如何理解广义的税收概念

各国对于准公共产品的受益者、负外部行为制造者的强制性金钱给付的征收管理体制有着不同的选择，一国对于不同种类的准公共产品的受益者、负外部行为制造者的强制性金钱给付的征收管理体制也有着差异。其征收管理体制大体上可以有以下几种选择：由

① 刘剑文主编：《税法学》，第 435 页，北京：人民出版社，2003。

② 应松年：《论行政强制执行》，载《中国法学》，1998(3)。

③ 章剑生主编：《中外行政强制法研究资料》，第 18 页，北京：法律出版社，2002。

税务机关或者以税务机关为主适用税收征收管理程序征收；由税务机关或者以税务机关为主适用强制性收费程序征收；由专业行政机关或者法律授权的自治机构适用强制性收费程序征收等。

例如，社会保障的供款的征缴体制各国就有很大差异。发达国家建立社会保障制度一百多年来，社会保障供款征缴体制经过不断演变逐渐成熟起来，征缴主体逐渐形成了“三足鼎立”的局面：一是由社保部门征收；二是由税务机关征收；三是由基金管理公司或其他独立自治机构征收。一百多年来，征缴体制大体经历了这样一个发展过程：大部分国家长期以来实行的是现收现付制，传统上社保供款一般都是由社保行政管理机构征收；从二十世纪三四十年代开始，一些发达国家开始转向由税务部门征收，采取“代征”的模式；进入二十世纪九十年代以来，中东欧一些转型国家随着经济改革的不断深入，也开始向税务部门征缴的方向转变。总体来说，截至目前，社保部门和税务部门这两种征缴主体的比重在世界各国大约各占一半，由税务机关征收的比例稍多一些。[①] 我国《社会保险费征缴暂行条例》第六条规定：“社会保险费实行三项社会保险费集中、统一征收。社会保险费的征收机构由省、自治区、直辖市人民政府规定，可以由税务机关征收，也可以由劳动保障行政部门按照国务院规定设立的社会保险经办机构征收。”到 2002 年，全国已有 17 个省、自治区、直辖市和 2 个计划单列市地方税务局征收社会保险费。[②] 我国地税机关征收社会保险费适用的是《社会保险费征缴暂行条例》，而非《税收征收管理法》。

以补偿环境损害而对排污者征收费用也有不同的征收管理体制的选择，大体上有以下几种方案：由环保部门征收管理；由税务部门征收管理；由税务部门负责征收税款，环保部门协助税务部门征收，

① 郑秉文、房连泉：《社会保障供款征缴体制国际比较与中国的抉择》，载《公共管理学报》，2007(4)。

② 国税发[2002]124 号《国家税务总局关于税务机关征收社会保险费工作的指导意见》。

环保部门负责环境监测，提供各种污染数据，作为征税资料。我国目前的排污费由环保部门征收管理。

按照广义税收的观点，以取得财政收入为目的的强制性金钱给付，不管是否由税务机关适用税收征收管理法征收，也不管是称为“税”或者“费”等，都属于税收范畴。政府收费虽然不是由税务机关适用税收征收管理法征收，但是，其中一部分也具有强制性，尽管强制性程度相对中义税收较弱。按照广义税收的观点，它们也属于税收范畴，例如社会保险缴费、排污费以及部分政府性基金等。

三、应当如何解释宪法上的税收概念

(一)关于宪法上税收概念的主要观点

大凡各国宪法，都有税收条款，但是，税收的概念都没有在宪法上被具体界定。宪法解释机关如何解释宪法上的税收概念？从德国联邦宪法法院关于《基本法》税概念的一系列判决，似可推论归纳下列数点：(1)《基本法》本身欠缺税之定义规定；(2)法律税定义规定之普遍适用；(3)《基本法》税概念与法律税概念之同一性；(4)其他法院判决之佐证。由上述说明似可得知，德国针对《基本法》税概念之实务见解，以联邦宪法法院判决为主，其他法院判决随之，均将帝国租税通则第一条第一项第一句及一九七七年《租税通则》第三条第一项第一句税之定义规定，作为基本法税概念之内涵。① 德国联邦宪法法院关于《基本法》税概念之判决，引起德国学者支持(同一说)及反对(非同一说)的论争。②

我国台湾学者陈敏将宪法税之特征归纳为：(1)租税为金钱或有金钱价值之实物给付义务；(2)租税之给付义务系国家基于法律所赋予之公权力而强制课征者；(3)对租税之缴纳并无直接之报偿；(4)租税之课征系用以支应国家之财政需要。归纳上述特征，该学者认为：

①② 黄俊杰：《宪法税概念与税条款》，第23—25、25—32页，台北传文文化事业有限公司，1997。

宪法税概念是中央或地方政府为支应国家事务之财政需要，及达成其他行政目的，依据法律，向人民强制课征之金钱或其他有金钱价值之实物之给付义务，而不予以直接之报偿者。[①] 葛克昌先生就一般之租税概念特征，就宪法之意义加以检证，归纳为以下几点：(1)金钱给付义务（有别于劳务及实物给付义务）；(2)无对待给付；(3)为国家及地方自治团体课征；(4)基于公权力所强制课征；(5)支应国家财政需求。[②]

(二)本书关于宪法上税收概念的观点

从以上对宪法税收概念的有权解释和学理解释来看，主流的观点仍然是将税收仅仅作狭义的理解。但是，正如前文所述，税收实践的发展已经突破狭义税收的樊篱，受益税和矫正税已经不具有狭义税收的无偿性特征，即使一些典型的税种也并不完全符合狭义税收的特点，如财产税就在一定程度上具有受益税的特点，选择性消费税就具有矫正税的属性等。因此，从狭义税收理论出发去解释宪法的税收概念，已经不能适应税收实践的发展。我国台湾学者也指出：宪法税概念并非永久不可变更其内容，相反地，随着国家财政宪法体系不断地扩展，财政宪法中之重要课题，即宪法税概念，亦应有其发展空间，在宪法税概念的发展过程中，不同时期似得有不同内涵。[③] 因此，笔者认为，应当从广义税收理论出发解释宪法的税收概念，即狭义税收是一般目的税，应当按照经济能力负担，而广义税收除了包括狭义税收外，还包括受益税和矫正税，按照受益程度和对社会所造成的损失程度来确定税负。

从广义上解释税收概念，符合税收实践的发展趋势，有利于对国家强制性金钱给付权力给予同等的宪法和法律控制。国家强制性金钱给付的权力关系到公民重要的基本权利——财产权，因此，有必要

① 陈敏：《宪法之租税概念及其课征限制》，第33—39页，载《政大法学评论》第24期，1981年12月。

② 葛克昌：《宪法基本问题》(财政宪法篇)，第74—78页，北京大学出版社，2004。

③ 黄俊杰：《宪法税概念与税条款》，第36页，台北传文文化事业有限公司，1997。

从宪法上对国家强制性金钱给付的权力给予宪法控制，从宪法上规定有关该权力的立法权由议会保留，并为该立法权的行使确立基本准则。该权力在具体运行中应当受到法律的控制、司法的最终审查。不论国家强制性金钱给付基于何种理由，它在宪法和法律上都应该得到同等的控制，否则，都有可能对公民的财产权造成危害，从而失去其正当性。如果对部分的国家强制性金钱给付权力的宪法和法律控制相对较弱，必然会导致这部分的国家权力过度膨胀，使当权者能够运用该权力过度地汲取经济资源，从而危害公民的财产权，同时还会威胁到国家其他的强制性金钱给付权力的实现。我国当前存在的政府收费膨胀、以费代税、以费挤税的现象就是鲜明的例证。

四、税收和公共收费的关系

(一)公共收费定义、分类的现状

根据世界银行1988年发展报告的定义，所谓公共收费是指："为交换公共部门所提供的特别商品和服务而进行的支付，主要由国营企业和地方政府征收。"在国外通常将公共收费分为规费和使用费，其中，规费是公共部门(主要是政府行政部门)向个人或企业提供某种特定劳务所取得的特定报酬。规费包括两类：一类是行政规费，如护照费、身份证费等；另一类是司法规费，如诉讼费、婚姻登记费等。规费的收取通常有两个标准：(1)填补标准，指以补偿公共部门提供劳务所需的费用数额为标准而收取的费用；(2)报偿标准，是指以缴纳者从公共部门劳务中所得到的利益为标准而收取的费用。使用费则是政府向特定公共设施或公共服务的使用者收取的费用。广义的使用费还包括特许金和特别课征等形式。①

我国目前对公共收费主要的分类是行政性收费和事业性收费。2004年12月30日财政部、国家发改委发布的《行政事业性收费项目

---

① 许建国、张雄：《国外税费分流的理论与实践》，原文发表于《财政研究资料》1999年第1期，载贾康主编《税费改革研究文集》，第257—258页，北京：经济科学出版社，2000。

审批管理暂行办法》第三条规定:“行政事业性收费是指国家机关、事业单位、代行政府职能的社会团体及其他组织根据法律、行政法规、地方性法规等有关规定,依照国务院规定程序批准,在向公民、法人提供特定服务的过程中,按照成本补偿和非盈利原则向特定服务对象收取的费用。”2006 年 3 月 27 日国家发改委、财政部发布的《行政事业性收费标准管理暂行办法》第三条规定:“本办法所称行政事业性收费,是指国家机关、事业单位、代行政府职能的社会团体及其他组织根据法律法规等有关规定,依照国务院规定程序批准,在实施社会公共管理,以及在向公民、法人提供特定公共服务过程中,向特定对象收取的费用。”我国的一些地方性法规分别对行政性收费和事业性收费下了定义,例如,1991 年 11 月 22 日广东省第七届人民代表大会常务委员会第二十三次会议通过的《广东省行政事业性收费管理条例》第三条规定:“行政性收费是国家行政机关和依法行使行政管理职权的单位对社会实行特定管理,按照国家法律、法规或本条例规定的收费。事业性收费是事业单位为社会提供特定服务,按照国家法律、法规或本条例规定的补偿性收费。”

我国还有一类公共收费——政府性基金,财政部财综字[2000]22 号文《关于加强政府性基金管理问题的通知》中指出:“政府性基金,是指各级人民政府及其所属部门根据法律、国家行政法规和中共中央、国务院有关文件的规定,为支持某项事业发展,按照国家规定程序批准,向公民、法人和其他组织征收的具有专项用途的资金。包括各种基金、资金、附加和专项收费。”财政部《〈政府性基金管理暂行办法〉征求意见稿》第二条规定:“本办法所称政府性基金,是指各级人民政府及其所属部门根据法律、国家行政法规和中共中央、国务院有关文件的规定,为支持某项事业发展,按照国务院规定程序批准,向公民、法人和其他组织征收或提取的具有专项用途的财政性资金。政府性基金包括基金、资金、附加和专项收费等形式。”

如何区分税收和公共收费?我国经济学界多从经济根据上区分税收和公共收费,纯粹公共产品的成本由税收来负担,准公共产品的成本部分由公共收费来负担,部分由税收来负担。具体地说,对于准公共产品的生产费用,应当在多大范围或程度上用税收补偿,在多大范围或程度上用收费补偿,主要取决于两个因素:其一,受益程度。一般地说,受益范围不确定、受益差异不明显的准公共产品的生产费用,主要用税收补偿。受益范围确定、受益差异明显的准公共产品的生产费用,主要用收费补偿。其二,生产成本和交易成本的高低。就生产成本而言,边际生产成本大体保持不变的准公共产品的生产费用,主要用稳定性较强的税收来补偿,边际生产成本递减或递增的准公共产品的生产费用,主要采取灵活性较强的收费来补偿。就交易成本而言,征收成本较高的准公共产品的生产费用,主要用税收来补偿,征收成本较低的准公共产品的生产费用,主要用收费来补偿。①

(二)本书关于公共收费和税收的关系的观点

税收和公共收费是交换公共部门所提供的公共产品、准公共产品的对价形式以及对负外部性的货币补偿形式。如果采取狭义税收概念,那么对准公共产品的受益者和负外部性制造者强制征收货币也要划入公共收费的范畴。如果采取广义税收概念,那么为了提供公共产品和准公共产品而由中央和地方政府强制征收货币都划入税收范畴,包括受益税和矫正税,而公共部门提供准公共产品按照自愿原则和分担成本原则收取货币才划入公共收费范畴。正如前文所述,准公共产品一部分可以在消费上实现排他,因此,可以采取自愿交费分担成本的办法来提供;而另一部分不能在消费上实现排他,或者排他的成本过于高昂,从而产生“免费搭车”问题,因此必须采取强制手段获取生产费用。国家出于“父爱主义”,对于“私人优值品”也实行强制收费提供,另外,矫正负外部性的货币补偿也必须采取强制手段。本书采取广义税收概念,因此,本书对公共收费的定义是:公共部门在提供准公共产品时按照自愿原则和分担成本原则向准公共

---

① 马国强:《论税收和政府收费的合理定位》,载高培勇主编《费改税:经济学界如是说》,第141—142页,北京:经济科学出版社,1999。

产品的受益者收取的货币。从受益者来说，就是为交换公共部门所提供的准公共产品，按照自愿原则和分担成本原则而进行的货币给付。

笔者认为，从法律上区分税收与公共收费，最基本的标准应当是法律关系性质的不同。依此标准，将公共部门强制性的金钱给付划入税收，税收具体又分为一般目的税和特定目的税，而拥有这种强制权力的只有国家，公共部门在交换准公共产品时基于自愿原则收取的金钱给付，则称为公共收费。将国家强制性金钱给付统一纳入税收范畴，有利于对这种国家权力的宪法和法律控制，保障公民的财产权。从我国历史上来看，对老百姓危害最重的并不是正税，而是各种杂派，正所谓“明税轻、暗税重、横征杂派无底洞”。将国家强制性金钱给付统一为税收，可以避免在税收之外再繁衍出名目繁多的收费项目。

税费的区分，不能只看名称形式，而要看其实质内容。例如，公民接受非义务教育所交纳的学费，是对教育成本的部分分担，是由教育这种准公共产品的享用者自愿交纳的，而不接受非义务教育的公民则无需交纳学费。我国的教育附加费是为了“加快发展地方教育事业，扩大地方教育经费的资金来源”，可见教育附加费是为教育这种具有正外部效应的准公共产品的生产提供资金，是应当按照经济能力在国民中负担的，因此，它名之谓“费”，实质上是狭义的税收。在我国农村税费改革之前，对农民征收乡统筹费，1991 年国务院颁布的《农民承担费用和劳务管理条例》第八条规定，乡统筹费用于安排乡村两级办学、计划生育、优抚、民兵训练、修建乡村道路等民办公助事业。乡统筹费可以用于五保户供养。五保户供养从乡统筹费中列支的，不得在村提留中重复列支。实际上乡村两级办学、计划生育、优抚、民兵训练以及五保户供养等都具有全国性公共产品或者远比乡村层次更高的地方性公共产品的属性，其经费来源应当是狭义的税收，应当按照经济能力来确定税负。而以经济能力为标准，当地农民一般并不需要承担税负。因此，对农民征收的乡统筹费大多都是以费代税，并且明显违反税收公平原则。我国一些政府性基金和行政性收费具有狭义税收的特点，应当纳入狭义税收范畴。作为广义税收的金钱给付，其名称也未必一律为“税”，比如在国外通称的燃油税，在我国海南省的试点中就称为燃油附加费。排污费、社会保险费，为筹集道路建设、养护资金而强制征收的养路费等即使不称为税收，也属于广义税收的范畴。

在西方国家，税收和收费都要纳入议会的控制，因此，并不对二者作严格的区分。我国也有学者指出：广义的税收包括政府征收的税、基金、费或集资款和摊派款。更广义的税收甚至包括负债（因为负债最终仍然需要未来的税收来偿还）、“通货膨胀税”以及对私产的简单充公。①

处于广义税收之外的公共收费是受益者自愿交付的，比如民事诉讼的诉讼费、非义务教育的学费、高速公路的通行费、公园的门票等。但是，公共部门所提供的准公共产品往往具有垄断性，如国家的司法服务、行政登记注册服务、教育、高速公路等，公共部门凭借其垄断地位就具有了攫取社会财富的能力。我国目前存在的教育乱收费、各地方通过高速公路通行收费敛财等现象就是典型的例证。因此，对公共收费同样需要加强监督管理。

1946 年《日本国宪法》第七章“财政”第八十四条规定：“新课租税，或变更现行租税，必须有法律或法律规定的条件为依据。”日本学者认为：严格地说，虽不包括在这里所说的“租税”，但在上述意义上，当然必须与这个作同样处理的有以下几种：(1)对于地方税也应解释为当然适用本条规定的原则。对于国民来说，不论国税和地方税，在为公共负担这一点上是毫无不同的。(2)对特定的公益事业具有特殊利害关系者，其所负的一部或全部的负担金虽不是租税，但仍然是强制课赋金钱，从这一点上说，也应该与这里所说的“租税”同样对

① 冯兴元：《〈宪政经济学〉编校序》，第 6 页，载布伦南、布坎南著，冯克利等译：《宪政经济学》，北京：中国社会科学出版社，2004。

待。(3)属于国家专卖价格在形式上虽不是租税,但实质上具有"租税"(消费税)的性质。(4)手续费即公共的服务给以只有酬谢性质的费用或对利用公共建筑物相应的酬谢费用,只要这是根据利用者和受益者的自由意志所承认而支付的,就不具有强制课赋的性质,所以不能认为与这里所说的"租税"相同。但是,就是属于这个意义的手续费,事实上也具有强制课赋的性质,应与这里说的租税同样对待。(5)对于属于国家或地方公共团体垄断事业费用,也可以说是相同的。这些都应与本条所说的"租税"同样对待。(6)即或不是国家或地方公共团体的事业,但如果是为了维持公众的日常生活所不可缺少的公益事业,作为具有垄断形态的利用费,从其垄断性之强和其利用的事业为国民生活所必需的程度,对国民来说,也具有强制课赋的性质。例如支付给电力公司的电费和支付给国家的邮费,在实际强制国民支付这一点上,性质是没有什么不同的。因而这些用费应考虑准用本条的"租税"。(7)公共企业(日本国有铁路、日本电讯电话公社和日本专卖公社)所经营的事业,都是这里所说的这一意义的垄断事业,也是为了维持群众日常生活所不可缺少的公益事业。因而,其利用费用或专卖物价,应准用以这里所说的"租税"来对待是很清楚的。还有劳动关系调整法所说的公益事业,即运输事业、邮政和电讯以及电话事业、水道和电力以及煤气供应事业医疗和公共卫生事业,在公众日常生活中不可缺少的限度内,应该与公共企业体的事业做同样考虑,对这些费用,也认为应准用本条。(8)日本《财政法》第三条规定:"除租税外,对于国家根据国家权力收缴的课征金和法律上或事实上属于国家垄断事业的专卖价格或事业费用,都必须依照法律或国会的决议决定。"应该解释为是从宪法第八十三条和本条所产生的结论的当然表现。[①]

由此可见,对于公共收费的项目及其标准同样需要议会的控制

---

① [日]宫泽俊义著,董璠舆译:《日本国宪法精解》,第617—619页,北京:中国民主法制出版社,1990。

和监督，而我国的公共收费基本上游离于权力机关的控制之外，由于缺乏民主监督，乱收费、滥收费屡禁不绝，加强权力机关对于公共收费的控制和监督是解决乱收费、滥收费问题的治本之策。

第二节 税收立法权的概念解析

一、立法权的概念

(一)立法的概念

立法的英文是 Legislation，《牛津法律大辞典》对"立法"所下的定义是："指通过具有特别法律制度赋予的有效地公布法律的权力和权威的人或机构的意志制定或修改法律的过程。这一词亦指在立法过程中所产生的结果，即所制定的法律本身。在这一意义上，相当于制定法。"①

我国学者对"立法"概念提出了诸多观点，这里举几例说明。(1)立法是特定主体，依据一定职权和程序，运用一定技术，制定、认可和变动法这种特定的社会规范的活动。②(2)立法就是一定的主体确立具有普遍效力的法规范和法规则。③(3)立法是一切国家机关依据法定权限和程序制定、修改和废止各种不同的规范性文件的活动。④(4)也有学者对"立法"作了广义和狭义的界定，认为在法学研究和法律实践中，对于"立法"一词主要在两个不同的层次上使用：一是指创制法律规范的活动或过程；另一是指法律本身。从立法的活动或过程讲，对于立法的概念通常有广义和狭义两种理解。广义的立法，指有关国家机关在其法定的职权范围内，依照法定的程序，制定、修改、

① [英]戴维·M·沃克编，北京社会与科技发展研究所组织翻译：《牛津法律大辞典》，第 547 页，北京：光明日报出版社，1988。

② 周旺生著：《立法学》，第 30 页，北京：法律出版社，2004。

③ 戚渊著：《论立法权》，第 12 页，北京：中国法制出版社，2002。

④ 李龙主编：《法理学》，第 290 页，武汉大学出版社，1996。

补充和废止规范性文件以及认可法律规范的活动。狭义的立法，专指国家最高权力机关（或称国会、国家立法机关等）制定、修改、补充、废止基本法律和基本法律以外的法律的活动。①

笔者认为，“立法”一词在两个层次上使用，即一是指有权的特定主体依照法定程序，制定、修改、补充和废止具有普遍约束力的规范性文件的活动或过程；另一是指具有普遍约束力的规范性文件本身。具有普遍约束力的规范性文件具有广义和狭义两重含义，广义的具有普遍约束力的规范性文件是指一切有权的主体制定的具有普遍约束力的规范性文件，狭义的具有普遍约束力的规范性文件是指国家最高权力机关或者国会制定的法律。

(二)关于立法权概念的主要观点及其评析

国内学者关于立法权概念也存在多种观点，这里举几种代表性的观点。(1)从立法权概念的实际运用情况来看，各国一般在三个意义上使用立法权概念。第一个意义上的，立法权是指立法机关（议会或其他代议机构）行使的制定、认可、解释、补充、修改或废止法律的权力。这个意义上的立法权仅是立法机关职权的一部分，而不是全部，它不包括立法机关的行政监督权（包括议决预算案、议决条约案、宣战案和媾和案、议决戒严案、议决大赦案，以及质询权、同意权、弹劾权、不信任投票权等权力）。第一个意义上的立法权概念为狭义的立法权概念。第二个意义上的立法权是指由立法机关行使的对应于行政权和司法权的权力。这个意义上的立法权，是三权分立意义上的立法权，它包括了立法机关的全部职权，即不仅包括立法机关的狭义的立法权，而且包括立法机关的其他所有职权。第二个意义上的立法权概念可视为广义的立法权概念。第三个意义上的立法权是指立法主体依法行使的制定、认可、解释、补充、修改或废止法律的权力。为了便于与狭义、广义的立法权概念相区别，姑且将本概念称为

① 朱力宇、张曙光主编：《立法学》（第二版），第20页，北京：中国人民大学出版社，2006。

极广义的立法权概念。极广义立法权创制的法律,是广义的法律,包括一切具有法律效力的规范性文件和判例。[①] (2)从广义上理解,立法权是指所有的行使立法的权力,即所有创制、认可、修改、废止法规范和法规则的权力。从狭义上理解,立法权是指立法机关(议会或其他代议机构)行使的创制、认可、修改或废止法规范的权力。[②] (3)立法权是由特定国家机关行使的,在国家权力体系中占据特殊地位的,用来制定、认可和变动法的综合性权力体系。[③]

关于立法权概念的理论可以概括为三种类型:结构主义的立法权、功能主义的立法权、限定主义的立法权。在西方政治学、立法学和宪法学中,一般多采用结构主义的方法解析立法权。结构主义的理论基础是政体理论和分权理论,这种理论认为,立法权是与行政权、司法权相对存在的整个国家权力结构中的一种要素,是构成一国政体的基本成分,是一种政体结构或政府职能划分的产物。[④] 亚里士多德认为,一切政体都有三个基本要素:议事机能、行政机能和审判机能。[⑤] 这种政体职能划分理论为分权学说提供了思想渊源。英国思想家洛克提出了立法权、执行权和对外权分离的思想,认为立法权是指享有权利来指导如何运用国家的力量以保障这个社会及其成员的权力。[⑥] 法国思想家孟德斯鸠发展了洛克的分权理论,提出三权分立学说,认为国家权力由立法权、行政权和司法权组成,这三种权力应当相互制约、保持平衡。按照结构主义的观点,立法权是对国家政体结构和政权职能划分的结果,由此推论,只有立法机关享有并行使的权力才是立法权,如行政机关行使的包括制定法律规范性文件在

① 吴大英、任允正、李林:《比较立法制度》,第263—265页,北京:群众出版社,1992。

② 戚渊:《论立法权》,第19—21页,北京:中国法制出版社,2002。

③ 周旺生:《立法学》,第121页,北京:法律出版社,2004。

④ 李林:《走向宪政的立法》,第27页,北京:法律出版社,2003。

⑤ [古希腊]亚里士多德著,吴寿彭译:《政治学》,第214—215页,北京:商务印书馆,1963。

⑥ [英]洛克著,瞿菊农、叶启芳译:《政府论(下篇)》,第89—91页,北京:商务印书馆,1996。

内的任何权能的行政立法权都应当是行政权；司法机关行使的包括法律解释权与生成判例权（司法造法权）都是司法权；自治组织行使的自主制定管理自身事务的法律规则的权能则是自治权。[①] 结构主义立法权的概念有利于维护国家立法权的权威性，显示了立法权是国家的最高权力，也体现了人民主权的原则。同时，它也有利于明确国家权力的内容、明确各个国家机关的权力内容，有助于明确权力与权力之间的制约关系。但是，结构主义的解释方式也产生了两个主要的问题：首先是僵硬性；其次是结构主义的解释方式缺乏灵活性，忽视了其他国家机关的立法功能。在现代社会，由于经济和社会的发展需要，行政立法已经成为一个国家法律体系的重要方面，如果否定行政机关权力中的立法因素而抹杀行政机关参与立法的合法性与正当性，这与世界的立法发展潮流是相悖的。[②]

功能主义的立法权又称绝对主义立法权，功能主义立法权的观念是建立在立法权主体的立法权能基础之上，立法权的评价标准是这种权力的本身是否包含立法的职能。如果具备制定法律、法规、规章或者地方性法规的权能，就是立法权。功能主义理论认为，立法权是通过具体的权力主体来行使的。权力主体是否具有立法职能，则是根据该权力主体享有的权力结构中是否存在立法的功能来确定。只要是权力构成中包含有立法的因素，这种立法权能就具有了立法权的性质，行使这种立法权能的主体就是立法主体。如行政机关制定行政法规和行政规章的职权，属于行政机关立法的权能；司法机关作出司法解释或创造司法判例的职权，具有立法权能的性质；自治组织创制自治性法律规范的权力，也是立法权能的表现。因此，凡是具有立法性质的权能都是立法权。功能主义立法权概念的优点在于：(1)揭示了立法的内在属性；(2)概括了立法的各种形式。功能主义

① 陈宏光：《立法权概念的评析》，载《安徽大学法律评论》2002 年第 2 卷第 1 期，第 132 页，合肥：安徽大学出版社，2002。

② 汤善鹏：《立法权正当行使的法理学研究》，吉林大学 2006 年博士论文。

立法权概念的不足之处在于：(1)立法权过于宽泛；(2)降低立法的价值。[①]

限定主义的立法权概念是最严格也是最狭义的，它认为，立法权应归属于立法机关行使，它是指立法机关所享有的行使制定、认可、解释、补充、修改或者废止法律的权力。它的立法权范围并不包括监督权、质询权、弹劾权、调查权、任免权，因为这些只是立法机关的其他职能而非立法职能。[②] 限定主义立法权的主体只限于专门的立法机关，行政机关和司法机关都不能享有立法权。立法权只是立法机关的职权之一，而不是其全部职能。

（三）本书关于立法权的观点

法的形式特征在于法的普遍约束力，即法的效力，包括法的时间效力、空间效力和对人的效力。法的效力是法基于自身特性所具有的强制力，社会组织和公民个人应当守法，即按照法的要求规范自身的行为，行政执法机关应当依法作出各种具体行政行为，司法机关应当依法裁判、执行案件。法的效力最直接的体现就在于法是行政机关作出具体行政行为、司法机关裁判与执行案件的依据，从而通过行政执法和司法行为实现法的强制力。

法的效力的本源是什么？纯粹法学家凯尔森认为：对法律所必要的“强制”因素并不在于所谓“精神强迫”，而在于这种事实，即组成法律秩序的规则规定了在特定场合下作为制裁的特定强制行为。[③] 凯尔森指出，说一个规范有效力就是说我们假定它的存在，或者就是说，我们假定它对那些其行为由它所调整的人具有“约束力”。法律

① 陈宏光：《立法权概念的评析》，载《安徽大学法律评论》2002 年第 2 卷第 1 期，第 133—134 页，合肥：安徽大学出版社，2002。

② 汤善鹏：《立法权正当行使的法理学研究》，吉林大学 2006 年博士论文。

③ [奥地利]凯尔森著，沈宗灵译：《法与国家的一般理论》，第 31 页，北京：中国大百科全书出版社，1995。

规则如果有效力的话，便是规范。更确切地说，它们是规定制裁的规范。[①]自然法学派则认为，人定法必须符合自然法，即符合人类的理性与正义，自然法高于人定法，如果人定法违反自然法，那么人定法就不具有任何效力。纯粹法学是从法的本质形式（法自身的形式合法性）确认法的效力，自然法学则是从法的本质内容（理念、目的）上确认法的效力。应当说，法的效力是法的本质内容与本质形式的统一，法的效力既基于它的内在本性，即它的合理性——合乎规律、合乎时代的生产方式的要求、合乎社会的需要和人民的意志与利益，基于它的形式合法性——即合乎其形成的权限与程序、合乎其在整个法律体系的位阶，而且其规范也不同宪法和其上位法相抵触。[③]

从法的形式特征上看，特定的主体制定的规范性文件是否具有法的效力，即普遍的约束力，取决于该主体是否具有相应的立法权。立法权的最初取得应当基于宪法的授予，即职权立法权，而在职权立法权的基础上可以在宪法规定的条件下通过授权法获得授权立法权。结构主义和限定主义的立法权理论恪守严格的三权分立，认为只有立法机关才享有立法权，但是，行政立法权扩张的现实和英美法系司法造法的传统都使该理论难以自圆其说。笔者认为，对立法权的概念可以作广义和狭义两种理解。狭义立法权是指国家最高权力机关或者国会制定、修改、补充、废止法律的权力。广义立法权是指特定的主体制定、修改、补充、废止具有普遍约束力的规范性文件的权力。除了狭义立法权外，还包括行政机关制定、修改、补充、废止行政法规、规章的权力，地方立法机关制定、修改、补充、废止地方性法规的权力，司法机关创制判例法、规范性司法解释的权力等。本书中的立法权概念，除非特别指明外均指广义的立法权。

（四）立宪权和立法权的区别

立宪权，又称制宪权，是指制定、修改宪法的权力。狭义的制宪

① ［奥地利］凯尔森著，沈宗灵译：《法与国家的一般理论》，第32页，北京：中国大百科全书出版社，1995。

③ 郭道晖：《法理学精义》，第256页，长沙：湖南人民出版社，2005。

权仅指制定宪法的权力，不包括修改宪法的权力。立宪权和立法权有哪些主要区别呢？笔者认为它们的主要区别在以下几点：

1. 立宪权和立法权的性质不同

立宪权是制定、修改宪法的权力，而广义立法权的最初取得都应当基于宪法的规定，因此，立宪权更具有本原性、至上性。广义立法权属于国家权力体系的一部分，但是，立宪权是否属于国家权力，学者有不同的观点。有学者认为，国家权力可以划分为两种：一是制宪权，即制定和修改宪法的权力；二是依宪法而创立的权力，包括立法权、行政权、司法权等各项权力，这些权力不仅依宪法而创立，而且只有依据宪法才能行使，受到宪法的约束。[①] 有学者则认为，在逻辑上主权应该是不可分割的完整的权力，它应该完全地属于主权所有者——人民，但作为主权所有者的人民可以通过制定宪法的方式，将主权中的部分权能委托国家机关来行使，因此，这种由国家机关来行使的主权权能在性质上就成为一种由主权派生而来的治权，也就是一般意义上所说的国家权力。在宪法产生之前，任何国家权力的存在都不可能获得逻辑上的合法性，将制宪权力归结为一种国家权力，至少在逻辑上是不成立的。[②] 尽管对立宪权是否为国家权力存在争议，但是，在宪政和法治时代，立法权由宪法而产生已经成为共识。因此，立宪权和立法权在性质上还是存在差异的，立宪权高于立法权，立法权由立宪权派生而来。最早比较系统地提出制宪权理论的法国大革命时期的思想家西耶斯认为，制宪权和立法权是“两种不同的权力”，“前者不受任何特殊形式的约束”，“后者只在为它制定的组织形式和条件中行动”。[③]

2. 立宪权和立法权的主体不同

立宪是国家主权的最高体现，根据人民主权理论，立宪权的主体

① 韩大元主编：《宪法学》，第 350 页，北京：高等教育出版社，2006。

② 莫纪宏：《现代宪法的逻辑基础》，第 226—230 页，北京：法律出版社，2001。

③ [法]西耶斯著，冯棠译：《论特权——第三等级是什么？》，第 64 页，北京：商务印书馆，1990。

应当是人民。西耶斯指出："惟有国民拥有制宪权"，"国民永远是改革宪法的主人，尤其是宪法遭到非议时，国民不能推卸制定一部固定的宪法的责任"，因为"国民存在于一切之前，它是一切之本源。它的意志永远合法，它本身便是法律"，"人为法只能来源于国民意志"，"国民意志永远是最高法律"。[①] 西耶斯所说的"国民"实际上应当是指"人民"，因为宪法在逻辑上是先于国家存在的。制宪权应归属于人民，人民是制宪权的主体，这是现代宪法学公认的基本理论，也是宪政国家奉行的基本原则。但是，在现实社会中，不可能每个人都能直接参加制定宪法，于是就产生了制宪权委托的理论。人民先选出自己的代表，组成制宪机关，由制宪机关行使制宪权。[②] 但是，经制宪机关通过的宪法还应当经过全民公决，才能最终生效。1792 年法国国民议会在雅各宾派推动下通过一项决议，宣布未经人民批准的宪法，不得视为宪法；该国国民会议制定的 1793 年宪法，即经过全民投票采纳；从此，通过公民投票批准宪法，在法国成为传统。1946 年宪法、1958 年宪法以及后来的许多宪法修正案，都经由全民表决程序。[③] 在美国，制宪会议通过的宪法是把"共同努力和全体一致同意而产生的方案提供给人民，并向人民推荐。由于事实如此，所以要承认这个方案只是推荐，不是强加于人"。[④] 美国宪法在制宪会议通过后，交各州表决，但不是交各州人民直接表决，也不是交各州议会表决，而是交各州"代表会议"表决。各州"代表会议"由各州议会提名，经各州人民选举产生。[⑤] 随着民主、宪政的发展，宪法的全民公决更为盛行。亚非国家采用宪法公决也呈上升趋势，如埃及 1971 年《宪法》和 1980

---

① [法]西耶斯著，冯棠译：《论特权——第三等级是什么?》，第 56 页、第 65 页、第 59 页、第 61 页，北京：商务印书馆，1990。

② 张庆福：《论宪法制定》，载张庆福主编《宪法论丛》(第 3 卷)，第 249 页，北京：法律出版社，2002。

③ 魏贻恒：《全民公决的理论与实践》，第 87 页，北京：中国人民大学出版社，2007。

④ [美]汉密尔顿等著，程逢如等译：《联邦党人文集》，第 9 页，北京：商务印书馆，1980。

⑤ 马岭著：《宪法原理解读》，第 41 页，济南：山东人民出版社，2007。

年《宪法修正案》、喀麦隆1972年《宪法》、伊朗1979年《宪法》、刚果(布)1992年和2002年《宪法》、巴林2001年《国民宪章》、突尼斯2002年《宪法修正案》、卡塔尔2003年第一部《宪法》等。新兴国家如俄罗斯(1993年12月)、塔吉克斯坦(1994年11月)、亚美尼亚(1995年7月)、哈萨克斯坦(1995年8月)等国宪法,大多经由全民公决通过。[①]一般地,凡宪法由全民公决通过,则宪法修正案也必须经全民公决。如法国现行宪法第八十九条规定:"修改宪法的草案或提案应由两院以相同的文本表决通过。经公民投票通过后,宪法修改才最后确定。"日本宪法第九十六条规定:"本宪法的修订,必须经各议院全体议员三分之二以上赞成,由国会创议,向国民提出,并得其承认。此种承认,必须在特别国民投票或国会规定的选举时进行投票,必须获得半数以上赞成。"从应然性角度而言,宪法的制定和修改都应当经过全民的公决。

由此可见,立宪权的主体是人民,而立法权的主体包括代议机关、国家元首、行政机关和司法机关等,狭义立法权的主体是代议机关。

3. 权力行使的程序不同

宪法的制定和修改程序比普通法律更为严格,在宪法制定方面,要经过动议、起草、讨论、通过、批准等专门程序,设立专门制宪机关制定宪法,并经全民公决或者成员政府的批准。在宪法修改程序方面,修改内容、修改时间、提议修改的主体、修改权主体、修改程序方面较之法律更为严格。宪法的制定和修改要经过严格的程序,一方面是为了使宪法的内容具有更广泛的民意基础,并获得更高效力的正当性基础;另一方面是为了保障宪法的稳定性。[②]

---

① 魏贻恒:《全民公决的理论与实践》,第88页,北京:中国人民大学出版社,2007。

② 韩大元主编:《宪法学》,第17页,北京:高等教育出版社,2006。

二、税收立法权的概念

（一）税收立法事项

税法根据调整对象的不同可以分为税收实体法和税收程序法。税收实体法是指具体规定某一税种课税要素的法律、法规。税收程序法通常指税收征收管理法，主要规定税务管理、税收征纳方式及程序、税收检查、税收强制措施、税收处罚、税收争讼等。税收立法事项主要包括以下几个方面：

1. 税种及其要素

按照征税对象的不同，可以把税收分成流转税、所得税、财产税、资源税、行为税等类别。流转税是指以商品和劳务的流转额为课税对象的税收，主要包括增值税、消费税、营业税、关税等。所得税是指以从事生产经营活动获得的纯利润或个人获得的各种所得为征税对象、按照所得的数额征收的税收，包括企业所得税、个人所得税等。财产税是指以特定的财产为征税对象的税收，包括财产保有税和财产转让税，具体有房产税、车船税、契税、遗产与赠予税等。资源税是指以自然资源及其级差收入为课税对象的一种税，包括狭义的资源税、土地使用税、耕地占用税、土地增值税等。行为税是指以纳税人的某种特定行为作为课税对象的一种税，包括印花税、固定资产投资方向调节税等。各个税种的具体构成因素称为税收要素，主要包括：（1）纳税人，又称纳税义务人或纳税主体，是税法规定负有纳税义务的社会组织或自然人。（2）征税对象，又称征税客体，指税法规定对什么来征税。税目是税法规定的某种税的具体征税范围，是征税对象的具体化。（3）税率，是指应纳税额与征税对象之间的比例，是计算应纳税额的尺度，主要有比例税率、累进税率、固定税率。（4）纳税环节，指征税对象在从生产到消费的流转过程中应当缴纳税款的阶段。（5）纳税期限，指纳税人缴纳税款的期限。（6）纳税地点，指根据各个税种的纳税环节和有利于对税款的源泉控制而规定的纳税人、代扣代缴义务人的具体纳税地点。纳税地点是确定征税管辖权的问题,即纳税人应当向哪里的征税机关申报纳税以及哪里的征税机关有权实施管辖。(7)减税免税,指对某些纳税人和征税对象采取减少征税或者免予征税的特殊规定。(8)罚则,指对纳税人或其他税收义务人违反税法行为采取的处罚措施。[①]

2. 税收征收管理

税收征收管理是国家税收实现、保障的制度以及纳税人权利的救济、保障制度,税收征收管理具体包括税务登记、账簿、凭证管理、受理纳税申报、税收核定、税收保全、税收强制执行、税收稽查、税收行政复议等。税收立法应当按照公正和效率相统一的原则来规定税收征收管理权的配置、具体内容及其行使的具体程序。

3. 单一制国家的税收收益权和税收征管权在中央和地方之间的划分

在联邦制国家,税收收益权和税收征管权属于税收立宪事项,而在单一制国家多通过法律来划分中央税种、地方税种以及中央、地方的共享税种,税收收益权和税收征管权在中央和地方之间的划分属于税收立法事项。

(二)税收立法权的概念界定

目前,我国学术界关于税收立法权概念的代表性观点主要有以下几种:(1)税收立法权是指特定国家机关依法享有的制定、认可、修改、补充、废止、解释和监督税法的权力,简而言之,是特定的国家机关依法享有的进行税收立法的权力。[②] (2)税收立法权主要包括税法的初创权、税法的修改权和解释权、税法的废止权。其中尤为重要的是税种的开征权与停征权、税目的确定权和税率的调整权、税收优惠的确定权等。[③] (3)税收立法权是有权机关制定、修改、补充、解释和废止税收法律规范,配置和调整税收资源,明确涉税主体各方(税务

① 陶广峰主编:《经济法学》,第 492—493 页,北京:中国检察出版社,2007。

② 刘剑文:《财税法专题研究》(第二版),第 219—220 页,北京大学出版社,2007。

③ 张守文:《税权的定位与分配》,载《法商研究》,2000(1)。

机关、纳税人及其他税务当事人）权力（利）义务关系，实现国家税收职能作用的权力。[①] （4）广义上的税收立法权应包括税法的制定和颁布权、税种的开征和停征权、制定税法实施细则权、税收法律法规的解释权、税目增减及税率调整权、税收的加征及减免权等多项权力。前两项属于制定税收法律法规的活动，我们将其称为"主立法权"，后四项是在现有税收法律法规基础上开展的附属立法活动，故称为"辅立法权"。[②]

笔者认为，税收立法权可以分为狭义税收立法权、广义税收立法权。狭义税收立法权是指国家最高权力机关或者国会制定、修改、补充、废止税收法律的权力。广义税收立法权是指国家机关制定、修改、补充、废止具有普遍约束力的税收规范性文件的权力。除了狭义税收立法权外，还包括行政机关制定、修改、补充、废止税收行政法规、税收规章的权力，地方立法机关制定、修改、补充、废止税收地方性法规的权力，司法机关创制税收判例法、税收规范性司法解释的权力等。本书中的税收立法权概念，除非特别指明外，均指广义的税收立法权。

从税收立法权主体的性质，可以将税收立法权分为代议机关的税收立法权、行政机关的税收立法权、司法机关的税收立法权。从税收立法权主体的层级，可以将税收立法权分为中央税收立法权和地方税收立法权。从税收立法权所指向的实体内容，可以将税收立法权分为一般目的税的税收立法权（狭义税收的税收立法权）、受益税的税收立法权、矫正税的税收立法权。受益税和矫正税在立法名称上并不一定以税收的形式出现，可以以"费"或其他形式出现，但是，这都不影响其作为广义税收的立法。

① 许善达等：《中国税权研究》，第20页，北京：中国税务出版社，2003。

② 胡学勤：《论税收立法权的划分及立法体制的改革》，载《涉外税务》，2003（10）。

第二章 税收立法权横向配置的国际考察

税收立法权配置包括横向配置和纵向配置两个方面。我国有学者指出："税收立法权限体制一般可以分为税收立法权的横向分配和税收立法权的纵向分配。横向分配指同级国家机关之间，主要指中央一级国家机关之间的税收立法权分配，涉及立法机关与行政机关在税收立法方面各自享有的权力范围。税收立法权的纵向分配则指中央机关与地方机关之间的税收立法权分配。这里的中央机关和地方机关，不仅仅指单一制国家下的中央和地方，也包括联邦制国家下的联邦与各州、各共和国。"[①]本章将对税收立法权的横向配置进行国际考察，以便为我国的税收立法权横向配置提供借鉴。

税收立法权的横向配置是指税收立法权在同一层级的国家机关之间的配置，即税收立法权在代议机关、行政机关、司法机关之间的配置。本章侧重研究税收立法权在中央国家机关之间的配置。就狭义立法权而言，按照国家立法权的行使是否受其他国家机关的制约，可以分为独立的立法体制和制衡的立法体制。前者是指一个国家机关行使国家立法权不受其他国家机关制约的立法体制。后者是指一个国家机关行使国家立法权要受到其他国家机关制约的立法体制。在当代，一般国会或最高权力机关实行一院制的国家，可属于独立的立法体制；实行两院制的国家，可属于制衡的立法体制。此外，在有些国家中，国会以外的国家机关也可以对议会的立法加以制约，如美

① 刘剑文主编：《税法学》，第157—158页，北京：人民出版社，2003。

国总统对国会立法的否决权。[①] 因此，在独立型立法体制下，狭义税收立法权属于国会或者国家最高权力机关，在制衡型立法体制下，狭义税收立法权属于国会两院，一些国家的最高行政机关可以行使否决权。在国会两院的税收立法权分配上，一些国家的宪法有一些特别规定。如 1787 年《美利坚合众国宪法》第一条第七款规定，征税法案众议院有提案权、通过权，而参议院有修改权、同意权。根据 1993 年《俄罗斯联邦宪法》第一百零六条规定，国家杜马通过的有关联邦税收和收费的联邦法律须交联邦委员会审议。1937 年《爱尔兰宪法》第二十一条第一款规定，财政法案众议院有提案权、通过权，而参议院有被征询意见的权力，众议院可接受或拒绝参议院的全部或部分意见。1973 年《巴基斯坦伊斯兰共和国宪法》第二章“议会”第七十三条第一款规定：财政法案不受第七十条或第七十一条规定的限制，必须由国民议会提出；财政法案经国民议会通过后，不必送交参议院审议，直接提请总统批准。除最高行政机关对国会立法拥有否决权的国家外，就狭义税收立法权而言，行政机关只享有程序性立法权，如提案权、公布权等。虽然美国宪法规定在联邦一级，只有众议院有权提出征税法案，但由于议案一般来源于总统、财政部门对税收问题所提的意见和建议，所以，实际上提案权也归行政部门。本章下文所阐述的是广义税收立法权在代议机关、行政机关和司法机关之间的配置。

第一节　代议机关的税收立法权

一、议会取得税收立法权是代议制度发端及其确立的重要标志

代议制度源于代议，“代议”就其词义而言就是“代表商议”、“代

① 朱力宇、张曙光主编：《立法学》(第二版)，第 136 页，北京：中国人民大学出版社，2006。

表议事”,是指由某一个人代表某一特定的群体,同另一些代表其他群体的人,就彼此共同面临的问题(或事务)进行商议、讨论,必要时共同作出决定,以便他们所代表的群体能采取相互一致的行动。代议制度作为一个特定的术语,是指代议在国家的政治生活领域中具体运用后形成的一种国家政治制度,又称为“代议制”。[①] 代议制度主要由代表制度、代议机关组织制度和代议机关议决制度三大部分组成,是这三部分综合而成的有机整体。[②] 议会制下的代议机关是议会,人民代表大会制度下的代议机关是代表机关(即权力机关)。争取税收立法权是促成英、法、美等国议会孕育、诞生的重要因素,议会取得税收立法权是代议制度发端及其确立的重要标志。下文将介绍英、美、法三国议会产生及其取得税收立法权的历史过程。

(一)英国议会争取税收立法权的历史过程

在西欧封建社会,制税经历了由协商制向议会授予制发展,在同国王征税权的斗争中奠定了“无代表不纳税”原则,形成了税收立法的代议民主制,并进而建立代议制政体。西欧封建赋税因国王在封建等级关系中具有国君和封君二重身份而具有二重特点:(1)国王作为封君向封臣征收的封建税;(2)作为国君向全国人民征收的国税。封建税又分两种:(1)在封建关系的发展中约定俗成的封建常税,如协助金;(2)在特殊条件下如王室财政入不敷出或进行战争时而征收的封建非常税,如补助金。所谓税权的归属,主要指国税与封建非常税两种税权的归属。而封建常税,属君臣间固定的权利义务,已被习惯法认可为定制,对于它的征收,一般需循成规。[③]

中古英国议会争取到的最重要的权力,就是它获得了批准税收的权力,这也是它赖以产生、发展的基础。[④] 贤人会议(又译为贤达会议)由古代盎格鲁—撒克逊人的民众大会演变而来,是一个贵族民主

① 田穗生等:《中外代议制度比较》,第1—3页,北京:商务印书馆,2000。

② 周叶中:《代议制度比较研究》,第11页,武汉大学出版社,2005。

③ 马克垚:《中西封建社会比较研究》,第411页,上海:学林出版社,1997。

④ 马克垚:《英国封建社会研究》,第285页,北京大学出版社,2005。

机关，主要由贵族、郡长和教会人士组成，贤人会议是全面约束王权的盎格鲁—撒克逊民主体制。贤人会议除了有权与国王一起制定和颁布法律以外，还有权参与国王的封地仪式和决定税收。11 世纪以前，英国税权由贤人会议掌握，国王要征税，首先要征得贤人会议的同意。991 年，埃塞尔莱特为贿赂丹麦人征收丹麦金，得到了贤人会议的批准。995 年，贤人会议再次批准国王征收丹麦金，总额为 1.6 万镑。有些封建常税如 heregeld 则是由国王与贤人会议共同征收的，如 1012 至 1013 年，国王与贤人会议征收军费以供应丹麦军队中为英王履役的骚刻尔舰队。[①]

1066 年，诺曼底公爵征服英国后，由以诺曼人组成的御前会议(Curia Regis)取代了贤人会议，御前会议的成员不是以社会贤哲的身份，而是凭国王直属封臣的资格出席会议，换句话说，它是一个按照封主—封臣的封建主义关系原则组成的封建机构，根据这一原则，凡是国王的直属封臣都有权利也有义务出席御前会议，包括直接领受国王封地的 1200 名中小贵族。御前会议的主要职能是司法审判，同时也为国王提供咨询，商讨国事，议决大政方针。御前会议从一开始就分为大会议和小会议两种形式。大会议(concilium)人员较多，比较规范。小会议称为库里亚(curia)，由最重要的王室官员和常伴国王身边的少数贵族组成，它可视为大会议的核心组织和常设机构。虽然御前会议的组织功能很不明确，对于王室决定也不能行使否决权，但是它毕竟作为英国议会的萌芽开始了漫长、渐进的发展过程。到 12 世纪末，大会议在性能和作用上已经演化为以议决国家要事为主的全国性政治机构，可以说，这时大会议已具有"准议会"的特征。[②]

由于安茹家族的内乱和法国国王菲利普的插足，1199 年继位的约翰在短短的几年中就使安茹帝国失去了在法兰西的大部分领土，

---

① 马克垚：《中西封建社会比较研究》，第 411—412 页，上海：学林出版社，1997。

② 徐红：《财权掌控与财政民主——英美议会财政权的政治学分析》，复旦大学 2006 年博士论文，第 44 页。

这就是“失地王”称号的来源。约翰为收复失地和扩军备战所进行的无休止的财政榨取导致了1215年的贵族反叛。从1215年5月中旬到6月中旬，反叛者迅速从大贵族扩大到中小贵族、教会人士和城镇居民，6月15日，双方在起义军驻营地斯泰恩斯到国王驻地温莎城堡的半道上，即泰晤士河畔的兰尼米德草地举行谈判。6月19日，国王和25名男爵代表在兰顿、威廉·马歇尔等人起草的《大宪章》上签字。①

《大宪章》(Magna Carta)中最为精髓的条款之一是：除下列三项税金外，若无全国公意许可，将不征收任何免役税与贡金，即赎回余等身体时之赎金(指被俘时)、策封余等之长子为武士时之费用、余等之长女出嫁时之费用——但以一次为限。且为此三项目的征收之贡金亦务求适当。关于伦敦城之贡金，按同样规定办理。凡在上述征收范围之外，余等如欲征收贡金与免役税，应用加盖印信之诏书致送各大主教、住持、伯爵与男爵，指明时间与地点召集会议，以期获得全国公意。此项诏书之送达，至少应在开会以前四十日。此外，余等仍应通过执行吏与管家吏普遍召集凡直接领有余等之土地者。召集之缘由应于诏书内载明。召集之后，前项事件应在指定日期依出席者之公意进行，不以缺席人数阻延之。《大宪章》在原则上和实质上已包含了后来发展起来的议会所具有的征税权，以及对王国政务的国民参与权、监督权等因素和“国民自由”的观念。后来，随着历史的发展，“国民”的包容度在不断地扩大，但上述隐含的几种权利则被逐渐制度化了。第一，《大宪章》中非经“大委员会”的同意不得征税的条款，成了后世“无代表权不纳税”这一原则的基础。第二，征税要得到本王国一致的同意，就隐含了“国民”有被咨询的权利。《大宪章》为未来的议会和议会制度奠定了基础。第三，即便从当时的角度看，《大宪章》使贵族之外的一些社会等级也分享到了利益。这些都为半个世纪后平民代表进入议会奠定了基础，也为近代的公民意识和公

① 钱乘旦、许洁明：《英国通史》，第57—59页，上海社会科学院出版社，2002。

民法权观念的产生奠定了基础。[①]

《大宪章》颁布后，约翰企图将之废除，为此引发内战。翌年10月，约翰病死，内战结束。教俗贵族总结以往教训，迫使新君亨利三世再次颁布和确认《大宪章》，尔后到中世纪末期，《大宪章》先后被确认多次。

在国内英国宪政史的研究中，议会的产生是个见仁见智、争论很久的问题。英国宪政史论著中较典型的观点有"西门会议说"和1295年的"模范会议说"，还有一些学者无意寻找英国议会产生的里程碑，但注意揭示其产生的历史渊源和时代契机，承认它是一个包括若干历史事件的渐进性发展过程，宁愿述其概略，不作硬性划分。在此问题上我国学者多年沿袭苏联史学观点，即把1215年《大宪章》的制定、1265年"西门会议"和1295年"模范会议"的召开，当做英国议会从起源到形成的三大界标。近年来，传统观点受到挑战，一些论著主张采用"过程论"代替流行很久的"起点论"。英文"议会"(parliament)一词最早使用似乎可以追溯到1081年甚至更早，它是从拉丁文 parliumentum、法文 parler 和意大利文 parliamento 等几种西方语言转化而来。1236年，"议会"一词见于官方文件，随着大会议政治性功能的扩充以及贵族实力的增长，人们越来越多地称大会议为"议会"。[②]

大会议向议会名称的演变还伴随着其成分的变化，13世纪中叶，平民代表——乡村骑士和城市平民——先后进入议会。1254年，议会成为骑士参加议会的起点，但是，1254年召集骑士代表与会的做法并未成为定制，1258年的牛津议会仍只有教俗大贵族参加。这次议会又是在亨利三世急需金钱的情况下召开的——亨利三世正为其幼子争取西西里王位，要向罗马教廷缴纳14万马克的贡礼。以西门·德·孟福尔为首的贵族乘机采取武装行动，迫使国王召开牛津大会。会前亨利与贵族达成协议，组成24人委员会制定政府改革方案。6月1

① 钱乘旦、许洁明著：《英国通史》，第60—61页，上海社会科学院出版社，2002。

② 阎照祥：《英国政治制度史》，第46—48页，北京：人民出版社，1999。

日,24 人委员会向议会提出了内容激进的《牛津条例》。《牛津条例》是继《大宪章》之后又一重要的政治和法律文献,其重要意义是在英国历史上首次提出了政府主要大臣对委员会而非国王负责以及定期召开议会的原则。①

英国宪政史学家斯塔布斯将 1295 年召集的议会称为"模范议会"。1295 年议会的议题只有一个,即协商为国王征税。下述两点表明,1295 年议会确可称为"模范议会"。第一,骑士和市民代表的参加使 1295 年议会具有代议性质。1295 年议会在教俗贵族之外,将过去偶尔尝试的召集郡、市代表与会的做法确定下来,正式传旨各郡、各市、各城各选 2 名代表参加议会;1295 年后,国王召集议会均依此制,要求郡、市代表与会。这样,从 1295 年起,封建贵族集体讨论国事的大会议,由固定地召集各郡、市所选举的代表参加,便转变成代议性质的议会了。1295 年议会"是第一个代议性议会"。第二,确立了向郡市征税需郡、市同意的原则。模范议会乃国王首次将过去向贵族征税先获其同意的原则扩大到各郡、市,确立向各郡、市征税亦需先获其同意这一新原则。1295 年后,国王大都遵循这一原则;当国王试图不经各郡、市同意而强行征税或敛钱时,各郡、市必群起反对。② 综合以上两点,可以说,1295 年议会"为未来的议会确立了一般样式"。③

1297 年,议会趁英王不在国内之机通过了"宪章确认书"和其他一些附加条款。在"宪章确认书"中,英王答应在最近采取不合惯例的手段而征收的赋税,不得作为以后仿效的先例;除了传统的封建捐税、协助税之外,如果没有国内各阶层的同意(指议会的批准),国王不得随意征收羊毛税和其他赋税。随后,议会又通过了"不许交纳任意税法令",规定"非经大主教、主教、高级教士、伯爵、骑士、市民和国

---

① 阎照祥:《英国政治制度史》,第 49—50 页,北京:人民出版社,1999。

② 蒋劲松著:《议会之母》,第 1—3 页,北京:中国民主法制出版社,1998。

③ An Encylopaedia of Parliament, N. Wilding and P. Laundy. Cassell &Company Ltd. 1972, p477. 转引自蒋劲松《议会之母》,第 3 页,北京:中国民主法制出版社,1998。

内其他自由人的同意,国王不得征收任意税和协助税”。[①] 也就是说,1297年以后,若没有议会的批准,国王征收直接税(主要指动产税、世俗补助金)的任何行为均属非法行为。至此,议会取得了部分征税权。但是,“宪章确认书”是英王在国外时通过的,1298年,爱德华一世从佛兰德尔回国,议会就几次要求国王重新批准“宪章确认书”,但是爱德华一世并不准备放弃征收任意税的权利,在1304年,他就开征了任意税,也未通过议会批准。关税(属间接税范畴)的征收问题在1297年几个法令中也没有最终得到解决,给议会征税权留下了难题。[②]

自1337年起,爱德华三世陷于长期对法战争(即英法百年战争),需要巨额军费,议会借机约束王权,力求扩大控制征税的能力。1340年议会法案规定:“非经议会中高级教士、伯爵、男爵和平民的普遍同意,国王不得征收任何赋税。”从而比较明确地确定了议会决定征税的职权,而且首次将平民和贵族相提并论,以取代过去比较笼统的提法。1339年和1344年,议会两次拒绝支付国王所要求的款项,迫使国王作出让步,同意任命一个委员会监督国王的财政支出,审查国王的账目。1348年,议会又强调:“自此以后没有议会的授予和同意,国王陛下的宫廷会议不可征收任何种类的捐税。”尔后数十年,议会又因税收种类、数额和征收时限等与国王一再对立,大约在14世纪后期,议会基本控制了国税的征收权。[③]

议会两院中,下院征税权获取较晚,但扩充反而要快些。下院议员人数较多,由选举产生,自认为更有资格代表全国人民,因而在征税问题上要求有更多的发言权和决定权。1380年,上院首先同意国王16万英镑补助金,下院认为数额过大,减去6万英镑,并对征税的种类和总额分别作出规定。到了14世纪90年代,议会通过的税案已

---

① F. W. Maitland, The Constitutional History of the England, p96. 转引自李金亮《英国议会征税权探源》,载《史学月刊》,1994(4)。

② 李金亮:《英国议会征税权探源》,载《史学月刊》,1994(4)。

③ 阎照祥:《英国政治制度史》,第58—59页,北京:人民出版社,1999。

不再有“经上、下两院批准”的提法，而是改为“征得上院同意，由下院批准”。是时，议会，尤其是下院，已初步控制了国家的征税权。大约在14世纪中叶，议会还获得了对政府财政的监督权，主要做法是：在通过征税时，明确规定使用范围；任命财政督察员监督税款的征收和使用；组织专门委员会审查政府财政和王室财产情况，防止浪费和挪用。①

15世纪初，下院地位较前有所提高，这首先表现在财政上开始形成由下院动议和最后决定税额的拨款程序。1407年11月，在格罗塞特议会上，亨利四世私下和上院协商征税额后通知下院，下院议员们闻之大哗，强烈抗议国王和上院侵犯了他们的权利。亨利四世被迫收回征税决定，并郑重宣告：“今后任何税收皆由下院提出和批准，并由下院议长亲口禀告国王在议会通过征税案之前，两院均不得向国王报告有关征税案的任何讨论情况。”②此后，国王政府的征税方案首先提交下院，经下院讨论通过后再转送上院，成为英国政治制度中的一条基本原则。约克王朝的爱德华四世（1461－1483年）在即位4年后说服议会授予君主终身享用关税的权力，当时的“关税”包括对羊毛、皮革和呢布的出口税，以及对一般商品征收的“磅税”和“吨税”。这样，自15世纪起，关税成为君主财政收入的主要基础。③

斯图亚特王朝刚刚建立，议会与王权之间的冲突就围绕着财政问题而展开，詹姆士一世多次强行提高关税的举动激起了议会的反抗。1625年，查理一世即位，同年6月，新议会开幕，会上废除了国王可以终身征收关税的特权，规定今后每年就国王征收关税问题表决一次，但议会被查理一世解散。议会解散后，柯克、皮姆等人鼓动民众抗捐抗税，迫使国王于1628年3月召开第三届议会。议会在柯克和伊里奥特领导下，起草了重要文件《权利请愿书》，其中强调：自今

① 阎照祥：《英国政治制度史》，第59页，北京：人民出版社，1999。

② [英]马里奥特：《英国政府机构》，第179页，牛津大学出版社，1925。转引自程汉大《英国政治制度史》，第119页，北京：中国社会科学出版社，1995。

③ 钱乘旦、许洁明：《英国通史》，第108页，上海社会科学院出版社，2002。

而后，非经国会法案共表同意，不宜强迫任何人征收或缴付任何贡金、贷款、强迫献金、租税或类此负担。为了换取议会拨款，查理一世于7月28日忍痛签署了《权利请愿书》，但他并无诚意履行议会要求，不久便下令议会休会。次年1月，议会复会，根据《权利请愿书》有关规定，仅批准国王征收一年关税。当他们听到国王又要解散议会的消息后，议员们以鼓掌欢呼的方式火速通过3项决议：①任何想输入天主教或有类似行为者，即被视为国民公敌；②任何未经议会认可而建议征税者，即被视为国民公敌；③凡"自愿缴纳"未经议会认可的"吨税"和"磅税"者，即被视为英格兰的叛徒和国民之敌。几天之后，议会被解散，伊里奥特和其他一些骨干分子被捕。英国自此步入长达11年的无议会时期。[①]

1639年，英格兰和苏格兰爆发战争，查理一世为了筹措军费，于1640年4月13日召开议会。议会对查理的统治提出责难，而拒不讨论征税问题。查理一世一怒之下解散了议会。这次议会从召开到解散只存在了三个星期，史称"短期议会"。"短期议会"标志着一个重要历史时期的到来，这就是革命时期。在强大的内外压力下，查理一世不得不于11月3日再次召开议会，这次议会存在了近20年，因此称"长期议会"。此后，王权和议会冲突不断，1642年，英国内战爆发，1649年1月30日，查理一世被处死。[②]之后，克伦威尔宣布取消王权和上院，并以议会的名义宣布英格兰为"共和国"。英国历史上仅有的共和国只存在了4年，便为克伦威尔的军事独裁统治即护国政府所取代。1660年，斯图亚特王朝复辟，1688年的"光荣革命"取得了成功。1689年2月，协商议会通过《权利宣言》，同年12月16日，《宣言》经国王和女王共同签署生效，称《权利法案》。《权利法案》第四条规定：凡未经国会准许，借口国王特权，为国王而征收，或供国王使用而征收金钱，超出国会准许之时限或方式者，皆为非法。

---

① 阎照祥：《英国政治制度史》，第150—153页，北京：人民出版社，1999。

② 钱乘旦、许洁明：《英国通史》，第156—164页，上海社会科学院出版社，2002。

1830年通过的《国王年金法案》明确规定，把王室生活费和政府官员薪俸彻底分开，至此，议会建立起对国家财政的全面控制权，由国王和议会分享的"二元财政权"彻底地被议会独享的"一元财政权"所取代，财政权归于议会的宪政理念在英国得到强化并具有了制度上的保障。①

1911年，在英国议会下院通过的《议会法》在上院也获得通过，该法第一条规定：一、凡下议院通过之财政案，于闭会一个月前，提交上议院，而该院于一个月内不加修正并未通过者，除下议院别有规定外，应径行呈请国王核准。虽未经上议院通过，仍应认为国会之法令。二、财政案为下议院议长认为含有关于下列事项之议案：赋税之课订、撤销、豁免、改订或规定；偿还公债或由集中基金内或由国会指拨款项内之支付，或此项支付之变更或撤销；支出款项；公款之指拨、提领、保管、签发或其账目之审核；公债之发行、担保或偿还；与上述各项关联之其他事项。本项所称赋税、公款及公债，并不包括地方当局或地方团体所征集之赋税、公款及公债。三、财政案提交上议院及呈请国王核准时，应由下议院议长在该案上签具证书，证明其为财政案。议长于签具上项证书前，应向选任委员会于议院每次开会时在各委员会主席名册中指派两人咨商之。至此，上院的财政权已经名存实亡，下院控制了包括税收立法权在内的财政权。

（二）美国议会税收立法权的确立

自1585年以后，一批又一批英国人远涉重洋，移居北美，在北美建立了13个英属殖民地。在英属北美各殖民地中，除纽约系英国动用国家力量从荷兰手中夺取外，其余均由私人或民间团体筹划和出资建立。就直接渊源而言，最初几个殖民地的政府，乃脱胎于建立殖民地的商业公司的体制，形成了以总督为核心，辅以参事会和民选议会的政府体制，三者组合而称"大议会"。各殖民地最初均以总督为

---

① 徐红：《财权掌控与财政民主——英美议会财政权的政治学分析》，复旦大学2006年博士论文，第57页。

权力中心，总督在王室殖民地由英王任命，在业主殖民地由业主挑选，在自治殖民地则经选举产生。参事会是一个兼有立法、行政和司法职能的特权机构，按照英国政府的设计，参事会有权对所有公共事务进行辩论和投票表决。对总督来说，参事会是一个咨询机构，也是一种制约力量。参事会对人事任命享有建议权，在议会构成上院，还与总督一起组成审理民事案件的最高上诉法院。殖民地的立法机构为议会，由总督、参事会和民选代表共同开会，有权制定不违背英国法律和习俗的法令。到后来，除宾夕法尼亚之外，各殖民地的议会都演变成两院制，上院即参事会，下院由民选代表组成。① 根据当时的政治惯例，北美殖民地作为英国的海外领地，其政治属性和土地权利均来自英王的授予，英国政府因此对其拥有合法的主权和管辖权，英国政府采用管理海外领地的方式进行统治，尽可能完整地将英国本土的社会结构、政治体制和法律体系移植到北美，按照英国政府自身的模式和功能来设计和建立各殖民地政府，因此，殖民地的政治结构和母国具有对应性，每个殖民地近乎是半独立的政治实体。总督乃是英王的代表，任职者通常由英国从本土选派，在一些殖民地也有不少为本地人，由本地人组成的参事会相当于母国的枢密院和议会贵族院，民众选举的议会下院则与母国的议会平民院相对，两者共同掌握立法权，可以制定不违背英国法律的地方法令法规。其中议会下院在后来的发展中逐渐掌握了财政权和总督薪俸的拨款权，成为殖民地权力结构的核心。而且，地理阻隔减损了英国对殖民地的控制效力，加以北美居民的自治能力不断增强，对本地事务的控制不断扩大和强化，北美政治精英实际上和母国分享了对殖民地的统治。②

18世纪上半叶，殖民地议会下院进入权力扩张的新阶段。18世纪50年代，布莱克斯通在谈到英国及其殖民地的政府时说，殖民地的

① 李剑鸣:《美国通史》第Ⅰ卷《美国奠基时代 1585—1775》，第 253—262 页，北京：人民出版社，2002。

② 李剑鸣:《英国的殖民地政策与北美独立运动的兴起》，载《历史研究》，2002(1)。

议会下院“乃是他们的平民院”。实际上，殖民地议会下院的确以英国议会下院自比。南卡罗来纳议会在1735年的一项决议中声称：“根据英国和南卡罗来纳的法律以及古老的惯例和习俗，南卡罗来纳议会的下院在有关钱财的法案方面，拥有英国议会下院所享有的一切权利和特权。”马萨诸塞议会则自称为“英王陛下的平民院”，他们将自己开会的地方叫做“国务大厅”。在殖民地议会下院所获得的各种权力中，控制财政事务的权力最为重要。殖民地最初的宪政文件将财政拨款权、征税权授予议会，但一时没有产生实质性的意义。在18世纪的发展中，议会下院仿效英国议会平民院，力图控制本地一切资金的征集和使用，声称所有财政议案的提出和修改权都在议会下院。1711年，纽约议会下院宣称，人民的财产未经他们的同意是不能被处置的；而议会乃是经人民自由选举出来的，故有权控制资金的使用。[①]总之，议会下院的崛起，反映了殖民地自治倾向的增强和自治能力的提高。这对于北美历史的进程具有极为深远的意义。正如美国历史学家杰克·格林所指出的：“殖民地居民通过其议会下院，在18世纪取得了相当程度的自治；1763年后，当他们的权利和自由受到英王和议会的挑战时，是议会下院率先起来加以捍卫，而且它还是培养一批杰出的政治领导人的基地，是他们引导我国人民度过了最初25年的种种危机。”[②]

按照通常的论说，北美殖民地独立运动肇端于1763年以后英国对北美殖民地政策的调整，其中，为增加岁入而向殖民地征税的措施更是引发了反抗风潮。1764年4月，英国议会通过了《种植地条例》，一般称作《糖税法》，该法降低了对外国糖蜜所征的关税，比1733年《糖蜜条例》规定的税额低一半，为每加仑3便士；同时为了弥补西印度群岛种植者的损失，将外国所产食糖的关税从每112磅5先令提高到1镑2先令；禁止来自外国产地的朗姆酒输入北美；对直接进口的

①② 李剑鸣：《美国通史》第Ⅰ卷《美国奠基时代1585—1775》，第312—313、319页，北京：人民出版社，2002。

葡萄酒课以高额关税;对咖啡、靛蓝、纺织品等外国商品征收新税。英国政府希望该法每年能带来 45000 英镑收入。实际上,在 1768—1771 年间,每年经过海关进口的糖蜜为 350 万加仑,关税仅有 14000 英镑。《糖税法》的前言中提到,该法的目的除增加岁入以支付殖民地防卫费用外,还要加强对北美贸易的管理。这项措施的特别之处,在于宣布了北美居民必须分担帝国财政开支的原则,为后来的一系列税收法令的先声。①

当《糖税法》尚在酝酿之际,北美的请愿活动就已展开;待到法令公布,抗议之声更是响彻各地。马萨诸塞、罗得岛、康涅狄格、纽约、宾夕法尼亚、弗吉尼亚、南卡罗来纳和北卡罗来纳的议会下院均通过了正式的抗议书。纽约议会向英国议会下院递交的请愿书中,初步阐述了殖民地反对英国征税的依据:英国自古就有自由的传统,北美的移民虽然离开英国,但仍是英国的臣民,和英国本土居民享有同样的权利。征税权必须完全属于人民自己,而绝不能由他人控制,否则就不会有自由、幸福和安全。②

1765 年 2 月 7 日,英国财政部起草的《印花税法》草案提交议会,以 204 票对 49 票在下院获得通过,于同年 11 月开始实行。法令规定:殖民地凡报纸、历书、证书、商业票据、印刷品、小册子、广告、文凭、许可证、租约、遗嘱及其他法律文件,都必须加贴面值半便士至 20 先令不等的印花,方可生效或发行。法令的目的在于取得必要的岁入以支付殖民地防卫的费用,并对以往议会关于殖民地贸易和岁入的措施加以修正。违反该法者可由任何法院或海事法庭审理和处以

① 李剑鸣:《美国通史》第Ⅰ卷《美国奠基时代 1585—1775》,第 531—532 页,北京:人民出版社,2002。

② 摩根编:《革命的序曲:关于 1764—1766 年〈印花税〉危机的文献资料》,第 9—10 页。转引自李剑鸣《美国通史》第Ⅰ卷《美国奠基时代 1585—1775》,第 532—533 页,北京:人民出版社,2002。

罚金。[1] 这项法令首次使英国的征税权渗透到殖民地内部税收领域，触及殖民地在大英帝国内的宪法地位问题，从而超越了单纯的税收，而成为关乎殖民地的地位和权利的重大政治问题。殖民地居民对"新殖民地政策"的强烈不满，经《印花税法》的触动，终呈火山爆发之势。殖民地居民闻知《印花税法》在议会获得通过的消息后，迅即开展了抗议和抵制活动。他们详细陈述反对的理由，希望说服英国取消这一措施。弗吉尼亚议会率先作出了反对《印花税法》的决议，该决议被发表在当年7月4日的《马里兰报》上。其他殖民地纷纷以此为蓝本发表了各自的决议。[2]

辩论的核心问题是，英国议会是否有权对殖民地征税？如果英国议会无权向北美征税，则《印花税法》就触犯了北美居民的自由和权利。根据英国宪法，税收必须得到人民的同意，因而只有民众代表参加的议会，才有征税的权力，这不仅是英国中世纪留下来的惯例，而且也是经过英国内战和"光荣革命"检验的原则。在这个问题上，殖民地和英国政府并不存在分歧。分歧的焦点在于代表权问题：英国议会中没有殖民地的代表，它是否能够代表北美居民，是否拥有向北美居民征税的合法权力？英国政府坚持帝国议会有向殖民地征税的正当权力，因为殖民地虽然在议会没有代表，但他们的利益仍然得到了"实质性的代表"。殖民地人士则从各个角度批驳了"实质性代表权"的理论，阐述了"无代表不征税"的原则，认为殖民地在英国议会没有代表乃是不争的事实，英国议会不能代表北美居民，也就无权对他们征税，他们反对《印花税法》实属捍卫自由和权利的正义之

① [美]摩根编:《革命的序曲:关于1764—1766年〈印花税〉危机的文献资料》，第35—43页。转引自李剑鸣《美国通史》第Ⅰ卷《美国奠基时代1585—1775》，第533—534页，北京:人民出版社，2002。

② 李剑鸣:《美国通史》第Ⅰ卷《美国奠基时代1585—1775》，第534页，北京:人民出版社，2002。

举。[①] 奥蒂斯提出:任何立法机构,无论是最高的还是下属的,都没有权利使自己任意专断;英国议会未经本人或其代表同意不得夺走其财产的任何部分;除非得到本人或其代表的同意,不得向人民征税。[②] 在殖民地的激烈抗议和抵制以及国内压力下,英国议会宣布取消《印花税法》,同时,制定了《公告令》,声称殖民地必须服从和依赖英王和英国议会;议会过去、现在和将来在任何情况下都有权制定管理和制约殖民地的法令。这样就为议会下一步的征税举措埋下了伏笔。[③]

根据汤森的提议,英国议会于1767年6月制定了一项在殖民地征税的法令,在北美各港口对进口的外国货物征税,该项关税收入每年至多可达35000—40000英镑,将用于支付管理殖民地司法的费用、王家官员的薪俸和防卫开支。在所列举的征税货物中,茶叶、糖蜜、葡萄酒和糖为殖民地居民生活所必需。该法还授权海关官员根据"援助令状"入户进行合法搜查,以杜绝走私。《汤森税法》再度引起殖民地的抗议风潮和抵制运动。英国政府内部再次为北美政策发生争议。殖民地的抵制使英国对北美的出口锐减,而执行《汤森税法》的所得,难以抵销这种损失。威廉·皮特再度出马,力主完全废除《汤森税法》。内阁经过辩论决定,在废除《汤森税法》的同时保留茶税,作为1766年《公告令》所宣布的母国主权原则的体现。1773年5月,英国议会制定《茶叶法》,授权东印度公司在北美殖民地销售茶叶,并对每磅茶叶征收3便士进口税。北美各地再次掀起抵制运动,1773年12月16日晚,发生"波士顿倾茶事件",1774年9月5日,第一届大陆会议在费城召开,1775年4月19日,北美民兵与英军在来克星顿和康科德发生枪战,独立战争爆发。[④]1776年7月4日,大陆会议发表《独立宣言》,"不经我们同意,即向我们征税"是《独立宣言》列举的对英王的不满之一。1777年11月15日,大陆会议通过邦联条

---

①③④ 李剑鸣:《美国通史》第1卷《美国奠基时代1585—1775》,第535—540、535—548、551—586页,北京:人民出版社,2002。

② Asserted and Approved, Tracts of the American Revolution, 1763~1776, pp. 26, 27. 转引自李剑鸣《英国的殖民地政策与北美独立运动的兴起》,载《历史研究》,2002(1)。

例，并提交各州批准。1781 年 3 月 1 日，马里兰州作为最后一个州批准条例，同天，大陆会议宣布该条例生效。根据邦联条例，组成新的中央政府——邦联国会。1787 年 2 月 21 日，邦联国会通过决议，预定 5 月 14 日在费城召开制宪会议，5 月 25 日，制宪会议正式开始，9 月 17 日，制宪会议通过宪法草案，1788 年 7 月 2 日，邦联国会宣布《美利坚合众国宪法》生效。该宪法对美国联邦国会的税收立法权作了明确规定。

(三)法国议会税收立法权的确立

法兰西王国是在公元 843 年《凡尔登条约》的基础上形成的。法国的封建制度往往被认为是西欧的典型代表。法国的封建土地所有制，是以封建主各等级层层占有而形成的封建等级制度。在菲利普四世统治时期，封建国家机器已日趋完善，他还尝试建立税收制度，并首先在王室领地上征收"炉灶税"等直接税和盐税等间接税。为使自己的政策能够得到国内各阶级的支持，菲利普四世还在 1302 年首开了召开三级会议的先河。三级会议的召开昭示着法国封建政权的形式发展到一个新的阶段，封建等级君主制得以建立。它一度促进了王权的发展，从而也促进了法国的政治统一。①

1296 年，菲利普四世决定向教士们的收入征税，即"教士收入十分之一税"，它区别于众所周知的"什一税"和"十分之一税"，后者是 1710 年路易十四开始向国民的净收入征收的税，1749 年后，改为"二十分之一税"。法兰西国王的经济措施遭到教皇博尼法斯八世的反对。为了对抗外部势力的干涉，菲利普四世于 1302 年 4 月 10 日在巴黎首次召开三级会议。在巴黎圣母院开会的教士、贵族与第三等级的代表们，作为国王的附庸一致赞同菲利普四世对教皇的抗争。②

国王召集三级会议的目的主要在于征税，1314 年 8 月在巴黎召开的三级会议是这方面的典型。菲利普四世初次要求在现有税收之

① 吕一民:《法国通史》，第 37 页，上海社会科学院出版社，2002。

② 郭华榕:《法国政治制度史》，第 22—23 页，北京：人民出版社，2005。

外征收一种“御用金”(或补助金),以便支付在弗朗德尔作战的军费。代表们开始对于征收御用金表示抗议,而后满足了国王的要求。1369年5—12月,查理五世(1364—1380年在位)三次召开三级会议,后者终于同意国王征收附加税,为期6年。查理五世实际上征收此税直至生命结束,即多征了5年。1439年10—11月,查理七世(1422—1461年在位)于奥尔良召开三级会议,在“百年战争”(1337—1453年)的后期,法国还在对英国作战,财政处于困难之中,三级会议的代表们同意征收御用金的要求。此次三级会议的后期(1439年11月2日),国王还决定独自按户征收军役税,以便维持一支军队专供对外作战。1484年,查理八世(1483—1498年在位)召开的三级会议宣布:国王仅能从他的领地上获得经常性收入,同时他有权不经三级会议批准而每年征收附加税,后者成为永久性税收。[①]

王权与三级会议的结合是法国制度史中一种政治性质的运动,从1302年至1515年为时213年的时期里,三级会议的召开取决于国王对当时形势的判断,同时,三级会议虽然仅有咨询资格,它却不时提出限制国王活动的要求,甚至抨击国内的弊端,有时还大胆强调地方三级会议的权力。此时,王权与三级会议间相互矛盾又互相协调,三级会议的代表们多次发挥出约束王权的作用。菲利普六世(1328—1350年在位)于1346—1348年在巴黎和图卢兹召开的三级会议上,三级会议的代表们通过征收御用金的决议,同时批评国王的政策,甚至要求各省的三级会议拥有决定地方税收的权力,主张他们有权决定非直接税的征收。让二世(1350—1364年在位)1356年在对英作战中被俘,太子查理于1357年11月至1358年2月在巴黎召开三级会议,三级会议获得了显示力量的良机,太子被迫同意下述要求:定期召开三级会议并听取治国意见,会议每年约2—3次,征税必须得到三级会议的同意;三级会议有权任命国王的顾问。[②]法国绝对君主制在路易十一世、查理八世和路易十二世在位期间已经积累若

①② 郭华榕:《法国政治制度史》,第22—23页,北京:人民出版社,2005。

干因素，到了弗朗索瓦一世(1515—1547 年在位)时，随着王权的巩固而确立。[①] 在此之后，国王们也曾数度召集三级会议，但是王权的绝对主义性质左右了政局。在路易十四(1643—1715 年在位，1661 年亲政)时期法国绝对君主制达到顶峰。汤普逊指出："法国国会不同于英国国会，后者极力要求得到王室的特许权和限制王室的权力，以此作为王室征税、征收补助金的回报，因而在英国奠定了议会政府的基础；法国则不然，她的等级议会恭顺地屈服于国王的要求，因此丧失了由战争所带来的在法国建立立宪政府的机会。"[②]

路易十四后期，法国君主专制制度开始盛极而衰，路易十五即位之后，君主专制的没落征兆已经充分显现，路易十五时期，法国对外战争的一再失利加深了专制王朝的危机。1774 年，路易十六即位，为缓和财政危机，推行财政改革，要求各个等级均需纳税。1787 年，巴黎高等法院拒绝登记新税法，1788 年 5 月 3 日，巴黎高等法院发表《民族权利和君主制根本法》宣言，声称国民应通过定期举行的三级会议"自由地"向国王纳税，并要求通过一项法国人的人身保护法，未经正当审判不得逮捕任何人。显然，巴黎高等法院试图对王权加以限制。[③] 1789 年 5 月 5 日，三级会议在巴黎凡尔赛宫开幕，5 月 6 日，拒绝按等级组成单独一院的第三等级代表打出了"众议院代表"的称号。在其后一个多月的时间里，一场无休止的争论在第三等级与特权等级之间展开。由于王室与特权等级采取顽固立场，第三等级于 6 月 10 日决定单独审查代表资格。6 月 15 日，西哀耶斯请求代表们

① 郭华榕：《法国政治制度史》，第 33 页，北京：人民出版社，2005。

② [美]詹姆斯·W·汤普逊著，徐家玲等译：《中世纪晚期欧洲经济社会史》，第 145 页，北京：商务印书馆，1992。

③ 13 世纪中期，高等法院从御前会议中分离出来，1307 年，巴黎高等法院成为常设机构，每年有固定的会期。在路易十五时期存在着 12 个高等法院。当时，高等法院主要通过两种权力的实施约束王权，这就是"注册权"与"谏诤权"。前者对君主的敕令进行讨论、表决和登记从而使之生效，后者对君主的政策提出告诫甚至指责。王权与高等法院的冲突始终存在，每当需要它们对延长暂时税收和征收新税的敕令进行登记时，冲突便随即严重化。参见郭华榕《法国政治制度史》，第 52—53 页，北京：人民出版社，2005。

"立即着手组成议会"。1789年6月17日,众议院以490票对90票的绝对优势通过了西哀耶斯的提案,发布了"关于建立国民议会的声明"。从此,第三等级代表便以国民议会自居,并且赋予自己批准税收的权利。第三等级的强硬态度削弱了教士等级的反抗,使它首先让步。6月19日,教士等级以149对137票的微弱优势通过决议,加入第三等级的国民议会。7月7日,国民议会创立了一个制宪委员会,7月9日,又自行命名为国民制宪议会。路易十六调兵遣将,并解除了财政总监内克的职务。7月14日,巴黎人民举行起义,攻占巴士底狱。8月26日,制宪议会通过《人权宣言》。1791年9月3日,制宪议会通过宪法。1792年9月21日,国民议会正式开幕,会议全体通过了废除君主制的决议,9月22日,又宣布成立共和国。1793年1月21日,路易十六被送上断头台。①

1789年《人权宣言》第十三条规定:为了武装力量的维持和行政管理的支出,公共赋税就成为必不可少的;赋税应在全体公民之间按其能力作平等的分摊。第十四条规定:所有公民都有权亲身或由其代表来确定赋税的必要性,自由地加以认可,注意其用途,决定税额、税率、客体、征收方式和时期。1791年《宪法》第三编"国家权力"的第三章"立法权的行使"第一节"国民立法议会的权力和职务"第一条规定:专授予立法议会以下列权力和职务……(三)创立赋税,决定赋税的性质、税额及征收的时期和方式;(四)在王国各郡间分派直接税,监督一切公共收入的用途并了解其情况。1791年《宪法》第五编"赋税"第一条规定:赋税应于每年由立法议会讨论并决定之,如非明文规定继续有效,即不得继续存在到下一次会期最后一日以后;第四条规定:郡行政官及县行政官不得创设任何赋税,不得课派立法议会所规定的时间和数额以外的赋税,未经立法议会批准亦不得议决或准许由本郡公民负担任何地方公债。根据1958年法国《宪法》,"有关征收各种课税的基础、税率和方式"属于法律规定的事项。

① 吕一民:《法国通史》,第92—120页,上海社会科学院出版社,2002。

二、各国宪法关于代议机关税收立法权规定的考察

(一)各国代议机关税收立法权的立宪体例

代议制在英、美、法等国确立后,欧美其他国家也先后把代议制度作为国家政治制度。第二次世界大战后,随着西方殖民制度的崩溃和新兴民族国家的建立,亚非各国也相继在自己的国家政治制度中采用代议制度。到20世纪90年代中期,全世界已有将近180个国家建立了各种形态的代议机关。[①] 税收立法权是各国代议机关的重要职权,代议机关掌控税收立法权是代议制的重要支柱。确立代议机关税收立法权是各国宪法的重要内容,综观各国宪法,代议机关税收立法权的立宪体例主要有以下三种:

1. 直接规定代议机关的税收立法权

这种立宪体例直接将税收规定为代议机关的立法职权或议会法令规定的事项。[②] 其中,在单一制国家的宪法中,税收是国会的立法职权,也有一些单一制国家的宪法规定了地方议会对于地方税的立法权,如乌兹别克等。在联邦制国家,除遵守联邦宪法和基本法律外,联邦成员政府拥有自己的宪法和法律,除了联邦宪法授予联邦的权力外,其余权力仍然为成员政府所保留。因此,联邦制国家的宪法对国会税收立法权作出了明确授权性规定,而对成员政府的税收立法权则作出限制性的规定。在不违反联邦宪法限制性规定的前提下,联邦成员议会享有税收立法权。在宪法体例安排上,多数国家是在议会或立法机关章节中将税收规定为议会的立法职权,也有少数国家在财政税收章节中将税收规定为议会的立法职权,如印度、巴基斯坦等。

2. 通过税收法定条款来规定代议机关的税收立法权

① 田穗生等著:《中外代议制度比较》,第5页,北京:商务印书馆,2000。

② 直接规定议会税收立法权的国家有德国、爱尔兰、荷兰、列支敦士登、挪威、希腊、菲律宾、越南、印度、巴基斯坦、乌兹别克、吉尔吉斯、塔吉克、哈萨克、美国、多米尼加、洪都拉斯、巴拿马、萨尔瓦多、玻利维亚、阿根廷、巴西等。

宪法上的税收法定条款是指宪法上有“税收应当由法律规定”之类的条款。例如，1947 年《意大利共和国宪法》第二十三条规定，不根据法律，不得征收任何个人税或财产税。1946 年《日本国宪法》第七章“财政”第八十四条规定，新课租税，或变更现行租税，必须有法律或法律规定的条件为依据。1987 年《大韩民国宪法》第三章“国会”第五十九条(税收种类和税率)规定：税收的种类和税率，由法律规定。[①]税收法定条款中的“法”是指狭义的法律。按照狭义的法律，单一制国家属于一级立法体制，而联邦制国家属于二级立法体制。因此，在单一制国家，狭义的法律就是指国会或者最高权力机关所通过的法律，而在联邦制国家，狭义的法律指国会、联邦成员政府议会所通过的法律。因此，单一制国家宪法上的税收法定条款实际上间接规定了国会或者最高权力机关的税收立法权，联邦制国家宪法上的税收法定条款实际上间接规定了国会、联邦成员政府议会的税收立法权。在宪法上规定税收法定条款的多为单一制国家。

3. 在规定税收法定条款的同时直接规定代议机关的税收立法权

在这种立宪体例中，既有税收法定条款的规定，也有对国会税收立法权的规定，例如，1982 年《葡萄牙共和国宪法》第二编“经济组织”第五章“财政制度与税制”第一百零六条(税制)规定：“一、税制由法律建构，以公平分配财富与权益并满足政府的财政需要。二、法律设置税种并规定纳税人的纳税范围、税率、优惠及保障。三、任何人不得被强迫缴纳没有宪法依据和法律未予规定缴纳与征收的税种。”第三编“政治权力机构”第三章“共和国议会”第二节“职权”第一百六十八条(相对保留的立法权)第一款规定：“共和国议会对下列事项拥有专属立法权，但授权政府立法者除外”，其中第九项就是“税种与税制

① 属于这种立宪体例的国家还有西班牙、芬兰、丹麦、斯洛伐克、保加利亚、罗马尼亚、斯洛文尼亚、爱沙尼亚、摩尔多瓦、格鲁吉亚、乌克兰、新加坡、马来西亚、伊朗、黎巴嫩、约旦、塞浦路斯、科威特、阿拉伯联合酋长国、叙利亚、巴林、土耳其、厄瓜多尔、尼加拉瓜、秘鲁、智利等。

的订立”。[1] 一些国家宪法既规定中央税的法定条款，也规定了地方议会对于地方税的立法权，例如，1814 年《比利时王国宪法》第四章“财政”第一百一十条规定：“国家税必须通过立法才能规定。省、城市、市镇联合体和市镇的地方税，非经各自议会作出决议，不得征收。关于省、市、市镇联合体和市镇可以不遵守上述规定而征收地方税的例外情况，由法律规定。”[2]

(二)代议机关税收立法权与税收法定主义的关系

税收法定主义的“法”是指狭义的法律，因此，又称税收法律主义。日本学者金子宏认为：关于税收法律主义的内容可列举如下四个原则，即“课税要件法定主义”、“课税要件明确主义”、“合法性原则”以及“程序上的保障原则”，除此之外，关于禁止溯及立法以及纳税者的权利保障也应理解为税收法律主义的内容。[3] 日本学者北野弘久认为，按照传统观点理解，租税法律主义的概念大致可分为两个不同的内容：第一个内容被称为租税要件法定主义原则，第二个内容被称为税务合法性原则。他还提出了租税法律主义发展的三个阶段。[4] 我国台湾学者陈清秀指出：税捐法定主义的内容，依司法院大法官释字第二一七号解释，“系指人民仅依法律所定之纳税主体、税目、税率、纳税方法以及纳税期间等项而负纳税之义务”，就此学者见解未尽一致，大别之，概可分为“课税要件法定主义”、“课税要件明确原则”、“程序的合法性原则”三部分，至于创设或加重税负的法律漏洞补充之禁止以及法律不溯及既往原则等，则可认为系税捐法定主义之作用。[5] 我国内地学者张守文认为，可以把税收法定主义的内容

① 属于这种立宪体例的还有冰岛、瑞典、立陶宛、墨西哥、哥斯达黎加、危地马拉、委内瑞拉等。

② 属于这种立宪体例的还有卢森堡、土库曼等。

③ [日]金子宏著，战宪斌等译：《日本税法》，第 59—63 页，北京：法律出版社，2004。

④ [日]北野弘久著，陈刚、杨建广等译：《税法学原论》，第 64—80 页，北京：中国检察出版社，2000。

⑤ 陈清秀：《税法总论》(第三版)，第 38—46 页，台北：翰芦图书出版有限公司，2004。

概括为三个原则，即课税要素法定原则、课税要素明确原则和程序合法性原则。[①] 刘剑文认为，税收法定主义的具体内容归纳为如下三个部分：税收要素法定原则、税收要素明确原则、程序法定原则。[②]

笔者认为，税收法定主义的内涵具体包括四个方面：税收要素法定原则、税收要素明确原则、税收征收管理权力及其行使程序法定原则、禁止溯及既往原则。税收要素是每个具体税种的税收关系的主体、客体和内容的具体构成部分，具体包括征税主体、纳税义务人、征税对象、税目、税率、纳税环节、纳税期限、纳税地点、减税免税、罚则等。税收要素法定原则是指税收要素应当通过代议机关制定的法律来规定，而不得由行政机关的立法、司法机关的判例来规定。税收要素明确原则是指税收要素不仅要以法律来规定，而且法律对税收要素的规定应当尽量明确、具体，避免模糊不清的一般规定，尽量限制税务机关的自由裁量权。税收征收管理权力及其行使程序法定原则是指税务登记权、税收稽查权、税收核定权、税收强制权、税收处罚权等税收征收管理权力及其行使的基本程序应当通过法律来明确规定。禁止溯及既往原则是指税法不得适用于其生效前的行为。

如前所述，在单一制国家，狭义的法律就是指国会或者最高权力机关所通过的法律，而在联邦制国家，狭义的法律指国会、联邦成员政府议会所通过的法律。因此，单一制国家宪法上的税收法定条款实际上间接规定了国会或者最高权力机关的税收立法权，联邦制国家宪法上的税收法定条款实际上间接规定了国会、联邦成员政府议会的税收立法权。但是，地方政府职权性税收立法权也在发展，在这种税收立法体制下，税收法定条款的“法”可以扩大解释为包括地方性法规。

(三)税收立法权代议机关保留的范围

宪法如何确立代议机关对税收立法权保留的范围？纵览各国宪

---

① 张守文：《论税收法定主义》，载《法学研究》，1996(6)。

② 刘剑文：《财税法专题研究》(第二版)，第189—193页，北京大学出版社，2007。

法，主要有以下几种类型：(1)笼统规定税收或税收制度是代议机关保留的立法事项或者法定的事项；①(2)将税收的开征、修改、取消等规定为代议机关保留的立法事项或者法定事项；②(3)将税种、税率或者减免税等税收要素规定为代议机关保留的立法事项或者法定事项；③(4)在规定税收的代议机关保留或者法定原则的同时，规定税收授权立法权限，包括希腊、葡萄牙、菲律宾、土耳其等。其中，希腊宪法对禁止性的税收授权立法事项作了规定，1975年《希腊共和国宪法》第七十八条第四款规定："有关征税对象、税率、减免税和给予补贴，均须立法权力机关规定，不得委托授权。"另外，美国等国家还对国会有权立法征收的税收种类作了规定。

从各国税收立法实践来看，税收立法权的代议机关保留并不是绝对的，并不意味着完全排除税收行政立法，而具有相对性。税收立法权的代议机关保留的相对性表现在两个方面：(1)代议机关行使创制性税收立法权，在特定情况下，代议机关可以按照一定的标准和条件授权行政机关进行特定的创制性税收立法。(2)行政机关基于宪法所规定的职权或者代议机关的授权享有执行性税收立法权，对税收法律进行进一步具体化规定和规范性解释。相对的税收立法权代议机关保留为税收行政立法提供了合理的空间，从各国税收立法实践来看，在税收法律之外都存在大量的税收行政立法。在下文对行政机关税收立法权的论述中，将对创制性税收立法和执行性税收立法、税收职权立法和税收授权立法的关系进行解释。

① 包括西班牙、荷兰、比利时、挪威、斯洛伐克、罗马尼亚、斯洛文尼亚、马其顿、摩尔多瓦、爱沙尼亚、立陶宛、格鲁吉亚、乌克兰、马来西亚、乌兹别克、吉尔吉斯、塔吉克、土库曼、约旦、墨西哥、哥斯达黎加、多米尼加、洪都拉斯、巴拿马、萨尔瓦多、玻利维亚、智利、巴西等国家。

② 包括爱尔兰、冰岛、芬兰、丹麦、日本、越南、印度、巴基斯坦、哈萨克、黎巴嫩、科威特、叙利亚、阿联酋、巴林、土耳其、秘鲁等国家。

③ 包括法国、葡萄牙、列支敦士登、保加利亚、韩国、尼加拉瓜、危地马拉等国家。

第二节　行政机关的税收立法权

一、行政机关的税收授权立法权

(一)授权立法概述

1. 授权立法的概念

从字面上看,授权立法就是根据授权而立法的意思。目前,学术界关于授权立法概念的分歧主要集中在以下三个方面:授权立法的授权主体是否仅限于代议机关;授权立法的受权主体是否仅限于行政机关;授权立法是否包括根据宪法授予的立法权而进行的立法活动。笔者认为,授权立法是相对于职权立法而言。职权立法是指依据宪法直接享有立法权的国家机关按照其立法权限所进行的立法活动。职权立法权是宪法原始配置的、固有的立法权,不依赖其他立法主体的立法权而存在。一些国家只规定代议机关的职权立法权,而不承认行政机关的职权立法权。授权立法则是在职权立法的基础上产生的,以职权立法为前提。授权立法的授权主体是否仅限于代议机关取决于各国的立法体制,如果一国的职权立法主体仅限于代议机关,那么,其授权立法的授权主体则也只限于代议机关。授权立法的受权主体以行政机关为主,但一般不限于行政机关,司法机关、地方立法机关甚至社会组织都可以成为授权立法的受权主体。授权立法的授权主体通过授权法的形式授予受权主体一定的立法权。因此,笔者将授权立法界定为:授权立法是指依据宪法最初享有立法权的国家机关通过授权法将自己一定的立法权授予其他国家机关或者社会组织,由被授权的国家机关或者社会组织按照授权法规定的立法权限所进行的立法活动。

授权立法的结构包括授权机关、被授权机关及授权法三个要素。授权机关是授予立法权的机关,授权法是授权机关授权的法定形式,是授权立法权的载体,被授权机关是承受授权立法的机构,是执行授权立法权的组织，是授权立法的主体。[①]

2. 授权立法的产生、发展

授权立法作为一种制度，起源于英国。17 世纪末，资产阶级革命胜利后确立了议会的至上地位，议会享有最高立法权。在确立了议会的唯一立法权之后，行政机关的立法权则必须来自于议会的授权。近代意义的授权立法是英国 19 世纪前半叶开始的社会经济改革的产物。1834 年的《济贫法（修正）》授予济贫委员会制定规章、管理济贫工作的权力。英国的授权立法复苏于 19 世纪后期。在这个时期，由于经济的迅速发展，第二次产业革命引发了诸多社会问题，迫切需要国家通过立法加强对经济的控制，而立法机关不能满足这种需要，遂不得不授权行政机关制定行政法规来适应经济发展对立法的需求。英国授权立法复苏的主要标志是 1893 年《规则公布法》的颁行。该法为制定法和条令的颁布作出了某些规定：赋予大部分授权立法以法律文件的名称；认定授权立法是具有立法权性质，而不是行政权性质，尤其是由政府部门制定的条例具有立法权性质。战后，人们再次对授权立法提出了疑问，对议会宽泛授权的问题提出了强烈批评，要求议会加强对授权立法的监督控制。在这种情况下，议会于 1946 年制定了《法定条规法》，对法定条规的含义、出版公布、提交议会的程序等作了规定。通过制度的完善，使授权立法存在的问题得以解决，并最大限度地发挥授权立法的作用。[②]

美国是典型的实行三权分立的国家，立法权只能由国会行使的观念，在美国长期居于统治地位。美国《宪法》第一条第一款规定，本宪法所授予的立法权，均属于由参议院和众议院所组成的合众国国会。在上述观念的支配和宪法的规范下，美国要实行委任立法（有关文献资料称“委任立法”即为本书所指“授权立法”）就显得格外困难。

---

① 邓世豹：《授权立法的法理思考》，第 59 页，北京：中国人民公安大学出版社，2002。

② 参考陈伯礼《授权立法研究》，第 45—48 页，北京：法律出版社，2000；吴大英、任允正、李林：《比较立法制度》，第 311—322 页，北京：群众出版社，1992。

具体来讲，美国委任立法的产生面临着三大障碍。第一个障碍是授予行政机关立法权怎样才能和三权分立原则协调一致。第二个障碍是美国宪法解释和适用的基本原则——被授予的权力不得再委任。因为立法机关本身亦不过是一个被委任者，它的立法权是宪法授予的。作为一个被委任者，立法机关不能把它的任何立法权再授予其他人。第三个障碍是美国最高法院的判例曾多次认定国会的立法权不得授予。这个原则对维护依宪法而成立的政府体系的完整性是十分重要的。直到1932年，美国联邦最高法院还坚持认为，国会立法权不得授予，是毋庸置辩的原则。逾越上述障碍有两种选择：一是修改宪法（以宪法修正案的形式）中的有关条款，增加立法权在某些条件下可以授出的规定；一是保持宪法的稳定，不予修改，而是通过司法判例来重新解释立法机关（国会）的授权问题，确认立法权在有法定标准限制的前提下可以授出的原则。实践证明，美国人选择了后一种途径来实现其委任立法的确立。美国联邦最高法院开始转变对禁止授权原则的看法，主张委任立法的关键在授权的内容，要为行政机关设定若干准则，在准则的限制下授权才有意义；立法机关不能无条件地将其立法权的一部或全部授予他人；除非有法定标准的限制，否则国会不能授出它的任何立法权。美国有的学者亦主张可以授权，但为了保持国会作为主要立法者的地位，委任立法权不能无节制，授权法必须对国会所要授出的立法权规定明确的限度，委任立法权必须受到目的、方式甚至细节的制约，也包括授权范围的制约。在早期的实践中，美国联邦最高法院不承认委任立法的存在，但又用以下三个准则来审查国会授权的合法性：①确认事实；②认定标准；③补充细目。到20世纪30年代初，美国的委任立法出现反复。以前联邦最高法院虽然否认委任立法之名，但却承认某些授权的合法性。但20世纪30年代初，由于国会通过了新政法案和国家工业复兴法，授予总统非常广泛的权力，联邦最高法院认为此举不当，就在巴拿马案和谢克特案判例中，宣布立法权的委任是违宪无效的。在1942年的亚库斯案中，联邦最高法院认可了国会授权的合法性。但在1944年的联邦电力委员会一案中，最高法院又推翻了原认为在国会制定授权法时必须规定种种标准的见解，而准许行政机关自定标准，不必在授权法中定出标准。1946 年以后，最高法院对放宽“授权标准”又作了多次解释。时至今日，美国的委任立法制度已日臻完善，国会既不固守立法权为己独有，也不滥行授权助长行政权的无限扩张，而是根据下述原则进行授权：其一，立法权专属国会，因而宪法明确规定应由国会立法的事项原则上不得授权；其二，国会确实无法行使其全部立法权时，得以骨骼立法或偶发性事件之立法的方式，将次要及细节部分授权行政部门以命令形式加以补充；其三，授权应有标准或制约，不得无所限制或含糊其辞。[①]

1946 年法国《宪法》第十三条规定：“只有国民议会能制定法律，这个权力不能委托。”第四共和国一方面尊重《宪法》的规定，一方面使政府可以用条例改变法律，这些办法主要是：①专属条例的领域；②纲领性法律；③有限的权力委托。第四共和国时期在法律和条例的关系上所建立的各种制度，在第五共和国时期得到了更进一步的发展。第五共和国《宪法》对法律和条例的关系作了明确的规定。1958 年《宪法》第三十四条列举了国会立法的范围。第三十七条规定，凡在第三十四条列举范围以外的事项都属于条例的范围。根据 1958 年《宪法》规定，行政机关可以制定四种内容不同的条例：执行条例、自主条例、法令条例、紧急情况条例。从宪法划分法律事项（《宪法》第三十四条）和条例事项（《宪法》第三十七条）的角度来看，前二种条例规定属于条例范围内的事项，是正常的条例。第三种条例规定属于法律范围内的事项，第四种条例的内容也可能是属于法律范围内的事项，这两种条例属于特殊的条例，是条例权限的扩张。法令条例是指根据宪法一般的规定属于法律范围内的事项，由议会授权或根据宪法的特别规定，由政府以条例规定而言。这种条例效力和法律相等，可以变更和修改法律，称为法令条例。法令条例的制定程

① 吴大英、任允正、李林：《比较立法制度》，第 322—326 页，北京：群众出版社，1992。

序包括部长会议的决议、咨询最高行政法院的意见和总统的签名公布。最主要的法令条例是宪法第三十八条的规定,政府为实施政纲起见,可以要求议会授权它在一定期间以内,以法令规定属于法律范围以内的事项。这种条例是法国的委任立法制度。议会的授权必须目的性明确,同时规定条例有效的期限,通常比授权的期间长。政府在期限届满前可以请求议会批准已经颁布的法令,使它成为法律。政府不在期限内提出请求,法令因期限届满而失效。在政府提出请求后议会未作决定前,法令继续有效。法令经议会批准后,政府不能再以条例更改议会所批准的法令。①

1919 年 2 月,德国国民会议在魏玛召开会议通过了《魏玛宪法》,根据《魏玛宪法》规定,德意志共和国实行内阁制共和国政体。1933 年 1 月 30 日,兴登堡总统任命希特勒为总理。1933 年 3 月 23 日,下院在各种威胁下通过"授权法",即"消除人民与政府艰难的法律"。该授权法的通过,使希特勒能够以合法的命令改变国家的政体,从而废弃了议会内阁制政体。1945 年,德国无条件投降后,德国被分割为美、英、法、苏 4 个占领区。1948 年 6 月,美、英、法三国签订协定,同意在三国占领下的西德建立联邦政府。1949 年 5 月 8 日,制宪会议通过了《德意志联邦共和国基本法》,根据《基本法》的规定以及德国立法实践可知,德国的授权立法具有四个特点。①德国的授权立法以无立法权为前提。行政机关基于固有职权所作的立法不属于授权立法。在德国行政机关及其机构制定的两种规范不需要经过议会的授权:一是命令(又有文献称行政规则),它是行政机关用来调整行政内部事务的规范;二是特别法规,它是指特定行政机关制定的与国防、中小学、大学和公共事业相关联的规范。②明确将授权立法区分为行政立法与自治立法。③授权立法权由基本法总设定,由法律具体实施。④德国对授权立法的限制较为严

① 王名扬:《法国行政法》,第 140—144 页,北京:中国政法大学出版社,1997。

格。[①] 1998 年《联邦德国基本法》第七章“联邦立法”第八十条(行政法规)规定:①联邦政府、联邦部长或州政府可经法律授权颁布行政法规。对此,法律须规定授权内容、目的和范围。在颁布的行政法规中应指明其法律授权根据。如法律规定此项授权可再予以授权的,则此项授权的再授权须由行政法规规定。②除联邦法律另有规定外,联邦政府或联邦部长颁布的关于联邦邮电和通讯设施使用的原则和收费、关于使用联邦铁路设施的收费原则、关于建造和运营铁路的行政法规以及基于须由联邦参议院批准通过的联邦法律或联邦委托的由各州作为自身事务予以执行的联邦法律而颁布的行政法规,均需取得联邦参议院的批准。

日本在《明治宪法》中规定,内阁可以制定与法律地位相同的独立命令,而没有关于授权立法的明文规定,然而在实际上法律授权得到广泛的运用。1947 年《日本国宪法》第四章“国会”第四十一条规定:国会是最高国家权力机关,是国家唯一的立法机关。第五章“内阁”第七十三条规定:内阁除执行一般行政事务外,执行下列各项事务,其中第六款是为实施本宪法及法律的规定而制定政令。但此种政令中,除法律特别授权者外,不得制定罚则。从日本《宪法》的规定可以看出:①日本内阁有权制定政令。②政令原则上是为了实施法律规定,只能以必要的细则规定为其内容。③允许法律对政令进行委任。有法律委任时,政令可以在法律委任的范围内规定法律专管的事项。④在有法律委任时,政令也可以制定罚则,这同时意味着,如果没有法律委任,政令不得制定罚则。[②]

(二)行政机关税收授权立法权的必要性

授权立法存在的理由概括起来主要有以下几点:议会受时间压迫;立法技术性问题;社会危机与突发事件处理;立法实验;授权立法

①② 陈伯礼:《授权立法研究》,第 59—63、63—65 页,北京:法律出版社,2000。

的灵活性等。[①] 对行政机关授予税收立法权的必要性在以下两个方面表现得较为显著：

1. 税收立法在很多领域具有灵活多变性，需要针对社会经济形势的变化快速、灵敏地作出反应，尽量克服税收立法调控的时滞，有时在公布前还需要一定的保密性。现代税收不仅是筹集国家财政收入的工具，而且是宏观经济调控的重要工具，即通过自动稳定的税收政策和相机抉择的税收政策来调节宏观经济运行。税收还承担着诸多社会政策功能，如调节产业结构、促进产业优化、促进落后地区的社会经济发展、保护国内产业、维护经济安全、保护环境和资源、促进可持续发展、鼓励社会公益事业、扶持社会弱势群体等等。因为税收承担越来越多的政策功能，所以就越来越要求税收立法能够更加灵活。这样，对那些需要频繁、迅速变动的税收要素都一律由代议机关来进行立法，就难以适应社会对税收调节的需要。在这种情况下，代议机关就可以设定一定的标准和条件，授予行政机关一定范围的税收立法权。

2. 税法的专业性、技术性使代议机关较难胜任完备、具体的税收立法工作。税法具有很强的专业性和技术性，而立法机关的议员往往并不具备税法的专业知识和实践经验，难以对一些专业性、技术性很强的税收问题作出迅速、准确的立法。因此，将专业性、技术性强的税收事项授权行政机关进行立法就成为一种趋势。

(三)对行政机关税收授权立法的限制

行政机关的税收授权立法有其必要性和合理性，但是，行政机关的税收授权立法也存在着潜在的危害，削弱了税法的稳定性和权威性，威胁公民的财产权，损害税收公平。为了克服行政机关税收授权立法的负面影响，必须对其加以必要的限制，主要体现在以下几个方面：

---

① 邓世豹：《授权立法的法理思考》，第 29—31 页，北京：中国人民公安大学出版社，2002。

1. 受权主体的限制

能够成为立法机关授予税收立法权对象的行政机关应当具有宪法所赋予的法规、规章的立法权,不具备宪法所赋予的法规、规章的立法权的行政机关不能成为税收授权立法的受权主体。

2. 授权事项及其标准的限制

税收授权法应当明确授权的税收事项及其标准,禁止整体授权和空白授权。对行政机关授予立法权的税收事项主要限于以下方面:需要针对形势变化频繁进行调整的税收要素,如进出口关税的税目、税率等;技术性、专业性较强的税收事项;紧急情况下税种的开征、停征以及税收要素的调整;税收法律的实施细则等。授权法还可以对上述授权事项设定一定的标准,授权立法应当按照授权法设定的标准进行。关于税收授权立法的事项和权限,印度学者 Basu 认为,决定征税和确定税额一般属于立法职能,但是下述情况不属于"重要立法职能",因此可以授出,其中包括:选择征税对象;对免税的修正;根据不同种类商品确定税率;在立法机关授权范围内,选择适合法律目的的税种等。[①]

3. 授权立法的目的限制

授权立法的目的是授权机关授予立法权的宗旨。税收授权法应当明确授权立法的目的,行政机关的税收授权立法应当在此目的的指导下进行,不得违背授权立法的目的、宗旨。

4. 授权立法的期限限制

税收授权立法可以规定授权立法的期限,税收授权立法权只能在规定的期限内行使,期限届满后的立法活动无效。对于没有明确规定授权期限的,代议机关颁布了与授权立法事项相同内容的法律,授权就自动终止,授权立法失效。具有试验性质的税收授权立法一旦经验和条件成熟后,行政机关应当及时提请代议机关制定税收法律。代议机关通过相关的税收法律后,税收授权立法的试验期即告

① 陈伯礼:《授权立法研究》,第 218 页,北京:法律出版社,2000。

终止。

5. 转授权的限制

转授权立法是指授权立法的受权主体将其被授予的立法权转授予其他主体行使。也有学者称为再授权，再授权立法是指被授权机关将其被授予的有关立法权再次授予其他机构行使，也就是授权立法权再次被授出。[①] 再授权立法本身受到授权立法理论的批判，其理由是：再授权立法不符合授权法的目的和要求；再授权立法造成立法权层层授权、层层转让，会造成法制不统一，也使得授权立法失去有效控制；再授权立法在实际中并不需要。20 世纪 30 年代，英国大臣委员会对再授权立法进行考察，得出的结论是：立法权被委托者没有明文规定之依据，而将其本身应做的事项，让位委任他人代替，乃属于越权。其他国家授权立法实践也都采取英国的做法，再授权立法一般是不允许的，如果确实需要，必须得到授权法的明确授权。[②] 1998 年《联邦德国宪法》第七章"联邦立法"第八十条"行政法规"(1)规定："联邦政府、联邦部长或州政府可经法律授权颁布行政法规。对此，法律须规定授权内容、目的和范围。在颁布的行政法规中应指明其法律授权根据。如法律规定此项授权可再予以授权的，则此项授权的再授权须由行政法规规定。"税收授权立法的再授权也应当进行限制，只有在授权法明确规定可以再授权的情况下，才能进行税收授权立法的再授权。

(三)行政机关税收授权立法权概况

美国学者认为，由于当代复杂社会的需要，行政法需要拥有立法职能和司法职能的行政机关，为了有效地管理经济，三权分立的传统必须放弃。这样做的结果是行政机关典型地集立法权与司法权于一身，它们有权制定具有法律效力的规章，这是立法权力；有权裁判案件，这是司法性权力。通过行使制定规章权和裁判权，行政机关得以

---

①② 邓世豹：《授权立法的法理思考》，第 132、133—134 页，北京：中国人民公安大学出版社，2002。

决定私人的权利和义务。立法机关是依宪法设立的,宪法规定由人民选出的代表有权议决法律。行政机关是依法律成立的机关,它与规定设立它的法律之间的关系如同公司和它的章程之间的关系一样。行政机关可以拥有制定具有法律效力的规章的权力,但它之所以有此权,仅仅是由于立法机关的委任。由立法机关授予的立法权与立法机关自身的立法权有着根本的不同。宪法赋予立法机关以全部立法权;任何由立法机关委任的权力都必然是从属性的权力,要受到授权法的制约。可以说,立法机关行使固有的立法职权,行政机关行使从属的立法职权。①

就行政机关的税收授权立法权而言,比较早的司法判例是1892年的"菲尔德诉克拉克"案。尽管最高法院认为"国会不得授予立法权……是普遍承认的一条原则,它对于维护宪法所规定的政体及其完整性至关重要",但是,最高法院在其初期的一些判决里的确始终如一地确认了授权,只是把授权的意义减少到最低程度。"菲尔德"案就涉及确认国会可以授予总统在其他国家提高其农业产品关税时,制定报复关税的权力。因此,行政部门仅仅被授予了"查明和宣布在其基础上立法意愿可能生效的事件"的权力。②

对行政机关税收立法权的委任标准,在1928年的"小J.W.汉普顿及其公司诉合众国"案中有更进一步的说明。美国最高法院在该案中确认了国会通过1922年关税法中的"灵活税率条款"而授予总统在必要时变更税率的权力的做法,驳回了申诉人认为"税率属于立法事项,故上述条款违背了宪法的分权原则"的主张。1922年的关税法中规定一个灵活税率条款,总统根据调查如果发现本法规定的税率,不足以平衡进口货物的生产费用和同类美国货物的生产费用之间的

---

① [美]伯纳德·施瓦茨著,徐炳译:《行政法》,第6—7页,北京:群众出版社,1986。

② "菲尔德诉克拉克"案,见《美国最高法院判例汇编》(1982年)第143卷,第649、692页。参见[美]欧内斯特·盖尔霍恩、罗纳德·M·利文著,黄列译:《行政法和行政程序法概要》,第8—9页,北京:中国社会科学出版社,1996。转引自刘剑文《财税法专题研究》(第二版),第231页,北京大学出版社,2007。

差别时，总统必须确定这种差别，决定并宣布增加或降低法律中规定的税率，以达到平衡。总统规定的新税率将在宣布后 30 天生效。申诉人主张本法授权总统变更税率，属于立法事项，违背宪法的分权原则。最高法院认为国会在税法中已经规定了一个基本的标准，即：总统所规定的税率必须达到美国产品的生产费用和进口同类产品的生产费用的平衡。国会知道它自已不能掌握足够的信息以确定美国生产费用和进口产品生产费用的差别，而且情况变更时这种差别也跟着变更，为了实现国会所规定的政策和原则，税率必须作相应调整，国会必须把这种变更权力委托行政机关行使。“如果国会在授权法中，对被授予权力的人或团体规定了一个必须遵守的明确的原则时，这样的立法行为不是被禁止的立法权力的委任。”①

美国联邦税法主要有三个来源：立法机关颁布的法律、执法机关公布的解释和司法机关的判决。美国国会制定的《国内收入法典》(Internal Revenue Code, I. R. C.)就是习惯上所说的美国税法。执法机关的解释包括财政部和国税局制定的财政规章(Treasury Regulation)、税收裁定(Revenue Ruling)等。财政规章是美国财政部对《国内收入法典》的有关规定所作的官方说明。《国内收入法典》第 7805 节授权财政部长公布执行税法所必需的法规和规章。财政规章可以被分为解释性的规章和法规性的规章两类。解释性的规章是依据财政部的一般权力发布的，主要提供对法典条款的官方解释。立法性的规章是美国国会特别授权给财政部，制定针对法典的某一节的专门规定。例如，法典 469(1)节专门要求，财政部要制定相关规章，必要和恰当地对 469 节的内容作出解释。由于有国会对财政部的这种特别的授权，所以立法性的规章要比解释性的规章层次高。②

英国 1921 年的判例(At Torney—General v. wilt united Dairies)

---

① J. W. Hampton Jr. Co. v. United States, 276 U. S. 394(1928)，参见王名扬《美国行政法》，第 295 页，北京：中国法制出版社，1995。

② 财政部《税收制度国际比较》课题组编著：《美国税制》，第 28—38 页，北京：中国财政经济出版社，2000。

认为:“凡课人民以税收负担,均须有国会法案明文之根据。”1923 年的判例(Bowels v. Bank of England)也认为,税收规范虽经国会通过,但由于程序瑕疵人民有权拒绝缴纳。但是,随着政府职能的扩张,作为立法机关的议会对税法规定的绝对控制逐渐变成了相对控制,英国政府享有的委任立法权的范围也随之扩大,“甚至,处于下议院严密控制之下的敏感的税收权力,也已经遭到了一种很大程度的侵蚀。根据 1958 年《进口税法》的规定,财政部有权确定货物应征收的税种和税率,只要下议院明确肯定应开征该税或者提高税收。根据 1972 年《欧洲共同体法》的规定,只要共同体作出决定,英国财政部也有类似权力”。[①] 征税权力是议会控制行政机关的一种手段,必须由议会掌握,不能由行政机关决定。但政府为了应付某种紧急情况或实施某种需要事先保密的政策起见,有时从议会得到用行政管理法规规定租税或变更税率的权力,特别是关于进口税的征收和税率需要随时调整,往往委托行政机关决定。[②] 英国 1972 年的财政法(Finance Act)第九条关于 20%附加税,得由财政部按照情况以规程加以增减,其理由就是政府对经济需要通过税率进行干预。[③]

根据 Huebschmann,Hepp. Spitaler 之观察:“德国联邦法院虽然认为,基本法第八十条第一项第二句的目的为‘在立法的领域限制行政权,并强化立法机关对于法规性命令之内容的责任。基本法第八十条应强制要求立法者自己制定对生活秩序有决定性的条文。而且立法机关只要有授权行政机关制定具体规定之情形,便必须自己规定其倾向及范围,使将颁布之法规性命令的可能内容得以预见’[BverfGE7,282(301)],又自‘法治国家原则,该授权也当如此确定,俾自该授权已可,而非必须从以之为依据之法规性命令始能认识或预见,可能对国民要求什么……是故,在将基本法第八十条第一项第

① [英]威廉·韦德,徐炳等译:《行政法》,第 563 页,北京:中国大百科全书出版社,1997。转引自刘剑文著《财税法专题研究》(第二版),第 234 页,北京大学出版社,2007。

② 王名扬:《英国行政法》,第 116 页,北京:中国政法大学出版社,1987。

③ 龚祥瑞:《比较宪法与行政法》,第 417 页,北京:法律出版社,2003。

二句适用到介入法中之授权规定时，当然必须特别严格要求。属于介入法者在警察法之外，主要为税法’。不过德国联邦宪法法院在税法并不排斥给予法规性命令之制定者一些自由。例如，西德1963年《有效之营业税法》第四条第一款规定，在依同法第一条应课4%营业税之销售中，属于进口德国产制上必须之原、物料，且该原、物料为国内没有生产，或不能充分生产供应者，免税。在该法中授权联邦政府指定这些产品之名称。当时西德联邦宪法法院认为该授权依其内容、目的及范围已充分肯认联邦政府，在法律所定之范围内，得视随时快速变化之目的性的考量，为经济政策上裁量决定。该法律上之授权已清楚标出，在何种范围内，法规性命令之制定者享有其决定的自由。”[①]关于《德国基本法》第八十条第一项之适用，Manfred Lapa 主张：在授权补充刑事法、税法时，或一般说来，在授权补充之法律与介入，特别是与基本权利保护之领域的介入有关时，以及其授权会给予行政机关以违反法律之原则的可能性时，关于具体化先决条件之解释应该从严。但他并不从根本上认为在税法之领域，关于税捐之发生的构成要件，不得授权行政机关以法规性命令定之。[②]德国《所得税法》第五十一条明确规定联邦议会允许联邦政府委任立法的事项，其内容之详尽，条款之缜密，几无行政机关自由裁量的空余。[③]

日本税法的法源包括宪法、法律、命令、条例、规则等的国内法源和国际条约、换文（交换公文）等的国际法源。法律是国民代表议会所制定的一般性的抽象性的法律规范。在税收法律主义的原则下，课税要件和税的课赋及征收的程序，原则上都由法律来规定，所以法律在税法的法源中是极其重要的。由行政机关制定的一般的、抽象的法律规范被称为法规命令或称为命令。其中有由内阁制定的政令

① Huebschmann. Hepp. Spitaler，aaO. § 4Rn. 10ff. 转引自黄茂荣《法学方法与现代民法》，第22—24页，北京，中国政法大学出版社，2001。

② 黄茂荣：《法学方法与现代民法》，第24—25页，北京：中国政法大学出版社，2001。

③ 陈智泽：《德国所得税法》，第164、165页，财税人员训练所，转引自鲁篱《税收法律主义初探——兼评我国税收授权立法之不足》，载《财经科学》，2000(2)。

和由内阁各部大臣制定的省令(部令)这两种命令。前者称为施行令,后者称为施行细则(以前把政令称为施行规则;把省令—部令称为施行细则),比如:国税通则法施行令以及该施行细则,或所得税法施行令及该施行细则等均为按每一关于税的法律制度制定的政令及省令(部令)。在政令中包括为实施法律规定的政令和基于法律特别委任的政令。同样,即使在省令(部令)的规定中也包括为实施法律或政令规定的省令和基于法律或政令之委任的省令。将前者称为执行命令;将后者称为委任命令。在日本的法律中,基本的、一般的事项由法律来规定,而细则性的事项就委任给政令来规定。从这一意义上来讲,政令是税法的法源。由各省大臣和各厅长官在公布他们所掌管的事务时,一般都以告示的形式来公布。在税法当中,往往以大藏大臣的指定来补充由法律(或由法律所委任的政令)所定的课税要件。比如:所得税第七十八条就规定了对公益法人等的捐款中,凡属大藏大臣指定的捐款均可从总所得全额中扣除的宗旨。往往像税之特别措施法所规定的各种措施的适用范围也是由大藏大臣的指定而定的(比如:特别成本折旧制度和投资税额扣除的对象资产的范围)。在作这些指定的时候,完全是为了将这些作为告示公布于众的。而这些告示均为补充课税要件规定的,所以从其性质上来看是立法行为,因而也是税法法源之一。告示是补充立法,也是一种委任立法。当然,这并不是大藏大臣的自由裁量行为,而是一种受法律规定的要件所限制的行为。①

在确立代议机关的税收立法权之后,随着社会经济的日趋复杂化,税收授权立法得到广泛发展,在笔者收集到的宪法文本中,只有1975年《希腊共和国宪法》对税收授权立法作了一定的禁止性规定,将征税对象、税率、减免税作为绝对法律保留事项。该《宪法》第三编“国家的组织和职能”第三章“议会”第六节“税务和财政管理”第七十八条第一款规定:非经议会制订法律,对征税对象和收入、财产类型、

① [日]金子宏著,战宪斌等译:《日本税法》,第76—81页,北京:法律出版社,2004。

支出以及按何种税类处理等事宜作出规定，不得征收任何税。第四款规定：有关征税对象、税率、减免税和给予补贴，均须立法权力机关规定，不得委托授权。本款的限制并不排斥关于确定国家或一般公共机关在私人不动产因毗连公共工程建筑工地而自动增值中的份额办法的立法规定。

二、行政机关的执行性税收立法权

（一）执行性立法权与行政解释权

1. 执行性立法权

执行性立法是指为执行法律、法规、决定、命令的需要，根据法律、法规、决定、命令所进行的立法活动。从名词来说，执行性立法就是执行性立法活动所产生的法律文件。执行性立法是相对于创制性立法而言的，创制性立法是指基于宪法规定的立法职权或授权法的授权，无需根据上位的法律、法规以及上级行政机关的决定、命令而自主进行的立法活动。

行政机关执行性立法权的权力有两种来源：第一是宪法所规定的职权；第二是代议机关的授权。因此，可以认为行政机关的执行性立法权有职权性和授权性。法国、日本等国行政机关的执行性立法权属于职权类型，美国、英国、德国等国行政机关的执行性立法权属于授权类型。一些论著将执行性立法与职权立法、授权立法并列，笔者认为，执行性立法与职权立法、授权立法所依据的分类标准是不同的，它们之间并非并列关系，执行性立法是相对于创制性立法而言的。执行性立法系基于宪法规定的立法职权或者基于授权法的授权。

执行性立法的基本特点是以上位法为根据。这里所说的上位法不包括宪法，执行性立法不能直接根据宪法而进行立法。创制性立法可以直接根据宪法，而执行性立法的直接根据只能是法律、法规。基于执行性立法权，在有上位法的情况下，根据上位法的规定进行具体化立法，使上位法的规定能够实际操作，更加符合实际情况。在没有上位法规定的情况下，不能自主地进行立法，除非获得授权法授予相应的立法权。

执行性立法的“根据”原则包含了“不抵触”原则，比“不抵触”原则要求更严。有学者认为，“不抵触”原则包括以下含义：①下位法不得同上位法的法律规则相抵触；②下位法不得同上位法的法律原则、精神相抵触；③在上位法没有对有关事项作具体规定的情况下，下位法可以先行立法。关于衡量“抵触”的标准，有学者提出以下四个标准：①扩大或缩小制裁权限，减少、变更或增加制裁条件或手段、幅度；②扩大或缩小承担义务者的范围、性质和数量，增加、减少、变更特定对象的义务或改变义务承担的条件；③扩大、缩小或改变权利的范围、性质和数量，增加、减少、变更相对人的权利或改变享受权利的条件；④扩大或缩小特定术语的内涵、外延，以致引起不同的法律后果。①

执行性立法的“根据”原则除了要满足“不抵触”的要求之外，同时还要做到以上位法的法律规则为依据。执行性立法不仅要根据上位法的法律原则、精神，而且还要根据上位法的法律规则。没有上位法的法律规则为依据，执行性立法不能自行创设法律规则。执行性立法是对上位法的法律规则的进一步明确、具体、细化，使之更加便于操作，更加适应复杂多样的社会实际。有学者指出：“执行性立法权具有从属性，通常是对已经界定的权利义务关系再次进行有限界定和‘陈述’。”②

2. 行政解释权

行政解释是法律解释的一种形式，为了理解行政解释，首先要理解法律解释。法律解释是指对法律的内容和含义所作的说明。③ 国内通常将法律解释分为正式解释和非正式解释。正式解释，又称有

---

① 参见刘莘《行政立法研究》，第 68—69 页，北京：法律出版社，2003。
② 崔卓兰、于立深：《行政规章研究》，第 40 页，长春：吉林人民出版社，2002。
③ 张文显主编：《法理学》，第 325 页，北京：高等教育出版社，1999。

权解释或法定解释，是指有关国家机关按照宪法和法律所赋予的权限，对有关法律条文的含义所作的能够产生实际法律后果的说明和阐述。非正式解释是指不会产生实际法律后果的解释，包括学理解释和普法解释。①

笔者认为，在法律实施过程中，法律解释可以分为立法性解释、适用性解释。立法性解释是立法机关、行政主体或司法机关基于宪法所赋予的解释职权或者授权法所授予的解释职权，按照法定的程序对法律规范所作出的具有普遍约束力的进一步说明和界定。这种法律解释具有普遍的适用效力，不仅适用于个案，而且可以反复适用，是行政执法人员作出行政处理决定、法官处理具体案件的依据，因而它就具有了立法的性质，可以称为立法性解释。从作出解释的主体来区分，立法性解释可以分为立法机关的立法性解释、行政主体的立法性解释和司法机关的立法性解释。适用性解释是指行政执法人员作出行政处理决定，法官在处理具体案件时对法律规范所作的进一步说明、界定。适用性法律解释只能适用于个案，而不能产生普遍的约束力，也不具有普遍的指导意义。

笔者认为，行政解释是行政主体及其执法人员对法律规范所作出的进一步说明和界定，行政解释也可以分为立法性行政解释和适用性行政解释。立法性行政解释是指行政主体基于宪法所赋予的职权或授权法授权，按照法定程序对法律规范所作出的具有普遍约束力的进一步说明和界定。适用性行政解释是行政主体及其执法人员在处理具体行政事务、作出行政处理决定时，对法律规范所作出的进一步说明和界定，也可以称为执法性行政解释。

从实质上看，立法性行政解释也就是执行性立法，而执行性立法实质上也是行政主体对上位法所作的具有普遍约束力的解释，以使上位法的法律规范更加明确、具体，便于实际操作。因此，立法性行政解释与执行性立法只是形式上的区别。

---

① 张春生主编：《中华人民共和国立法法释义》，第139页，北京：法律出版社，2000。

(二)行政机关执行性税收立法权的必要性

行政机关执行性税收立法权的必要性主要体现在以下三个方面：

1. 克服税收法律的稳定性与社会生活复杂多变性的矛盾

代议机关通过的法律通常需要具有一定的稳定性，不宜频繁地修订。但是，社会生活是复杂多样、不断变化的，为了使法律能够适应复杂多样、不断变化的社会生活，法律的条文就必须具有一定的概括性和原则性，主要就基本问题作出规定，而具体操作性问题则留给执行机关或司法机关去规定或解释。而执行性立法和司法解释的程序较灵活，能够较快地反映社会生活的变化。为了保持税收法律的稳定性，有必要将具体操作性问题留给税务行政机关通过执行性立法加以规定或者进行行政解释。

2. 节约税收立法成本，提高税收立法效率

税收立法成本是在税收立法过程中所消耗的人力、物力、财力和时间、机会，具体包括收集税收立法信息、研究税收立法资料以及形成税收立法草案的费用，审议税收立法草案与修订税收立法的费用，制作税收法律文本的费用，公布和传播税收法律、法规的费用，税收立法的机会成本等。代议机关的会议时间有限，事务繁多，议员往往缺乏税收专业知识和实际经验，并且议会立法程序严格。如果税收事项事无巨细都由代议机关通过法律来规定，势必大大增加税收立法的决策成本，降低税收立法的效率。比较切实可行的做法就是，代议机关对税收事务进行“骨骼式”立法，对税收基本制度作出法律规定，而由税务行政机关制定税收法律的实施细则，对税收法律、法规执行过程中的问题进行行政解释。这样可以较好地节约税收立法成本，提高税收立法效率，最大限度地发挥税收立法的效益，同时，又没有违背税收法定主义的基本要义。

3. 有利于统一税收执法

由高层行政机关掌握执行性税收立法权，使执行性税收立法和规范性解释具有普遍的约束力，使税收立法在税收法律实施过程中

得以延伸，以此来维护税收立法职能和税收执法职能的区分，最大限度地使税收执法成为单纯机械地适用税收立法的过程，尽量减少税收执法中的自由裁量权，有利于统一税收执法，实现税收法治。

从各国税收立法实践来看，行政机关普遍基于授权或者职权行使执行性立法权，行政机关的税收行政法规、规章是税法的重要渊源。以美国为例，美国国会制定的《国内收入法典》通常只是强调立法的基本思想和原则，因此，执法部门如果想实施税法，还必须对税法作出解释，避免在实践中出现歧义，引发纠纷；同时，也要制定具体的实施细则。执法机关的解释主要包括美国财政部制定并公布的财政规章和国税局公布的税收裁定以及其他法规。这些对法典内容的解释也同样具备法律效力。一般来说，财政部的财政规章的效力层次要比国税局的税收裁定高一些。[①] 由代议机关进行"骨骼式"的创制性税收立法，而由行政机关制定税法实施细则，对代议机关的税收立法进行具体规范性解释，这样既不违反"无代表不纳税"的宪法原则，又能够发挥行政机关在税收方面的专业优势、经验优势和信息优势，有利于提高税收立法的效率和质量，使税收立法更加适应纷繁复杂、千变万化的社会经济生活。税收立法权代议机关保留的相对性的表现之一就是行政机关基于职权或者授权享有执行性税收立法权。

三、税收行政立法的监督

从各国税收立法权横向配置的实践来看，代议机关行使创制性税收立法权，行政机关基于授权行使特定的创制性税收立法权并且基于授权或者职权行使执行性税收立法权。税收行政机关集税收行政权与税收立法权于一身，必然带来权力滥用的危险，危及公民、社会组织的财产权，因此，必须加强对税收行政立法的监督，保障税收

① 财政部《税收制度国际比较》课题组编著：《美国税制》，第34—35页，北京：中国财政经济出版社，2000。

行政立法权的正当行使。税收行政立法的监督包括代议机关的监督（立法监督）、司法机关的监督（司法审查）以及行政机关的内部监督。这里着重阐述税收行政立法的立法监督和司法审查。

(一)税收行政立法的立法监督

1. 税收行政立法的事先监督

税收行政立法的事先立法监督包括批准、审议等形式。

第一，税收行政立法的批准。批准是一种事先的立法监督制度。立法过程中的批准是指有关国家机关制定的规范性文件，需要报其他有关国家机关同意后才能颁布实施的制度和活动。[①] 法规经批准后，是具有审批机关制定的法规范性文件的效力还是具有制定机关的法规范性文件的效力？关于批准法规的效力等级存在两种截然相反的观点：一种观点认为，法规经批准后是具有批准机关的效力，只是适用范围限于制定机关的行政区域；另一种观点认为，法规经批准后不是批准机关的立法，低于批准机关的立法文件的效力。[②] 笔者赞成第二种观点。在英国，为了确保行政立法权的行使符合授权的标准，议会在授权法中常常要求政府必须将其制定的条例或规章在一定时间内提交议会审查，这就使议会拥有了一个对行政立法进行监督和批评的机会。在绝大多数情况下，条规的送交程序可分为两种：一种是非经议会的批准不得生效，这种“批准型”程序主要适用于增加税收或公民负担的条例；另一种是“否决型”程序，即除非议会两院在提交后的一定期间内作出决议予以废除，否则即告生效。[③] 德国联邦众议院经常在授权法律中保留法规命令的批准权，其程序分为三

① 朱力宇、张曙光主编:《立法学》(第二版)，第240页，北京：中国人民大学出版社，2006。

② 汪全胜:《制度设计与立法公正》，第353页，济南：山东人民出版社，2005。

③ [英]威廉·韦德著，徐炳等译:《行政法》，第609页，北京：中国大百科全书出版社，1997。

个步骤：联邦参议院授权，联邦政府制定法规命令，联邦众议院批准。[①]

第二，税收行政立法的审议制度。英国议会对委任立法的事先监督既有批准制又有审议制。英国于1944年成立了审查委员会，负责处理已经制定的规则和条例。1973年，议会两院联合设立了一个法规联合委员会，该委员会由“审查委员会”和“上议院特别命令委员会”合并而来。联合委员会负责审查根据各种法律规定送交或者将其草案送交议会任何一院的全部规章、规则、命令或者方案。该委员会必须决定是否要以下列理由将所审查的法规提请议会注意：该法规增加了国库的负担，或者就任何许可证的发放、同意的给予以及任何公共机构所提供的服务收取任何费用；该法规系根据一项允许诉诸法院的立法所制定；该法规未经法定授权，旨在规定溯及既往的效力；该法规的出版或者送交议会有不合理拖延的情况；根据1946年《立法文件法》应予公告的条规，因不合理拖延而未能及时告知利害关系人的；对法规是否越权持有怀疑，或者该法规“不正常或者意外地”行使所授权力的；因某种特定理由，需要对该法规的形式和内容予以说明的；该法规的起草过程看来是有缺陷的。[②]“该委员会行使委任立法监督权的最重要成果并不在于它可以将法规提交给议会辩论，而在于它给政府部门一个生动的提醒：议会挑剔的目光在监督着他们。”[③]

2. 税收行政立法的事后立法监督

税收行政立法的事后立法监督包括备案、审查等。

第一，税收行政立法的备案。立法过程中的备案是指有关国家

---

① [德]哈特穆特·毛雷尔著，高家伟译：《行政法学总论》，第337—338页，北京：法律出版社，2000。

② 曾祥华：《行政立法的正当性研究》，第277—278页，北京：中国人民公安大学出版社，2007。

③ [英]威廉·韦德著，徐炳等译：《行政法》，第614页，北京：中国大百科全书出版社，1999。

机关将其通过或批准的规范性文件报其他有关国家机关登记、存档，以备审查的制度。[①] 关于备案的性质，有不同的认识，最大的争论莫过于对备案的规范性文件是否要进行审查。一种观点认为，备案是立法监督的重要手段，对报送备案的法规，备案机关必须进行审查，两者是一项制度，因此，应将备案与审查并称。另一种观点认为，备案就是将已经生效或公布的法规上报法定机关，使其知晓和做到有案可查，并在必要时对其审查的制度，但备案并不意味着必须进行审查。[②] 笔者赞成第二种观点。

第二，税收行政立法的审查。立法过程中的审查是指对已经公布和生效的规范性文件的合法性、适当性进行检查和监督的制度和活动。审查所导致的法律后果包括：被审查的规范性文件因合法和适当而继续实施；被审查的规范性文件因不合法和不适当而被改变或撤销。审查的启动主要有以下几种情况：一是因法定职权主动提起的审查，如有关机关认为必要时，可以依据职权对有关国家机关提出审查的要求，从而启动审查程序；二是因有关国家机关、社会团体和企事业组织以及公民提出进行审查的建议，从而启动审查程序；三是因接受备案机关对报送备案的规范性文件主动进行审查，从而启动审查程序。[③]

（二）税收行政立法的司法审查

对税收行政立法的司法审查包括违宪审查和违法审查，这里只讨论税收行政立法的违法审查，税收立法的违宪审查将作专章阐述。

1. 税收行政立法司法审查的主要内容

概括地说，各国税收行政立法司法审查的内容主要有以下方面：

第一，授权立法超越授权的内容、目的和范围。委任立法的权力既然是由法律所授予，因此行政机关所制定的法规如果不在法律授

---

①③ 朱力宇、张曙光主编：《立法学》（第二版），第 240、241 页，北京：中国人民大学出版社，2006。

② 苗连营：《立法程序论》，第 245 页，北京：中国检察出版社，2000。

权范围以内就是越权行为，这种行政管理法规将被法院宣告无效。越权原则是英国法院监督行政机关委任立法的根据。[①] 根据英国法院的判例，产生越权行为的理由有：违反自然公正原则、程序上的越权、实质的越权。[②]根据英国法院的判例，实质越权有四种情况：超越管辖权的范围、不履行法定义务、权力滥用、纪录中所表现的法律错误。[③]越权原则最直接的一个例子是：上议院宣告劳工部长所发布的对俱乐部征收劳工培训税的一项命令无效，因为劳工培训法对此未作规定。[④]

第二，与上位法相抵触。按照法制统一的原则，不同立法主体制定的法律文件具有不同的效力等级，处于不同的位阶，下位法不得与上位法相抵触。行政立法的位阶低于议会制定的法律。以法国为例，条例的效力受法律的限制，不能和法律相抵触，这是原则。但是各类条例和法律的关系不一样，这个原则的应用因条例的种类而不同。执行条例的目的在于执行和补充法律的规定，当然不能和它所执行和补充的法律抵触，也不能和其他法律抵触。自主条例所规定的事项是法律范围以外的事项，它的效力不由法律规定，只受宪法的限制。但是自主条例所规定的事项如果和法律所规定的事项有牵连时，法律的效力高于条例。此外，自主条例应受法的一般原则的限制。法的一般原则适用于一切行政行为，也适用于自主条例。法令条例的效力和法律相等，可以修改和变更以前的法律，但受到授权法的限制，不能超过授权法的范围。最高行政法院对法令条例的审查和对其他条例一样。紧急情况条例所规定的事项如果属于条例范围内，应受法律的限制，如果是属于法律范围内的事项，则不受行政法院管辖，只对议会负责。根据行政组织的一般原则，下级机关的行为不能和上级机关的规定相抵触。下级机关所制定的条例，不能和上

①②③ 王名扬：《英国行政法》，第120、151、165页，北京：中国政法大学出版社，1987。

④ [英]威廉·韦德著，徐炳等译：《行政法》，第578—579页，北京：中国大百科全书出版社，1997。

级机关所制定的条例相抵触。[①]

第三,税收行政立法的合理性审查。对行政立法的合理性审查是司法审查深度和强度增加的一个反映。从广义上说,合理性审查也是合法性审查的一部分,因为不合理实质上就是违法。在英国,即使委任立法没有越权,恶意、不适当的动机或者明显的不合情理也都是司法审查的理由。在美国,授权立法是否合理必须结合授权的目的、法规的内容和性质,以及各种相关情况全面客观地考虑。[②] 对不同位阶、不同权力来源、不同程序制定的行政立法,合理性审查的深度和强度也不相同。美国国会于1946年颁布《行政程序法》时,对行政机构的不同种类规则作了区分,最重要的是对立法性规则和解释性规则的区分。大多数情况下,一个行政机构只有使用了《行政程序法》第五百五十三条规定的通告评论程序,才能颁布立法性规则。相反的,行政机构能在任何时候颁布解释性规则,而不需要经过通告评论程序。然而这两类规则有着不同的效果,如美国最高法院至少从1920年以来一直认定的那样,立法性规则"如不与制定法的明文规定相冲突,就具有法律的效力和效果"。立法性规则以与制定法难以分别的方式,拘束着公众和法院。相反的,解释性规则仅仅是行政机构对制定法当前解释的一个陈述。在著名的Skidmore诉Swift&Co.案中,最高法院清晰地表明解释性规则没有"控制的力量"(Power to Control)。法院可能认为行政机构的判断具有说服力,也可能认为行政机构的判断没有说服力,这取决于"考量的全面性、推理的有效性,与此前和此后判断的一贯性,所有这些因素的具备,使得行政机构的判断虽无控制的力量,也有说服力"。然而近年来,在某些巡回法院,立法性规则和解释性规则效果的传统区分已经变小了。1984年,最高法院在谢弗林诉自然资源保护委员会案中作出了里程碑式的判

---

① 王名扬:《法国行政法》,第145—146页,北京:中国政法大学出版社,1997。

② 曾祥华:《行政立法的正当性研究》,第324页,北京:中国人民公安大学出版社,2007。

决。最高法院认为，任何行政机构对其实施的暧昧不清的制定法规定的合理解释，都必须得到审查法院的尊重。[①]

第四，税收行政立法的程序性审查。行政立法的正当程序是行政立法权正当行使的重要制度保障，因此，对行政立法是否违反法定程序的审查是行政立法司法审查的重要方面。重视程序正义被现代行政法奉为圭臬，西方对行政立法的监督经历了一个从以标准监督为主到以程序监督为主的演变过程。[②] 由国会或者行政机关规定一个标准，限制委任立法权力的行使，是对委任立法权力的实质的控制。委任立法权力的行使不仅需要实质的控制，而且需要程序方面的保障。美国行政法学家 K. C. 戴维斯认为，传统的立法权力委任理论，着重要求法律规定一个明确的标准以限制权力的行使，这是法院对立法语言的迷信。实际上重要的问题不在于国会是否规定一个标准，而在于对权力的行使是否设立了一个适当的程序，以保护受该项权力影响的人。立法权力委任理论的重点应当从追求一个适当的标准，移向追求一个适当的程序，程序带来的保护超过标准所能提供的保护。[③]

2. 税收行政立法司法审查的主体、方式

英美法系的司法审查由普通法院进行。英美法系对行政立法的司法审查一般采取具体的、附带性的审查方式，即法院在审理具体案件过程中，对将要适用的法规进行审查，而不专门对法规的合法性进行审查，也不应有关部门的要求对法规的合法性进行解释。英国普通法院对行政管理法规的审查一审集中在高等法院王座分院，当事人对行政机关依一项条例作出的决定不服，可以向高等法院王座分院起诉，并可以以该决定据以作出的条例无效作为抗辩理由，若对王

---

① [美]理查德·皮尔斯著，宋华琳译：《立法性规则和解释性规则的区别》，载于周旺生主编《立法研究》(第4卷)，第177—184页，北京：法律出版社，2003。原文载于美国《行政法学评论》(Administrative Law Review)2000年第52卷第2期。

② 王宝明等：《抽象行政行为的司法审查》，第144页，北京：人民法院出版社，2004。

③ 王名扬：《美国行政法》(上)，第308—309页，北京：中国法制出版社，1995。

座分院的判决不服，当事人可以向上诉法院提出复审，直至上议院。在通常情况下，法院经过审查认为一项条例越权，可以通过撤销判决，宣告其全部或部分无效。在有些情况下，法院也可以通过确认判决，宣告其全部或部分无效。①

大陆法系一般由行政法院对行政立法进行合法性审查，在大陆法系国家，司法审查存在抽象审查和附带性审查两种方式。法国行政法院可以审查政府在颁布实施之前提交的法规草案，也可以根据违法无效的原则撤销行政机关为实施法律而颁布的一切命令规则和规程。凡是对行政法规的合法性有争议时，原则上均可以向行政法院提起越权之诉。法国的行政审判组织分为行政法庭和行政争议庭，上诉行政法院以及最高行政法院。对条例的审查权集中在最高行政法院，最高行政法院的初审管辖权中就包括对条例的审查：撤销总统和部长会议命令的诉讼，包括普遍性的条例；撤销部长制定的行政条例的诉讼。德国联邦法院在其判例中多次表明“法规命令是否抵触法律，甚至有关其有无抵触宪法之问题，均不属于联邦宪法法院之权限，而应由各法院审查之”。但是，这并不是说所有行政法院均有权对行政法规或命令进行审查。德国的行政法院组织分为地方行政法院、高等行政法院与联邦最高行政法院三级，对行政法规的审查主要集中在高等行政法院与联邦最高行政法院。②

①② 王宝明等：《抽象行政行为的司法审查》，第144、116－119页，北京：人民法院出版社，2004。

第三章 我国税收立法权的横向配置

自秦汉以来，我国历史上长期实行君主专制制度，税收立法权集中于皇帝，因而不存在税收立法权在代议机关、行政机关、司法机关之间的配置。清朝末年光绪三十四年八月初一(1908年8月27日)，颁布了中国历史上第一部宪法性文件——《钦定宪法大纲》，确认了君主立宪制。清廷宣示预备立宪后，宣统二年(1910年)设立资政院，在议会未开之前具有议会性质。资政院有权议决预算、决算、税法、公债，制定、修改法律(宪法不在此列)和皇帝交议的其他事件；资政院议决事件，军机大臣并各部行政大臣应当执行，如有异议可咨送资政院复议。若资政院仍执前议，可由资政院总裁、军机大臣或各部大臣分别具奏，请旨裁夺。[①] 预备立宪以失败告终。辛亥革命推翻了延续二千多年的封建帝制，建立了民主共和国——中华民国。但是，在北洋军阀政府和国民党独裁政府统治下，民主共和始终是一纸空文。新中国建立后，社会主义民主法治虽然经历曲折，但是，随着改革开放以来经济体制改革和政治体制改革的深入发展，社会主义民主政治已初步建立。因此，本章主要研究新中国税收立法权的横向配置。

---

① 张晋藩主编:《中国法制史》，第292—295页，北京:高等教育出版社，2003。

第一节 新中国成立后我国税收立法权的横向配置概况

一、改革开放以前我国税收立法权的横向配置概况

新中国成立后，统一全国税政，尽快建立新中国的税收制度，成为当时税收工作中最重要、最紧迫的任务。1949 年 11 月 24—12 月 9 日，中央人民政府政务院财政经济委员会和财政部召开首届全国税务会议，会议根据《中国人民政治协商会议共同纲领》的精神，拟定了《全国税政实施要则(草案)》。1950 年 1 月 30 日，政务院总理周恩来签署政务院通令，发布《关于统一全国税政的决定》，并以《全国税政实施要则》作为统一全国税政的具体方案，要求各级人民政府和财政、税务机关统一执行。《全国税政实施要则》成为新中国成立后统一税政、建立新税制的重要文件。《全国税政实施要则》对税收立法权作出规定："(一)凡有关全国性的税收条例法令，均由中央人民政府政务院统一制定颁布实施，各地区应切实遵照执行，如有意见可建议中央考虑。在中央未修改前，不得自行修改或变更。(二)凡有关全国性的各种税收条例之施行细则，由中央税务机关统一制定，经财政部批准施行。各区税务管理局得根据中央颁布之税法章则精神制定稽征办法，经大行政区财政部批准施行。(三)凡有关地方性税收之立法，属于县范围者，得由县人民政府拟议报请省人民政府或军政委员会批准，并报中央备案；其属于省(市)范围者，得由省(市)人民政府拟议报请大行政区人民政府或军政委员会核转中央批准。"1950 年 3 月 3 日，政务院发布《关于统一国家财政经济工作的决定》。决定中规定：除了批准征收的地方税以外，所有关税、盐税、货物税、工商业税的一切收入，均归中央人民政府财政部统一调度使用。税则、税目、税率，统一由中央人民政府财政部提交政务院决定施行；未经批准，各地人民政府不得变动。

1958年6月5日，全国人民代表大会常务委员会第九十七次会议决议批准的《国务院关于改进税收管理体制的决定》，向省级政府下放部分税收管理权限，包括部分税收立法权。1977年国务院批转的《财政部关于税收管理体制的规定》第一条规定：凡属国家税收政策的改变、税法的颁布和实施、税种的开征和停征、税目的增减和税率的调整，都由国务院统一规定。第二条规定：凡属下列情况的，应当报财政部批准：(1)在全省、市、自治区范围内停(免)征或者开征某一种税；(2)在全省、市、自治区范围内对某种应税产品，或者对某个行业进行减税、免税；(3)对工商税中卷烟、酒(指用粮食生产的白酒、黄酒、啤酒、饲料粮酿酒)、糖(不包括饴糖)、手表四种产品，需要减税、免税的；(4)盐税税额的调整(不包括土盐税额)；按现行规定，不属于农牧业、渔业、工业用盐范围的其他用盐，需要减税、免税的；(5)有关涉及外交关系和对外商征税(包括边境地区小额贸易)的问题。

由此可见，长期以来我国税收立法权在中央层次的横向配置主要集中于最高行政机关，这显然违背税收由人民代表同意的原则。

二、改革开放以后我国税收立法权的横向配置概况

全国人大及其常委会依据《宪法》第八十九条的规定，于1984年、1985年两次通过专门授权，将税收立法权授予国务院。1984年9月18日，第六届全国人民代表大会常务委员会作出《关于授权国务院改革工商税制和发布试行有关税收条例(草案)的决定》："第六届全国人民代表大会常务委员会第七次会议根据国务院的建议，决定授权国务院在实施国营企业利改税和改革工商税制的过程中，拟定有关税收条例，以草案形式发布试行，再根据试行的经验加以修订，提请全国人民代表大会常务委员会审议。国务院发布试行的以上税收条例草案，不适用于中外合资经营企业和外资企业。"1958年4月10日，第六届全国人民代表大会第三次会议通过《关于授权国务院在经济体制改革和对外开放方面可以制定暂行的规定或者条例的决定》："为了保障经济体制改革和对外开放工作的顺利进行，第六届全国人

民代表大会第三次会议决定:授权国务院对有关经济体制改革和对外开放方面的问题,必要时可以根据宪法,在同有关法律和全国人民代表大会及其常务委员会的有关决定的基本原则不相抵触的前提下,制定暂行的规定或者条例,颁布实施,并报全国人民代表大会常务委员会备案。经过实践检验,条件成熟时由全国人民代表大会或者全国人民代表大会常务委员会制定法律。”上述特别授权虽然没有改变税收立法权集中于中央行政机关的现状,但是明确了税收立法权专属于全国人民代表大会及其常务委员会,国务院的税收立法权来自全国人民代表大会及其常务委员会的授权。1993 年 12 月 29 日,第八届全国人民代表大会常务委员会第五次会议通过的《关于外商投资企业和外国企业适用增值税、消费税、营业税等税收暂行条例的决定》第三条规定:“除增值税、消费税、营业税外,其他税种对外商投资企业和外国企业的适用,法律有规定的,依照法律的规定执行;法律未作规定的,依照国务院的规定执行。”这样,国务院税收授权立法的适用范围扩大到外商投资企业和外国企业。2000 年 3 月 15 日,第九届全国人民代表大会第三次会议审议通过了《立法法》,该法第八条规定:“下列事项只能制定法律……(八)基本经济制度以及财政、税收、海关、金融和外贸的基本制度……”第九条规定:“本法第八条规定的事项尚未制定法律的,全国人民代表大会及其常务委员会有权作出决定,授权国务院可以根据实际需要,对其中的部分事项先制定行政法规,但是有关犯罪和刑罚、对公民政治权利的剥夺和限制人身自由的强制措施和处罚、司法制度等事项除外。”第十条规定:“授权决定应当明确授权的目的、范围。被授权机关应当严格按照授权目的和范围行使该项权力。被授权机关不得将该项权力转授给其他机关。”第十一条规定:“授权立法事项,经过实践检验,制定法律的条件成熟时,由全国人民代表大会及其常务委员会及时制定法律。法律制定后,相应立法事项的授权终止。”对于《立法法》关于税收立法权规定的理解,法学界尚存在一定的争议。有观点认为:由于税收涉及全体公民和义务纳税组织或单位的财产权利,因此,创设税法、规定税收的权力应当属于全体人民或者全体人民选出的最高国家权力机关，任何行政机关和地方都无权创设税法。[①] 也有观点认为：对税收事项基本制度由全国人民代表大会及其常务委员会决定，也可授权国务院决定；一般制度可由国务院根据实际需要决定，国务院认为需要将有关税收事项中的税制要素交由地方自行决定的，可建议全国人民代表大会常务委员会授权省级人民代表大会常务委员会决定，国务院也可授权省级人民政府依照法定权限办理。[②]

2001 年 4 月 28 日，第九届全国人民代表大会常务委员会第二十一次会议修订通过的《税收征收管理法》第三条规定："税收开征、停征以及减税、免税、退税、补税，依照法律的规定执行；法律授权国务院规定的，依照国务院制定的行政法规的规定执行。任何机关、单位和个人不得违反法律、行政法规的规定，擅自作出税收开征、停征以及减税、免税、退税、补税和其他同税收法律、行政法规相抵触的规定。"

《立法法》颁布施行之后，我国税收立法权横向配置的整体格局并没有得到改变，税收行政立法仍然占据主体地位。目前，只有《个人所得税法》、《税收征收管理法》、《企业所得税法》、《关于外商投资企业和外国企业适用增值税、消费税、营业税等税收暂行条例的决定》等屈指可数的税收法律以及《刑法》中税收犯罪的规定及有关补充规定。2005 年 12 月 29 日，第十届全国人大常委会第十九次会议决定，一届全国人大常委会于 1958 年 6 月 3 日通过的《农业税条例》自 2006 年 1 月 1 日起废止。2007 年 3 月 16 日，第十届全国人民代表大会第五次会议通过《中华人民共和国企业所得税法》，自 2008 年 1 月 1 日起施行。1991 年 4 月 9 日第七届全国人民代表大会第四次会议通过的《外商投资企业和外国企业所得税法》和 1993 年 12 月 13 日国务院发布的《企业所得税暂行条例》同时废止，《企业所得税法》

① 乔晓阳主编：《立法法讲话》，第 75 页，北京：中国民主法制出版社，2000。

② 金鑫：《关于进一步深化税制改革的若干问题》，载《税务研究》，2000(12)。

中有多处授予国务院立法权的条款。在司法解释方面,有 2002 年 11 月 4 日最高人民法院审判委员会第 1254 次会议通过的《最高人民法院关于审理偷税抗税刑事案件具体应用法律若干问题的解释》等。税收行政法规和规章在数量上占绝对多数。

第二节 我国税收立法权横向配置所存在的问题

由于我国尚处于经济体制转轨时期,民主法制建设还很不健全,我国税收立法权的横向配置存在着诸多问题,本书将就以下几点进行分析。

一、税收立法空白授权违背《立法法》

税收的创制性立法权专属于代议机关,是近代以来各国宪法确立的基本原则。我国《宪法》第五十六条规定:"中华人民共和国公民有依照法律纳税的义务。"该条中的"法律"是否仅指狭义的"法律"、该条规定是否体现税收法定主义,尚存在不同观点。[①] 但是,我国宪法确立权力机关的税收专属立法权,应当是大势所趋。按照 2000 年《立法法》,税收基本制度属于相对法律保留事项,可以对国务院授予税收立法权,但应当遵守《立法法》所规定的授权立法规则。全国人民代表大会及其常务委员会 1984 年、1985 年对国务院的两次特别立法授权,属于空白授权,违反了宪法原则和《立法法》关于授权立法的规定。

授权立法中的空白授权是授权主体对其全部或者一定领域的立法权整体、概括的授予,欠缺授权内容、目的和权限范围的限制。空

① 参见刘剑文、熊伟《税法基础理论》,第 106—109 页,北京大学出版社,2004;李刚、周俊琪:《从法解释的角度看我国〈宪法〉第五十六条与税收法定主义——与刘剑文、熊伟二学者商榷》,载《税务研究》,2006(9)。

白授权使立法机关的立法权旁落，立法机关实际上放弃了自己的立法职责，导致立法权与行政权不分，威胁民主政治。20 世纪 30 年代德国的空白授权立法是空白授权危害性的典型事例。二战之后，人们痛定思痛，以批判德国法西斯法为契机，掀起了一个批判法律实证主义和形式法治主义的高潮，这种批判对树立良法为治的观点，具有重要意义。[①] 1949 年生效的《德意志联邦共和国基本法》以下简称《基本法》恢复了内阁制的国家体制，确立了在联邦各个政府机构之间分权和联邦与州的分权。《基本法》保留了授权立法形式，在深刻地总结空白授权教训的基础上，《基本法》对授权法的明确性提出了严格要求，该法第八十条（发布具有法律效力的命令）规定："一、法律可授权联邦政府、联邦部长向各州政府发布具有法律效力的命令。这种法律必须规定授权的内容、目的和范围。在命令中必须声明这种法律基础。如法律规定这种授权可以委托，这种委托需要具有法律效力的另一命令的规定。二、联邦政府或联邦部长发布的，有关使用联邦铁路及邮电设施的基本规则和费用，或有关铁路建设和经营的具有法律效力的命令，以及根据联邦法律发布的需经联邦参议院同意，或由各州作为联邦代理人或作为本州的职责而执行的具有法律效力的命令，均需经联邦参议院的同意，但联邦立法另有规定者除外。"《基本法》开辟了通过宪法直接控制立法机关授权法的先例，要求议会的授权法必须符合授权明确性原则实质要件的要求，禁止议会以空白或概括的授权方式逃避自己的立法责任，从该设计的最终意义上讲，是为了避免行政机关滥用立法权，以行政授权立法代替立法机关的法律。而美国的授权立法则经历了禁止授权到明确授权的发展历程。[②]

授权明确性原则已经成为宪法的一项原则，我国 2000 年《立法法》第十条也确立了授权明确性原则。国务院根据全国人民代表大

① 江必新：《行政法制的基本类型》，第 184 页，北京大学出版社，2005。

② 温明月：《授权明确性原则研究——从行政授权立法角度》，中国政法大学 2006 届硕士论文，第 32—38 页。

会及其常务委员会1984年、1985年对国务院的两次特别立法授权而取得税收立法权，这种立法授权也属于典型的空白授权。1984年第六届全国人民代表大会常务委员会第七次会议对国务院的立法授权涉及整个工商税制（不适用于中外合资经营企业和外资企业）。1985年第六届全国人民代表大会第三次会议授权国务院对有关经济体制改革和对外开放方面的问题，必要时可以根据宪法，在同有关法律和全国人民代表大会及其常务委员会的有关决定的基本原则不相抵触的前提下，制定暂行的规定或者条例，有关经济体制改革和对外开放方面的问题几乎涉及所有经济领域。授权领域极其宽泛，授权理由没有说明，授权权限缺乏限制，因此，这两次特别授权明显属于空白授权。除此之外，这两次特别授权对授权时间没有明确规定，1984年特别授权中规定的"拟定有关税收条例，以草案形式发布试行"的表述欠缺科学性，条例草案不能取得法律效力。

在我国《立法法》确立了授权明确性原则后，1984年和1985年全国人民代表大会及其常务委员会的两次特别授权就显然与《立法法》相冲突，国务院根据这两次特别授权来行使行政立法权，就失去了宪法和法律根据。根据我国《立法法》，"税收基本制度"属于相对法律保留事项，国务院只能按照授权明确性原则取得全国人民代表大会及其常务委员会授予的税收立法权。而在《立法法》颁布实施后，国务院仍然根据空白授权行使有关"税收基本制度"的立法权，实际上使《立法法》的规定成为一纸空文。

二、国务院税收授权立法权的转授权缺乏法律根据

我国《立法法》规定了全国人民代表大会及其常务委员会对国务院的立法授权，同时，也对此作了限制性规定，其中该法第十条第二款规定："被授权机关不得将该项权力转授给其他机关。"因此，根据我国《立法法》，国务院的税收授权立法权是不能被转授的，只能由国务院亲自行使。但事实上国务院对其财税部门、地方政府转授税收立法权是很多见的。下文举几例加以说明。

1994 年 1 月 1 日起实施的《企业所得税暂行条例》(现已失效)第八条规定:“对下列纳税人,实行税收优惠政策:(一)民族自治地方的企业,需要照顾和鼓励的,经省级人民政府批准,可以实行定期减税或者免税;(二)法律、行政法规和国务院有关规定给予减税或者免税的企业,依照规定执行。”而在中央对企业所得税优惠政策进行规定的却主要是财政部和国家税务总局的文件,如财政部、国家税务总局[94]001 号文件《关于企业所得税优惠政策的通知》。该《通知》虽然经过国务院的同意,但是经过国务院“同意”或者“批准”,并不能认为该《通知》就成为国务院的行政法规或者国务院的规定,不能认为该《通知》的制定就是国务院自身的立法行为。财政部、国家税务总局的创制性税收立法权来源于国务院的授权,而国务院的创制性税收立法权则来源于全国人民代表大会及其常务委员会的授权,因此,国务院对财政部、国家税务总局的税收立法授权是转授权,国务院对财政部、国家税务总局的税收文件的“同意”或者“批准”是对其授权立法的监督形式。

诸如此类的例子不胜枚举,在《立法法》实施之后,这种税收立法转授权并未得到改变,这里也可以举几个典型例子加以说明。财政部、国家税务总局财税[2001]84 号文件《关于调整酒类产品消费税政策的通知》经国务院批准,调整酒类产品消费税政策,包括:调整粮食白酒、薯类白酒消费税税率、调整酒类产品消费税计税办法、调整啤酒消费税单位税额等。财政部、国家税务总局的财税[2001]91 号文件《关于调整烟类产品消费税政策的通知》经国务院批准,调整卷烟产品消费税政策包括:调整卷烟消费税税率、调整卷烟消费税计税办法等。财政部、国家税务总局[2006]33 号文件《关于调整和完善消费税政策的通知》经国务院批准,对消费税的基本要素作了如下调整:新增高尔夫球及球具、高档手表、游艇、木制一次性筷子、实木地板税目,并规定了它们的适用税率;取消汽油、柴油税目,增列成品油税目,汽油、柴油改为成品油税目下的子目(税率不变),另外新增石脑油、溶剂油、润滑油、燃料油、航空煤油五个子目;取消护肤护发品税目，将原属于护肤护发品征税范围的高档护肤类化妆品列入化妆品税目；调整小汽车税目税率，取消小汽车税目下的小轿车、越野车、小客车子目，在小汽车税目下分设乘用车、中轻型商用客车子目，并规定了它们的适用税率；调整汽车轮胎税率；调整白酒税率等。国务院办公厅国办发[2005]26号文件经国务院同意转发的建设部、发展改革委、财政部、国土资源部、人民银行、税务总局、银监会等七部门《关于做好稳定住房价格工作的意见》规定："要充分运用税收等经济手段调节房地产市场，加大对投机性和投资性购房等房地产交易行为的调控力度。自2005年6月1日起，对个人购买住房不足2年转手交易的，销售时按其取得的售房收入全额征收营业税；个人购买普通住房超过2年(含2年)转手交易的，销售时免征营业税；对个人购买非普通住房超过2年(含2年)转手交易的，销售时按其售房收入减去购买房屋的价款后的差额征收营业税。"上述税收文件都超出了执行性立法的范畴，而具有创制性。

由于我国《立法法》禁止转授权，国务院对其财税部门转授税收立法权缺乏法律依据，国务院财税部门的税收立法很多并没有采取规范的规章形式，而采取通知等内部公文形式。这样，无论从立法权限还是从立法形式上看，国务院财税部门具有创制性的税收文件的法律效力都存在瑕疵。

三、越权立法时有发生

在我国立法体制还不完备的情况下，超越立法权限进行税收立法的情况还时有发生，下文将举例说明。

1984年11月15日国务院公布的《关于经济特区和沿海十四个港口城市减征、免征企业所得税和工商统一税的暂行规定》就适用于：在经济特区内开办的中外合资经营、中外合作经营、客商独立经营企业；在沿海14个港口城市的经济技术开发区内开办的中外合资经营、中外合作经营、客商独立经营的生产性企业；在沿海14个港口城市的老市区和汕头、珠海、厦门市市区内开办的中外合资经营、中外合作经营、客商独立经营的生产性企业等。而根据 1984 年 9 月 18 日第六届全国人民代表大会常务委员会《关于授权国务院改革工商税制和发布试行有关税收条例(草案)的决定》,国务院的特别税收立法权不适用于中外合资经营企业和外资企业。上述《暂行规定》显然超越了这个特别授权。

财政部、国家税务总局财税[2005]102 号文件《关于股息红利个人所得税有关政策的通知》规定:"为促进资本市场发展,经国务院批准,现将个人所得税股息红利所得有关税收政策问题通知如下:一、对个人投资者从上市公司取得的股息红利所得,暂减按 50%计入个人应纳税所得额,依照现行税法规定计征个人所得税。"而我国《个人所得税法》并没有授权国务院减征、免征股息红利个人所得税的条款。正如国务院对储蓄存款利息所得开征、减征、停征个人所得税要取得《个人所得税法》的授权,那么,股息红利的减征同样要取得法律的授权。上述《通知》也超越了立法权限。

我国《个人所得税法实施条例》规定:"对股票转让所得征收个人所得税的办法,由财政部另行制定,报国务院批准施行。"为配合我国企业改制和鼓励证券市场的健康发展,经报国务院同意,财政部、国家税务总局分别于 1994 年 6 月、1996 年 12 月和 1998 年 3 月连续三次下发了《关于股票转让所得暂不征收个人所得税的通知》(财税字[1994]040 号)、《关于股票转让所得 1996 年暂不征收个人所得税的通知》(财税字[1996]12 号)和《关于个人转让股票所得继续暂免征收个人所得税的通知》(财税字[1998]61 号),对股票转让所得暂免征收个人所得税。其实,对股票转让所得暂免征收个人所得税属于创制性立法,《个人所得税法实施条例》作为执行性立法无权对创制性立法事项作出授权。因此,对股票转让所得暂免征收个人所得税应当由《个人所得税法》作出规定,将来对股票转让所得征收个人所得税应当由《个人所得税法》作出基本规定,或者由《个人所得税法》授权国务院在适当时间对股票转让所得开征个人所得税。目前在没有《个人所得税法》授权的情况下,对股票转让所得暂免征收个人所得税也缺乏足够的立法权限依据。由于股票转让所得免征个人所得税缺乏权威的法律依据，也因此不时影响证券市场的稳定。

2000年初，中共中央、国务院下发了《关于进行农村税费改革试点工作的通知》，同年，国务院作出了《关于同意安徽省农村税费改革试点方案的批复》，农村税费改革以安徽省为试点正式开始。2001年推广试点，到2003年达到了20个省。2003年，国务院下发了《关于全面推进农村税费改革试点工作的意见》(国发[2003]12号)，2004年，中央1号文件《中共中央、国务院关于促进农民增加收入若干政策的意见》提出："逐步降低农业税税率，2004年农业税税率总体上降低1个百分点，同时取消除烟叶外的农业特产税。降低税率后减少的地方财政收入，沿海发达地区原则上由自己消化，粮食主产区和中西部地区由中央财政通过转移支付解决。有条件的地方，可以进一步降低农业税税率或免征农业税。"2005年，全国已有28个省份全面免征了农业税，河北、山东、云南也按中央要求降低农业税率到2%以下。2005年12月29日，第十届全国人大常委会第十九次会议决定，一届全国人大常委会于1958年6月3日通过的《农业税条例》自2006年1月1日起废止。2006年在全国范围内免除了农业税。免除农业税是具有历史意义的利国利民的善政，受到全国人民的拥护，但是，在立法权限和程序上却存在缺憾。《农业税条例》第二十一条规定，除该法第四章规定的优待和减免规定外，其他需要给予优待和减免的，由国务院或者省、自治区、直辖市人民委员会规定。显然，《农业税条例》的立法本意只是授予国务院或地方政权机关对该条例不能预见的特殊情况、特定事项方面行使减免权，而不是普遍的、一般性的减免。无论是中央1号文件中确定的降低农业税税率乃至免征农业税，还是政府工作报告中提出的五年内取消农业税政策，均超越了《农业税条例》的授权范围。尽管政府工作报告通过了立法机关的审议，但是这并不是立法的程序，因此其结果和性质也不属于立法。无论这两份文件的内容是否符合改革趋势，是否满足现实所需，是否有利于农民负担问题的解决，其立法依据上的欠缺，立法效力上的不足，以及立法技术上的缺憾，都是对税收法治的减损。[1] 全面免除农业税从试点到推广，都应当取得全国人民代表大会常务委员会的授权。

四、缺乏对税收行政立法完善的监督机制

如前所述，税收行政立法的监督包括立法机关的监督（立法监督）、司法机关的监督（司法审查）以及行政机关的内部监督，最主要的是税收行政立法的立法监督和司法审查。我国目前对税收行政立法的监督机制还很不完善。

首先，从税收行政立法的立法监督来看，税收行政立法的立法监督分为事先的监督和事后的监督。税收行政立法事先的立法监督包括批准、审议等形式，税收行政立法事后的立法监督包括备案、审查等。我国《立法法》规定了对较大的市的人民代表大会及其常务委员会制定的地方性法规和民族自治地方的人民代表大会制定的自治条例和单行条例的批准制度。《立法法》第六十三条规定："省、自治区、直辖市的人民代表大会及其常务委员会根据本行政区域的具体情况和实际需要，在不同宪法、法律、行政法规相抵触的前提下，可以制定地方性法规。较大的市的人民代表大会及其常务委员会根据本市的具体情况和实际需要，在不同宪法、法律、行政法规和本省、自治区的地方性法规相抵触的前提下，可以制定地方性法规，报省、自治区的人民代表大会常务委员会批准后施行。省、自治区的人民代表大会常务委员会对报请批准的地方性法规，应当对其合法性进行审查，同宪法、法律、行政法规和本省、自治区的地方性法规不抵触的，应当在四个月内予以批准。省、自治区的人民代表大会常务委员会在对报请批准的较大的市的地方性法规进行审查时，发现其同本省、自治区的人民政府的规章相抵触的，应当作出处理决定。本法所称较大的市是指省、自治区的人民政府所在地的市，经济特区所在地的市和经国务院批准的较大的市。"《立法法》第六十六条规定："民族自治地方

---

① 丁一：《宪政、农民与纳税人权利（四）》，中国财税法网，www1.cntl.cn/show.asp.

的人民代表大会有权依照当地民族的政治、经济和文化的特点，制定自治条例和单行条例。自治区的自治条例和单行条例，报全国人民代表大会常务委员会批准后生效。自治州、自治县的自治条例和单行条例，报省、自治区、直辖市的人民代表大会常务委员会批准后生效。”但是，我国《立法法》对授权立法却没有规定任何批准制度。1984年，全国人大常务委员会对国务院的税收立法特别授权中规定了全国人大常务委员会的审议制度，但是，对具体的审议程序、审议意见的处理却没有任何规定，在实践中也难以得到很好的贯彻执行。创制性税收立法对公民的财产权影响甚大，应当谨慎授权，并严格监督，而我国目前对国务院的税收创制性立法授权非常广泛，但是对它的事先立法监督却几乎是空白。我国《立法法》规定了行政法规、地方性法规、自治条例和单行条例、规章的备案、审查制度。第十届全国人大常委会第四十次委员长会议于2005年12月16日完成对《行政法规、地方性法规、自治条例和单行条例、经济特区法规备案审查工作程序》（简称《法规备案审查工作程序》）的修订，并通过了《司法解释备案审查工作程序》，以进一步建立健全法规和司法解释备案审查制度，维护国家法制统一。但是，实践中全国人大常委会对行政法规、地方性法规、自治条例和单行条例、规章的审查还难以真正落实，缺乏足够的力度，对税收行政立法的审查也没有切实开展。

其次，从税收行政立法的司法审查来看，根据我国《行政诉讼法》第十二条规定，“行政法规、规章或者行政机关制定、发布的具有普遍约束力的决定、命令”不属于行政诉讼的受案范围。最高人民法院《关于执行〈中华人民共和国行政诉讼法〉若干问题的解释》第三条规定：《行政诉讼法》第十二条第（二）项规定的“具有普遍约束力的决定、命令”，是指行政机关针对不特定对象发布的能反复适用的行政规范性文件。按照现行《行政诉讼法》规定，法院尚不能受理针对包括行政立法在内的抽象行政行为的诉讼，无权撤销抽象行政行为。因此，在我国，税收行政立法中存在的超越立法权限、与上位法相抵触、违反法定程序、欠缺合理性等情形，司法机关尚无权撤销，税收行政立法权不能受到司法权的有效制约。

五、征费的设定采取行政审批制，脱离权力机关的控制

正如本书前述，现代的“税收”概念可以作狭义、中义、广义之分，本书采用的是广义的“税收”概念，因此，中央政府和地方政府对于准公共产品的受益者、负外部效应的制造者强制征收的费用，也属于本书所指的广义“税收”的范畴。我国目前的行政性收费包括通过国家强制手段征收的金钱给付，笔者将通过国家强制手段征收的行政性收费（包括政府性基金）称为“征费”，以区别于自愿性的公共收费。征费也属于本书所界定的广义“税收”，本书所界定的广义“税收”不仅仅指形式上命名为“税”的金钱给付。我国目前形式上的“税收”多为狭义“税收”，而作为广义“税收”的受益税和矫正税多归入行政事业性收费。实际上，我国的有些行政性收费恰恰就是狭义“税收”，如教育附加费、文化事业建设费、农村税费改革前由农民负担的部分统筹费等，即使名之为“费”，也不能改变其狭义“税收”的本质。

我国目前行政事业性收费的设定主要采取行政审批制。2004年12月30日财政部、国家发改委发布的财综字[2004]100号文《行政事业性收费项目审批管理暂行办法》第八条规定：“除法律、行政法规和国务院另有规定外，中央国家机关、事业单位、代行政府职能的社会团体及其他组织（包括中央驻地方单位，以下简称中央单位）申请设立收费项目，应当向财政部、国家发展改革委提出书面申请，由财政部、国家发展改革委审批。中央单位申请设立下列收费项目，属于重要收费项目，应当向财政部、国家发展改革委提出书面申请，由财政部、国家发展改革委审核后报国务院批准：（一）在全国范围内实施的资源类收费；（二）在全国范围内实施的公共事业类收费；（三）对国民经济和社会发展具有较大影响的其他收费。”第九条规定：“省级国家机关、事业单位、代行政府职能的社会团体及其他组织（以下简称省级单位），省以下国家机关、事业单位、代行政府职能的社会团体及其

他组织(以下简称省以下单位),申请设立一般收费项目,应当向省、自治区、直辖市财政、价格主管部门(以下简称省级财政、价格主管部门)提出书面申请,由省级财政、价格主管部门审批。省级单位、省以下单位申请设立重要收费项目,应当向省级财政、价格主管部门提出书面申请,由省级财政、价格主管部门审核后报省级政府批准。地方重要收费项目的范围由省级财政、价格主管部门确定。省级单位、省以下单位申请设立专门面向企业的收费项目,应当向省级财政、价格主管部门提出书面申请,经省级财政、价格主管部门审核后报省级政府审批,省级政府在审批之前应当按照中发[1997]14号文件的规定征得财政部和国家发展改革委同意。省级政府及其财政、价格主管部门批准设立的收费项目,应当于批准之日起30日内报财政部和国家发展改革委备案。”2006年3月27日国家发改委、财政部发布的《行政事业性收费标准管理暂行办法》第四条规定:“收费标准实行中央和省两级审批制度。国务院和省、自治区、直辖市人民政府(以下简称“省级政府”)的价格、财政部门按照规定权限审批收费标准。中央有关部门和单位(包括中央驻地方单位,下同),以及全国或区域(跨省、自治区、直辖市)范围内实施收费的收费标准,由国务院价格、财政部门审批。其中,重要收费项目的收费标准应由国务院价格、财政部门审核后报请国务院批准。除上款规定的其他收费标准,由省级政府价格、财政部门审批,并于批准执行之日起30日内报国务院价格、财政部门备案。其中,重要收费项目的收费标准应由省级价格、财政部门审核后报请省级政府批准。”根据国发[1996]29号、中发[1997]14号和国办发[1998]101号文件的规定,设立政府性基金项目应当报财政部审批,重要的政府性基金项目,由财政部报请国务院审批。

行政机关的征费设定权脱离权力机关的控制,违反民主、法治的基本原则,不利于对公民、社会组织财产权的保护,造成了行政收费膨胀,加重了社会负担,阻碍了社会经济发展。2005年全国行政事业性收费总额达4000多亿元,再加上各种基金征收总额2000多亿元。

越权立项、无证收费、收费不公示、任意扩大收费范围、随意提高收费标准、搭车收费、坐收坐支、只收费不服务等现象普遍存在。[①]

第三节　完善我国税收立法权横向配置的建议

一、逐步实现中央创制性税收立法权主要由全国人大及其常委会亲自行使

按照“无代表无税收”的宪法原则，创制性税收立法权应当由代议机关行使，在实行中央与地方分权的情况下，中央创制性税收立法权应当由国会或者最高权力机关行使，地方创制性税收立法权应当由地方议会或者地方权力机关行使。只是在非常必要的情况下，代议机关可以按照授权明确性的要求，将特定的创制性税收立法权授予行政机关行使。我国目前的税收立法现状离这一原则的要求还有相当大的差距。今后应当加强全国人民代表大会及其常务委员会的税收立法工作，逐步实现中央创制性税收立法权主要由全国人大及其常委会亲自行使，而税收行政立法则应当以执行性立法为主。在这一过程中首先应当将应当由中央立法的重要税种的创制性立法由行政法规上升为法律，比如增值税、消费税、营业税、关税、资源税等，然后逐步做到所有税种的开征、停征都由中央权力机关或者地方权力机关立法（关于中央与地方税收立法权的划分将在第四章、第五章阐述）。

在我国，还存在全国人民代表大会和全国人民代表大会常务委员会税收立法权的配置问题。全国人大常委会是全国人大的常设机关，是最高国家权力机关的组成部分，在全国人大闭会期间行使部分

① 《我国2005年行政收费达4千亿，将制定行政收费法》，http://news.xinhuanet.com/fortune/2007－05/06/content－6062246.htm.

国家最高权力。根据我国《宪法》第六十二条规定，全国人民代表大会行使下列职权：(一)修改宪法；(二)监督宪法的实施；(三)制定和修改刑事、民事、国家机构的和其他的基本法律……根据我国《宪法》第六十七条的规定，全国人民代表大会常务委员会行使下列职权：(一)解释宪法，监督宪法的实施；(二)制定和修改除应当由全国人民代表大会制定的法律以外的其他法律；(三)在全国人民代表大会闭会期间，对全国人民代表大会制定的法律进行部分补充和修改，但是不得同该法律的基本原则相抵触；(四)解释法律……我国《立法法》第七条规定："全国人民代表大会和全国人民代表大会常务委员会行使国家立法权。全国人民代表大会制定和修改刑事、民事、国家机构的和其他的基本法律。全国人民代表大会常务委员会制定和修改除应当由全国人民代表大会制定的法律以外的其他法律；在全国人民代表大会闭会期间，对全国人民代表大会制定的法律进行部分补充和修改，但是不得同该法律的基本原则相抵触。"创制性税收立法是否属于应当由全国人大制定的其他基本法律？笔者认为，税收基本法、税收征收管理法以及重要的税种法应当属于其他基本法律，应当由全国人大制定，全国人大常委会在全国人民代表大会闭会期间，在不同该法律的基本原则相抵触的前提下，可以对其进行部分补充和修改。我国《个人所得税法》是 1980 年 9 月 10 日由第五届全国人民代表大会第三次会议通过，1993 年 10 月 31 日第八届全国人民代表大会常务委员会第四次会议第一次修正，1999 年 8 月 30 日第九届全国人民代表大会常务委员会第十一次会议修正，2005 年 10 月 27 日第十届全国人民代表大会常务委员会第十八次会议第三次修正，2007 年 6 月 29 日第十届全国人民代表大会常务委员会第二十八次会议第四次修正。《中外合资经营企业所得税法》(已失效)于 1980 年 9 月 10 日由第五届全国人民代表大会第三次会议通过，1983 年 9 月 2 日第六届全国人民代表大会常务委员会第二次会议修订。《外国企业所得税法》(已失效)于 1981 年 12 月 13 日第五届全国人民代表大会第四次会议通过。《外商投资企业和外国企业所得税法》(已失效)

于1991年4月9日由第七届全国人民代表大会第四次会议通过。《企业所得税法》于2007年3月16日由第十届全国人民代表大会第五次会议通过。《税收征收管理法》于1992年9月9日由第七届全国人民代表大会常务委员会第二十七次会议通过，1995年2月28日第八届全国人民代表大会常务委员会第十二次会议修正，2001年4月28日第九届全国人民代表大会常务委员会第二十一次会议修订。笔者认为，《税收征收管理法》也应当作为基本法律由全国人大制定，否则，就是重实体、轻程序的表现。将来增值税法、消费税法、营业税法、资源税法、关税法等重要税种法也应当由全国人大制定，而税收规模相对较小的税种法可以由全国人大常委会制定。《税收基本法》则应当由全国人大制定。

创制性税收立法权原则上应当由权力机关行使，但是针对一些需要频繁变动的税收要素以及技术性、专业性强的税收事项等可以按照授权明确性原则对行政机关授权立法。我国处于经济转轨时期，完善的社会主义市场经济体制还处于建设、探索之中，在制定税收法律的过程中，为了避免过多的争议导致法律出台耗费时日，在一些立法经验还不成熟的领域可以较多地采取对国务院及其财税主管部门等国务院部门的法条授权。例如，1999年修正后的《个人所得税法》第十二条规定："对储蓄存款利息所得征收个人所得税的开征时间和征收办法由国务院规定。"2007年将该条修改为："对储蓄存款利息所得开征、减征、停征个人所得税及其具体办法，由国务院规定。"2007年7月20日国务院作出《关于修改〈对储蓄存款利息所得征收个人所得税的实施办法〉的决定》，其中第四条修改为："对储蓄存款利息所得征收个人所得税，减按5%的比例税率执行，减征幅度的调整由国务院决定。"自2007年8月15日起施行。

我国《企业所得税法》就采用了大量的授权立法。《企业所得税法》共八章六十条，仅仅对企业所得税作了原则性的规定，除第五十九条授权国务院根据本法制定实施条例外，还有多处授权立法条款。第二十条规定："本章规定的收入、扣除的具体范围、标准和资产的税务处理的具体办法，由国务院财政、税务主管部门规定。”第三十五条规定：“本法规定的税收优惠的具体办法，由国务院规定。”第三十六条规定：“根据国民经济和社会发展的需要，或者由于突发事件等原因对企业经营活动产生重大影响的，国务院可以制定企业所得税专项优惠政策，报全国人民代表大会常务委员会备案。”第五十七条规定：“本法公布前已经批准设立的企业，依照当时的税收法律、行政法规规定，享受低税率优惠的，按照国务院规定，可以在本法施行后五年内，逐步过渡到本法规定的税率；享受定期减免税优惠的，按照国务院规定，可以在本法施行后继续享受到期满为止，但因未获利而尚未享受优惠的，优惠期限从本法施行年度起计算。法律设置的发展对外经济合作和技术交流的特定地区内，以及国务院已规定执行上述地区特殊政策的地区内新设立的国家需要重点扶持的高新技术企业，可以享受过渡性税收优惠，具体办法由国务院规定。”2007年12月6日公布的《企业所得税法实施条例》共有八章一百三十三条。在《企业所得税法实施条例》中仍有很多对财税主管部门等国务院部门的转授权条款，在第六十条、第七十五条、第七十八条等条文中授权国务院财税主管部门另行规定，第九十三条规定：“《国家重点支持的高新技术领域》和高新技术企业认定管理办法由国务院科技、财政、税务主管部门商国务院有关部门制订，报国务院批准后公布施行。”第一百零一条规定：“本章第八十七条、第九十九条、第一百条规定的企业所得税优惠目录，由国务院财政、税务主管部门商国务院有关部门制订，报国务院批准后公布施行。”《企业所得税法》实现了内外资企业所得税的统一和初步的税收法定，在处理最高权力机关立法和行政立法之间的关系以及职权立法和授权立法之间的关系方面已经有了很大的进步，但是在我国政治体制改革和经济体制改革时期，仍然需要进一步加强权力机关的税收立法，避免过于宽泛的立法授权。

我国《立法法》只规定了全国人大及其常委会对国务院的立法授权，并禁止国务院转授权，而实际上还存在全国人大及其常委会对国务院部门的直接立法授权以及中央对地方的立法授权，转授权也是禁而不止。笔者认为,《立法法》应当承认其他具有合理性的立法授权,制定统一的授权立法规则,并对转授权进行限制,而非完全禁止。在全国人大及其常委会的税收立法授权方面,应当包括对国务院财税主管部门等国务院部门的直接授权。国务院对税收授权立法权的转授权应当经过授权机关同意。

二、完善税收行政立法的监督机制

在税收法定原则下,行政机关基于职权或者授权进行税收执行性立法,基于授权进行创制性税收立法,税收行政立法仍然是大量存在的,在我国政治经济体制尚不完善的情况下,尤其如此。为了保障税收行政立法权的正当行使,维护公民、社会组织的财产权利,必须完善税收行政立法的监督机制,强化对税收行政立法的监督。下文着重从税收行政立法的立法机关监督和司法审查来阐述我国税收行政立法的监督机制。

如前文所述,税收行政立法的立法机关监督包括事先的监督和事后的监督,前者包括批准、审议等,后者包括备案、审查等。税收原则上应当由议会立法创设,行政机关基于授权进行税收立法,或者基于职权进行执行性税收立法,税收行政立法比一般的行政立法应当受到更严格的监督。笔者认为,对于重要的税收授权立法应当建立授权机关的批准制度,将授权机关的批准作为重要的税收授权立法生效的要件。由于批准程序会增加立法程序的复杂性,因此并不需要将批准制度普遍适用于一切税收授权立法,而是可以由授权条款来规定,如果授权机关认为有必要采用批准制度监督,则可以在授权条款中规定批准作为授权立法生效的要件。对于税收行政立法还有必要完善由立法机关事先审议的制度,对审议的机构、审议的时间、具体程序、审议结果的处理等问题作出具体规定。在立法机关对税收行政立法的事后监督方面,我国应当完善人大常委会对税收行政立法的备案、审查制度,使备案、审查制度真正落到实处,对具有合法性和合理性的税收行政立法及时予以撤销。在人大常委会的机构设置和人员组成上应当加强财税方面的专业力量。

我国《行政诉讼法》将抽象行政行为排除在行政诉讼的受案范围之外，但是，根据我国《行政诉讼法》，司法机关对抽象行政行为仍然具有有限的司法审查权。这种有限的司法审查权主要体现在以下两个方面：第一，拒绝适用权。我国《行政诉讼法》第五十三条第一款规定："人民法院审理行政案件，参照国务院部、委根据法律和国务院的行政法规、决定、命令制定、发布的规章以及省、自治区、直辖市和省、自治区的人民政府所在地的市和经国务院批准的较大的市的人民政府根据法律和国务院的行政法规制定、发布的规章。"关于何为"参照"，时任全国人大常委会副委员长的王汉斌在《〈行政诉讼法（草案）〉的说明》中解释为："现在对规章是否可以作为法院审理行政案件的依据仍有不同意见，有的认为应该作为依据，有的认为不能作为依据，只能以法律、行政法规和地方性法规作为依据。我们考虑，宪法和有关法律规定国务院各部委和省、市人民政府有权依法制定规章，行政机关有权依据规章行使职权。但是，规章与法律、法规的地位和效力不完全相同，有的规章还存在一些问题。因此，草案规定法院在审理行政案件时，参照规章的规定，是考虑了上述两种不同的意见，对符合法律、行政法规规定的规章，法院要参照审理，对不符合或不完全符合法律、行政法规原则精神的规章，法院可以有灵活处理的余地。"因此，如果法院认为国务院部、委根据法律和国务院的行政法规、决定、命令制定、发布的规章以及省、自治区、直辖市和省、自治区的人民政府所在地的市和经国务院批准的较大的市的人民政府根据法律和国务院的行政法规制定、发布的规章违反上位法、超越立法权限，可以在案件裁判中拒绝适用该规章，而无需中止案件的审理。第二，疑问权。我国《行政诉讼法》第五十三条第二款规定："人民法院认为地方人民政府制定、发布的规章与国务院部、委制定、发布的规章不一致的，以及国务院部、委制定、发布的规章之间不一致的，由最高人民法院送请国务院作出解释或者裁决。"据此可知，司法机关可以对地方政府规章和部门规章之间的冲突以及部门规章之间的冲突提出疑问，由最高人民法院送请国务院作出解释或者裁决。

今后应当逐步扩大对抽象行政行为司法审查的权限，将抽象行政行为纳入行政诉讼受案范围。我国目前可以在现行司法组织体制内建立抽象行政行为的行政诉讼制度，在级别管辖上以中级人民法院为一审法院，在审查方式上既可以附带审查，也可以专门审查。任何组织和个人以及国家检察机关可以作为原告对抽象行政行为提起诉讼。包括行政法规、行政规章在内的行政立法都应当接受司法审查，行政立法的司法审查包括合法性审查和合理性审查两个方面。行政立法的合法性审查主要体现在如下方面：①与上位法相抵触；②超越立法权限；③违反法定程序。关于对行政立法的合理性审查，笔者认为应当采取有限审查的原则，对行政法规不作合理性审查，对行政法规的立法性解释、行政规章以及对行政规章的立法性解释的合理性作有限的司法审查，最大限度地尊重行政立法的自由裁量权。对于税收行政立法也要建立司法审查制度，法院对不具有合法性和合理性的税收行政立法有权宣告撤销。

第四章　税收立法权纵向配置的国际考察

税收立法权的纵向配置是指税收立法权在中央政府、地方政府之间的配置。这里所说的“政府”是广义的“政府”，即指政权机关，地方政府包括联邦制国家的成员政府。因为各国的国家结构形式、经济发展水平以及历史传统等的不同，税收立法权纵向配置也存在不同的模式。经济学界对于赋予地方税收立法权的效应还存在不同的观点，他们在对各国税收立法权纵向配置进行考察分析的基础上，总结了税收立法权纵向配置的几条基本经验。

第一节　各国税收立法权纵向配置的模式

一、税收立法权纵向配置的分权模式

税收立法权纵向配置的分权模式目前存在于联邦制国家，指联邦政府和成员政府依照联邦宪法享有各自独立的税收立法权，联邦政府和成员政府的税收立法权只受宪法的限制，联邦政府的税收立法相对于成员政府的税收立法不具有优先性，联邦政府不能直接干预成员政府的税收立法权，他们可以通过协议方式协调二者之间的税收立法关系。分权模式的代表是美国、加拿大等国家，下文将对美、加两国的税收立法权纵向配置模式进行介绍、分析。

(一)美国税收立法权纵向配置的模式

美国《宪法》第一条第八款规定：国会有下列权力：(1)赋课并征收直接税、间接税、输入税与国产税，偿付国债，并计划合众国的国防与公益；但所征各种税收、输入税与国产税应全国划一。《宪法》第一条第九款(5)规定：对于自各州输出的货物，不得课税。1789年，美国建国后，联邦政府首先开征关税和消费税，从而建立起一个以关税等间接税为主体的税收制度。进入南北战争时期以后，为了应付庞大的军费开支，联邦政府扩大了消费税的征税范围，并提高了税率水平，消费税迅速取代关税，成为第一大税种。然而，战争的发展进一步增加了联邦政府的收入压力。1862年，联邦政府开征了所得税，1872年，这一所得税被废止。

在1913年修改宪法以前，美国联邦《宪法》第一条第九款规定："除与已进行的人口统计的数字成正比的直接税，不得课征其他直接税。"由于这个原因，1894年议会通过联邦所得税时，立即引起激烈的争论。这是因为所得税是按照所得来征税，而不是按照人头征收的，故不可能做到按照人口在各州平均分配税负。1895年，美国最高法院判决议会通过的所得税法案因违反宪法而被取消。所得税取消后，联邦政府一直在努力寻找其他的可以增收的方法。关税成为1896年至1910年联邦政府增收的主要来源，1899年通过的西班牙—美国战争收入法案，授权联邦政府可以通过发债、征收娱乐费、啤酒和烟草税加倍征收等形式来为战争筹集经费，但该法案1902年到期后，联邦收入立即从GDP的1.7%下降到1.3%。大家都认识到，依靠高水平的关税和货物税不利于经济的良性发展，而且过高的货物税会加重穷人的税收负担。由于农业地区的农场主害怕以财产税特别是土地税作为政府增收的新税种，代表农场主利益的议员就提出了重新开征所得税的建议。最终，代表西南部农场主利益的西南部的议员和代表东北部地区工业所有者利益的议员之间就展开了激烈的争论。议会争论的结果导致第十六次修宪，第十六次宪法修正案规定："国会有权对任何来源的收入规定和征收所得税，无须在各州按比例进行分配，也无须考虑任何人口普查或人口统计。”1913 年，36 个州确认了这次修宪。第十六次修宪导致联邦所得税的合法诞生，使所得税不必考虑每个州的人口因素。1913 年 10 月，议会通过了一个新的个人所得税法，最低税率为 1%，最高税率为 7%（年所得在 50 万美元以上的个人）。[①] 目前美国联邦税收以个人所得税、公司所得税、社会保障税三大直接税种为核心，其中个人所得税占整个税收的 45%，除这三大税种外，尚有消费税、遗产税、赠与税及关税。[②]

美国宪法修正案规定，宪法未授予合众国，也未禁止各州行使的权力，分别由各州或由人民保留。美国州政府的税收立法权来自美国宪法，州政府有权在本州范围内征税，但美国宪法对州政府的税收立法权也进行了一定限制。美国《宪法》第一条第十款(2)规定，无论何州，未经国会的核准，不得对进口货或出口货赋课进口税或出口税，惟为执行该州的检查法律有绝对必要者，不在此限。任何一州，对于进口货或出口货所课一切进口税或出口税的实在所得额，应充合众国国库之用，所有前项法律，应经国会修正与监督。第一条第十款(3)规定，未经国会的核准，无论何州，不得征收船舶吨税，平时设立军队或战舰、与他州或外国订结协议或盟约或交战，惟实受侵害或在遇迫不容缓的危急时，不在此限。州政府的主体税种最初为财产税，18 世纪末，纽约州最早对所有的不动产和动产征收财产税，到 19 世纪中期，美国各州已经普遍征收财产税，财产税成为当时州政府的主体税种。20 世纪 30 年代的大萧条对州财产税产生了很大的冲击，为了寻找新的财源以缓解财政压力，州政府大多放弃了财产税，转向发展销售税，第二次世界大战以后，财产税收入在大多数州的税收收入中的比重已经变得很小了。20 世纪 30 年代，密西西比州和西弗吉尼亚州开始征收销售税，州的销售税开始迅猛发展，逐渐取代财产

---

① 郑幼峰著：《美国联邦所得税变迁研究》，第 83—85 页，北京：中国财政经济出版社，2006。

② 许善达等著：《中国税权研究》，第 319 页，北京：中国税务出版社，2003。

税，成为州政府的主体税种，至1998年，共有45个州和哥伦比亚特区开征了销售税，销售税收入平均占州税收总收入的近50%。①

1911年，威斯康星州率先开征现代的个人所得税和公司所得税，各州随之引进这两个税种。1986年税制改革以前，由于联邦的个人所得税和公司所得税的税率水平都很高，给各州留下的税率空间很小，所以州的所得税的收入很少，在州的收入构成中显得微不足道。1986年的税制改革大幅度降低了联邦所得税的税率水平之后，各州开始重视所得税，提高州税的税率水平，州的所得税的收入比重持续上升。截至1999年7月，共有43个州和哥伦比亚特区开征了个人所得税，州政府个人所得税收入占州税收总收入的比重已经达到30%，成为仅次于销售税的第二大税种。截至1999年7月，共有47个州和哥伦比亚特区开征了州的公司所得税，大多数州的公司所得税采用比例税率，但也有一些州采用超额累进税率，州公司所得税的累进程度通常都不高，适用最高边际税率的所得额相对联邦公司所得税也要低，有3个州的最高税率水平在5%以下，大多数州的税率水平集中在6%—10%之间。②

目前，美国全部50个州和哥伦比亚特区都开征了州的消费税。州消费税也是对汽油、对健康有害的消费品（烟、酒等）和部分特殊经营项目（如保险费、公用事业）征收，所以，州消费税有时也被分开，称为酒税、烟税和汽油税。州消费税形成的资金通常也是专款专用于特定的项目，例如，对汽油的消费税收入就被专用于高速公路的辅助设施。州的消费税一般采取定额税率，各州依据自身情况确定税率水平，所以各州的税率差异很大。③除了销售税、公司所得税、个人所得税和消费税以外，美国各州还根据自身的发展水平、资源条件、与相邻州的税收竞争条件等因素，选择性地开征了州的遗产与赠与税、资源税、社会保障税、财产税等其他一些税种。

①②③　财政部《税收制度国际比较》课题组编著：《美国税制》，第6－7、269－281、281－294页，北京：中国财政经济出版社，2000。

美国的地方政府的构成比较复杂，有市(City)、县(County)、镇(Town)、学区(School District)和专区(Special District)等，总数量超过了80000个。地方政府的财政收支权都是由州立法机关授予的。19世纪60年代的一项法院的判例强调，地方政府机构产生并授权于州的立法机关。发展至今，地方政府已经拥有了相当大的自主权，但在征税的权力上变化不大。州政府从自身的角度考虑，大多只是把财产税的课税权交给了地方。相应地，各级地方政府利用各自的权力在辖区内开征了不同税基和税率水平的财产税及其他税种。目前，美国的地方税以财产税为主体税种，全部50个州下辖的地方政府都开征了财产税。由于联邦政府不征收财产税，并且州政府征收的财产税占美国财产税总收入的比重很小，所以在美国，财产税实际上就是指地方的财产税。目前，地方的财产税占地方财政总收入的29%左右，占地方税收总收入的75%左右，占美国全部的财产税收入的95%以上。[①] 财产税的税率由各州地方政府自行规定，税率的确定依据主要是地方的支出规模、非财产税收入额、可征税的财产估价。地方政府还根据州政府的授权，选择性地开征地方的销售税、消费税、个人所得税和公司所得税。截至1998年1月，共有33个州授权地方政府可以开征销售税，8个州的地方政府开征了汽油税，6个州的地方政府开征了香烟税，9个州的地方政府开征了酒税。地方的销售税一般是以州税的税率附加的形式征收的。截至1998年1月，有16个州的地方政府被授权征收地方的个人所得税。截至1998年1月，有6个州授权地方政府开征公司所得税，税率水平由0.5%—9%不等。有3个州的城市开征了地方的社会保障税，主要对在本地工作的非本地居民征收。目前，由销售税和消费税构成的收入占地方政府总收入的5%左右。地方的个人所得税和公司所得税的总的收入

---

① 财政部《税收制度国际比较》课题组编著：《美国税制》，第296—297页，北京：中国财政经济出版社，2000。

比重不足2%。[①]

美国加利福尼亚州1996年11月通过218号法案，准许选民及财产持有者通过投票方式拥有更多的机会参与地方事务，该法案要求，税收变动须有1/2以上选民同意。由于美国财产税税基税率确定与财产评估由地方政府负责，一些州宪法和法律对地方政府财产税的立法权进行了一定的限制。1978年6月加州第13号提案规定，任何地区财产税税率的上限为1%。1980年麻省25号提案确定税率上限为2.5%，以低于通货膨胀率为标准。除税率限制外，还有税基限制，即规定财产评价价值每年仅成长某一比例。在税率固定情况下，要增加税收，只有依赖调整课税价值。佛罗里达州通过《税收诚实法》：任何财产税增加是因为课税价值调高，而未相对地降低税率，必须先举办公民听证会。爱达荷州也制定法案，财产价值增加如果是因为物价上涨造成，则必须调低财产税税率。[②]

(二)加拿大税收立法权纵向配置的模式

根据英属北美法案，加拿大联邦政府有权"以任何税制"征税。从目前看来，加拿大联邦政府的税收即中央税主要包括所得税、商品与劳务税、工薪税、关税。从1867年自治领建立到第一次世界大战，加拿大联邦税收主要靠关税和货物税。从1914年至1920年，联邦政府逐步依靠所得税和消费税。直到20世纪30年代大危机特别是第二次世界大战以后，所得税才逐渐占据主要地位，但商品税一直都是十分重要的税种。[③]

根据加拿大宪法规定，省政府在征收直接税时要受到限制，并被禁止征收间接税，市政府没有法定的征税权，只能由省政府派生。第二次世界大战以来，随着省和地方政府在经济发展中作用的加强，政

① 财政部《税收制度国际比较》课题组编著:《美国税制》，第301—304页，北京：中国财政经济出版社，2000。

② 张青等:《物业税研究》，第237—239页，北京：中国财政经济出版社，2006。

③ 财政部《税收制度国际比较》课题组编著:《加拿大税制》，第13—15页，北京：中国财政经济出版社，2000。

府间税收权限的划分有了一定的突破，主要表现为省政府的征税权扩大了，不仅可以征收直接税，而且还可以征收间接税，由此形成加拿大联邦政府和省政府对一些主要税收（如个人所得税、公司所得税、销售税及商品劳务税等）的税源共享。在共享税中，省征收的部分一般按联邦征收的税基计算，税率由各省自定。按税源划分，目前加拿大的地方税可分为两类：一类是与联邦分享税源的共享税；一类是仅由省以下政府单独开征的税。加拿大省政府税收包括：①省个人所得税。加拿大12个省中除魁北克以外的省和地区根据本省的财政需要，以联邦所得税税额的一定比例计征省所得税，并与联邦政府协定由联邦一并征收，分别入库。魁北克省则按照独立的所得税法，自行征收个人所得税。②省公司所得税。省政府对其行政辖区内从事经营活动的公司法人，就其所得征税。现有3个省独自立法征收省公司所得税，其他各省则按照联邦所得税法，根据本省财政需要自行确定税率，并与联邦一并征收，然后返还给省级政府。③省销售税。销售税的计税依据是商品的价格。销售税的税率由各省自行确定，从目前的执行情况看，税率最高的是纽芬兰省，为12%，税率最低的是大不列颠哥伦比亚省，为6%。④工薪税（社会保障税）。各省开征工薪税，主要是调节和保障社会医疗保障、人员就业等方面的财政需要，一般专项用于社会保险支出。各省对工薪征税的办法及税收收入的使用不尽相同。⑤其他税。各省根据本省的经济、财政状况以及税源情况，可以在联邦授权范围内通过省议会立法，设立税种，增辟财源。如有的省开征资源税性质的森林采伐税，有的省开征投资税。市政府的财政收入主要由财产税收入和收费两项构成，其中收费也占有相当的比重。财产税是由省立法开征，收入全部用于地方财政预算支出的地方税种。财产税的征收要进行财产估价。财产价值的评估工作由省税务部门（审定委员会）负责，一般每两年进行一次财产评估。市政府根据其年度预算情况确定征税数额和相应税率，并据以征收财产税。财产税的收入主要用于城市市政建设和教育事业。此外，根据不同情况，有的城市还对经营财产加征财产税，如渥太华市对非居住性的用于服务设施的财产加四成征收财产税。市政府除了征收财产税外，为了满足财政需要，还建立了收费制度，包括市政府提供服务性质的收费和市政府管理性质的收费，费用收入一般占市财政收入的 30%—40%。[①]

加拿大联邦和省有相对独立的税收立法权，为了协调联邦和省政府在税收关系上的矛盾冲突，便产生了联邦和省的税收协定。早在加拿大联邦成立之初，就将当时加拿大最重要的财政收入来源的关税和消费税划归联邦政府课征。第一次世界大战的爆发促使联邦政府开始征收直接税，联邦政府于 1916 年开征公司所得税，1917 年开征个人所得税。同时，联邦政府也扩大了对间接税的征收。战争结束后，又开征了销售税。20 世纪 20 年代，加拿大的经济进入相对繁荣发展时期，随着联邦政府财权的扩大，其课税的税基也随之增大，但与此同时却减少了省政府课税的税基，造成省财政资金的不足，从而加深了联邦与省政府之间的矛盾。为了缓解矛盾，联邦政府一方面允许省政府开征一些新的税种以扩大其收入来源，如新征汽油税，对酒的销售征收销售税，对汽车征收牌照税等；另一方面向各省提供多项财政补助，特别是有条件补助计划，成为联邦政府援助省政府项目的重要内容。

20 世纪 30 年代，世界范围的经济大危机使联邦和省政府的财政关系再度紧张，联邦政府采取了增加“有条件补助”拨款的措施，以帮助省政府解决财政困难，联邦政府和省政府还采取增税的措施以阻止财政收入下降的趋势。从 1940 年开始，个人所得税和公司所得税在各省普遍开征。这一时期，联邦和省政府为了争取更多的收入来源，在征税上采取了不合作的做法，结果造成税收征管的混乱和税率的提高，而累进税率的运用又损伤了投资者的积极性。

1937 年，加拿大皇家委员会根据联邦和省政府财政收入缩减而

① 财政部《税收制度国际比较》课题组编著：《加拿大税制》，第 15—17 页，北京：中国财政经济出版社，2000。

社会有效需求增加、各省财政能力不一致的情况，就如何提高联邦政府的职能作用等问题进行了深入的研究和讨论，提交了"论联邦和省政府间关系"的报告。报告提出，要改变联邦和省政府间的权力分配，增加省政府的权力和职责；联邦和省政府间在征税和社会服务方面应该加强合作，例如在税收征收上，联邦政府统一征收个人所得税和公司所得税等重叠税种，再按一定比例划分给省政府。委员会根据其报告的核心内容，于1940年5月又进一步提出了具体实施的建议。其主要建议包括：①将征收个人所得税、公司所得税和遗产税的权力交给联邦政府，目的是简化税收结构，避免重复课税，提高征税效率；②联邦政府承担解决失业问题的责任；③联邦政府承担省的债务，帮助省解决部分财政困难；④对贫困省提供一般补助，使该省的生活水平达到全国平均水平；⑤联邦政府应实施一项紧急补助计划，以帮助省在遭受突然损失时其损失能减少到最低程度。联邦和省议会于1941年1月讨论了委员会的建议，但建议遭到了否决。原因是，省政府认为该建议使联邦政府获得了更大的权力，这是省政府所不愿接受的。然而，这场争论被第二次世界大战打断。战争期间，联邦政府为了筹措战争军费，承担了很重的财政负担。省政府为了国家的利益积极与联邦政府合作，双方在征税上达成协议，即在战争期间各省停征个人所得税和公司所得税，而由联邦政府统一征收。作为补偿，联邦政府发给各省一笔补助金。这种政府间合作的结果是签署并发展了一系列联邦与省的税收协定，这种协定在第二次世界大战后基本上是5年调整一次。

加拿大联邦政府与各省政府间税收关系自联邦政府成立以来就一直存在，同时，由于各级政府在收入与支出上的不平衡、各省财政能力大小不一等问题，联邦政府与省政府间始终存在着矛盾和斗争。针对这些矛盾和斗争，联邦政府和省政府经过不懈的努力，自1941年以来不断通过每5年一次的税收协定，采取协商、改革、调整等措施，使二者间的税收关系得到了极大的改善，这也进一步保证了联邦政府作为中央政府的地位和权限。[①]

二、税收立法权纵向配置的适度分权模式

税收立法权纵向配置的适度分权模式是指地方政府（包括联邦制国家的成员政府）享有较大的税收立法权，但是，地方政府的税收立法权来自法律的授权，受到中央政府的监督，或者中央政府的税收立法具有优先性。税收立法权纵向配置采取适度分权模式的国家既有联邦制国家，也有单一制国家。这种模式的代表是日本、德国等。下文将对日、德两国的税收立法权纵向配置模式进行介绍、分析。

（一）日本税收立法权纵向配置的模式

日本实行中央集中立法制度，因而其税收立法权也集中在中央。中央政府（广义政府，包括国家权力机构）不仅负责中央税收的立法工作，还负责地方税收立法工作。中央税收，简称国税，由大藏省主税局和关税局负责调查、设计及法案、修正案的起草工作，由内阁提交国会（众参两院）审议、批准。地方税包括都道府县税和市町村税。日本地方税根据征税依据不同分为法定地方税和法外地方税，但以法定地方税为主。一般情况下，地方税收入中法定地方税占 95％以上。法定地方税由中央立法，具体由自治省负责（需与大藏省协商）法案的调查、起草，由内阁提交国会审议、批准。法定地方税包括对所得、收入、固定资产等普遍性税种，也包括对高尔夫球场、矿产、狩猎等所课征的特殊性区域性税种。[②] 日本地方政府的税收权限由中央立法所规定，主要包括地方税课税及税率选择、制定地方税征收条例和地方税征管等。1950 年公布施行、第三十九次修订的《日本地方税法》第三条（有关地方税的赋课征收上规定的形式）规定："1. 地方团体，规定本地方税的税目、课税客体、课税标准、税率及其他赋课征

① 财政部《税收制度国际比较》课题组编著：《加拿大税制》，第 6—13 页，北京：中国财政经济出版社，2000。

② 财政部《税收制度国际比较》课题组编著：《日本税制》，第 23 页，北京：中国财政经济出版社，2000。

收，制定为该地方团体的条例。2.地方团体之长，为了实施第一项规定的条例，将其手续及其他施行时必要事项制定规则。”[1]日本《地方税法》规定了都道府县和市町村政府可征收的地方税税目以及各种地方税的课税对象、计税依据与税率。从法律的角度讲，地方政府既可以选择不征《地方税法》中列示的税，也可以选择征收《地方税法》中未列示的税。《地方税法》第六条规定，“地方政府认为由于公益上的原因及其他事由而不宜课税时，可不课税”，把地方税的课税权给予了地方政府。同时，以法外税的形式赋予地方政府在《地方税法》规定的税目之外课税的权限。税法的上述规定，实际上把地方税的课税选择权下放给了地方政府。除此之外，日本中央政府还允许地方政府对法定地方税的税率进行选择。对大多数地方税而言，地方税法只规定标准税率，据该法的解释，标准税率是“地方政府课税时可以使用，或者由于有特殊需要也可不使用的税率”。如都道府县民税中的个人部分，标准税率为150万日元以下的2%，超过150万日元部分的4%，同法又规定“如果都道府县用与标准税率不同的税率征收时，必须事先向自治大臣提出申报”；又如固定资产税，其标准税率为1.4%，税法规定市町村政府可使用最高为2.1%的税率，但超过1.7%就须事先书面申报自治大臣。概括起来讲，地方税法规定的税率是标准税率，对于都道府县民税和市町村民税等主要税种，地方政府如不按标准税率征收，则须报中央审批，而对于固定资产税等则在税法中规定了税率变动的幅度（称为限制税率），在一定范围内，地方政府可自主选择，超过了一定幅度则要报中央政府审批。[2]

法外地方税在日本称为“法定外普通税”，不包括地方政府按有关规定所设置的收费（如手续费、公立学校收费、公立公园入园费等），它主要是地方政府根据特殊需要，如财政收入不足、特定公益事

① 吴炳昌译：《日本地方税法》，第3页，北京：经济科学出版社，1990。

② 财政部《税收制度国际比较》课题组编著：《日本税制》，第28页，北京：中国财政经济出版社，2000。

业发展等而在法律规定之外征收的税收。地方政府征收法定外普通税,不仅要遵循不给居民带来过重负担、不妨碍地区之间的物资流通和不与中央经济政策相矛盾等原则,而且还要经过合法程序,并经中央政府的批准。所谓“合法程序”指地方政府必须进行充分的调查论证,起草征收条例,并经本地本级议会审议、批准,然后报中央政府(自治省)。自治省在接到地方政府的报告后要与大藏省协商,共同审议,最后按实际需要和原则规定审批。目前,日本地方税中的法定外普通税主要有冲绳县的石油价格调整税,福井、福岛、鹿儿岛、新泻等10个县的核燃料税,部分市町村实行的商品券发行税、采砂税、广告税、林产品出境税、文化观光设施税等。[①] 日本《地方税法》第二百五十九条(道府县法定外普通税的设置与变更)规定:“道府县在设置或变更法定外普通税时,事先必须经自治大臣许可。”第二百六十条规定:“1.根据前条规定申请许可时,自治大臣必须通知大藏大臣。2.大藏大臣,收到本条第一项通知时,对该申请的许可如有异议,应对自治大臣讲明。”第二百六十一条(自治大臣的许可)规定:“自治大臣根据地方税法有关道府县法定外普通税的设置与变更的规定,受理申请时,在肯定其申请的道府县法定外普通税,在该道府县有保证该税收入的税源,且该税收入对该道府县财政需要有必要时,必须许可。但是,认为有下列情况时,不能许可。一、与国税或其他地方税的课税标准相同,而且居民负担显著过重者。二、给与地方团体间物资流通有重大妨碍者。三、在以上两点所列之外,对照国家的经济政策不适当者。自治大臣,对于前条许可的申请,可对符合该申请趣旨的范围,列出条件,而可加以变更后许可之。”[②]2000年实施的《地方分权总括法》对《地方税法》进行了修改,将法定外普通税的许可制改为协议制,明确居民受益和负担的关系,推进地方公共团体课税自

① 财政部《税收制度国际比较》课题组编著:《日本税制》,第28页,北京:中国财政经济出版社,2000。

② 吴炳昌译:《日本地方税法》,第411—412页,北京:经济科学出版社,1990。

主权。[①]

(二)德国税收立法权纵向配置的模式

德国实行分税制财政体制,德国《基本法》规定了分税制的基本内容。德国1998年修正的《基本法》第一百零六条(收益权,财政拨款)规定:

1. 国家垄断经营收益和下列赋税收入属于联邦所有:①关税;②根据第二款规定不属于州所有的、根据第三款规定不属于联邦和各州共享有或根据第六款规定不属乡镇所有的消费税;③道路货物运输税;④资本流通税、保险税和票据税;⑤一次性财产税和为平衡负担而征收的平衡负担税;⑥所得税和法人税的附加税;⑦在欧洲共同体范围内的赋税。

2. 下列赋税收入属于各州所有:①财产税;②遗产税;③机动车辆税;④根据第一款规定不属于联邦所有的,或根据第三款规定不属于联邦和各州共享有的流转税;⑤啤酒税;⑥赌场税。

3. 所得税、法人税和增值税的收入属联邦和各州共享(共享税收),但第五款所指所得税收入和第五a款所指增值税收入属乡镇所有的除外。联邦和各州各享所得税和法人税的一半。联邦和各州享有增值税收入的比例由联邦法律予以确定并取得联邦参议院的批准……

4. 联邦和各州的收入和支出比例发生重大变化时,应重新确定联邦和各州享有增值税的比例;根据第三款第一句在确定增值税分享比例时,已一并考虑的税收欠额在此不作考虑。联邦法律对各州课以附加费或减少各州的收入时引起的财政负担如属短期性质,经联邦参议院批准,可由联邦法律规定采用联邦财政拨款予以平衡。此项法律对于财政拨款数量及各州分配的原则应予规定。

5. 所得税收入的一部分根据乡镇居民交纳所得税的数额由各州转交给各乡镇。具体由联邦法律予以规定并取得联邦参议院的批

① 曾祥瑞:《新日本地方自治制度研究》,第150—151页,北京:中国法制出版社,2005。

准。此项法律可规定由乡镇确定关于取得所得税部分的比例。

5a. 自1998年1月1日起，乡镇享有增值税收入的一定比例。各州依据与地方和经济实力挂钩的计算分配办法向乡镇转移营业税收入。具体由联邦法律予以规定并取得联邦参议院的批准。

6. 地产税加工商税收入归乡镇所有，地方消费税和高档消费品税的收入属于乡镇所有，或依照州法律属于联合乡镇所有。授权乡镇在法律规定范围内确定地产税和工商税的税率。州没有乡镇的，地产税和工商税以及地方消费税和高档消费品税收入属于州所有。联邦各州可通过分摊计划享有工商税收入。有关分摊计划的具体方案由联邦法律予以规定并取得联邦参议院的批准。根据州法，地产税和工商税以及乡镇享有的所得税和增值税收入部分可作为分摊计划的计量基数。

7. 在州分享到的联邦和州共享税总收入中，乡镇和联合乡镇按照由州法规定的一定百分比获得收入。除此之外，州法就乡镇（联合乡镇）是否或在多大程度中享受州税收入作出规定。

德国的立法权基本上有两种形式，即专属立法权和竞和立法权。德国《基本法》第七十一条（专属立法权）规定："在联邦专属立法范围内，各州只有在联邦法律明确授权时，才有立法权。"第七十二条（竞和立法权）规定："①在竞和立法范围内，只有联邦不制定法律、不行使立法权时，各州才有立法权。②为在联邦领域内创造同等生活条件，或出于捍卫整体国家利益、维护法制和经济统一的原因有必要制定联邦法律的，联邦在竞和立法范围内享有立法权。③联邦法律可规定，某项联邦法规定不具备第二款所指的必要性时，可由州法取代。"专属立法权是联邦专有的权力，德国《基本法》第七十三条规定了专属立法对象，第七十四条规定了竞和立法对象。根据德国《基本法》，联邦享有关税的专属立法权和其他税收的竞和立法权。德国《基本法》第十章（财政制度）第一百零五条（立法权）规定：①联邦享有对关税和国家垄断经营的专属立法权。②如果税收的全部或部分属联邦所有，或具备第七十二条第二款所指条件，联邦对其他赋税收入享有竞和立法权。③地方消费税和奢侈物品税不与联邦法律规定属同类的，各州享有立法权。④规定税收的全部或部分属各州或乡镇所有的联邦法律，需取得联邦参议院的批准。根据德国《基本法》第一百零六条（收益权，财政拨款）规定：地产税加工商税收入归乡镇所有，地方消费税和高档消费品税的收入属于乡镇所有，或依照州法律属于联合乡镇所有。授权乡镇在法律规定范围内确定地产税和工商税的税率。州没有乡镇的，地产税和工商税以及地方消费税和高档消费品税收入属于州所有。

三、税收立法权纵向配置的集权模式

税收立法权纵向配置的集权模式是指税收立法权高度集中于中央，即使地方税的立法权也主要集中于中央，地方政府（包括联邦制国家的成员政府）的税收立法权较小，其税收立法权来自法律的授权，地方政府无权开征新税种。集权模式的代表是英国、俄罗斯等国家，下文将对英国、俄罗斯税收立法权的纵向配置模式进行介绍、分析。

（一）英国税收立法权纵向配置的模式

根据英国政治体制和历史传统，英国财权高度集中于中央政府。中央政府课征了几乎所有的税收，只有财产税由地方政府课征。中央税收占英国税收的比重从下列数字中可见一斑：在1995年—1996年财政年度，英国政府总收入为2719亿英镑，占英国GDP比重为38.25%，其中地方政府课征的税收收入仅为92.34亿英镑。① 英国中央政府所征收的主要税种包括个人所得税、公司所得税、社会保险税、增值税、资本利得税、石油税（包括石油收入税和石油特许使用费）、资产转移税、土地开发税、印花税、国内消费税（汽油税、烟税、酒税）、遗产税和关税。在上述税种中，个人所得税、社会保险税、增值

---

① 财政部《税收制度国际比较》课题组编著：《英国税制》，第16页，北京：中国财政经济出版社，2000。

税以及公司所得税是最主要的4个税种，4个税种的收入总额约占英国税收总额的70%。①

除北爱尔兰以外的英国地方政府，财政经费的主要来源是中央政府的各种补助金，税收收入在其中所占的比例极低。不仅如此，英国地方政府基本上没有独立的征税权，地方政府所征收的税种完全由中央政府决定。1988年以前，英国地方政府只对住宅与非住宅建筑物课征财产税（英国习惯上称之为“rates”），其税率由各个地方政府自行确定。1988年在撒切尔保守党政府执政期间，对财产税进行了彻底的改革，当年通过的《地方财政法》规定：非住宅建筑的财产税税率改由中央政府决定，并且由全国统一征收，然后再根据各地方的成人人口数量分配给各地方政府；废止对住宅征收的财产税，调整为地方政府征收人头税——在英国其正式名称为“社区费”（community charge），即凡是18岁以上的具有投票权的公民都必须缴纳同等数额的人头税。有关人头税方面的法律规定于1990年开始正式实施，但这次财政体制改革招致了英国民众的强烈不满，并因此导致了撒切尔政府的倒台。接替撒切尔政府的梅杰保守党政府在1990年11月上台后，立即发表了对人头税进行改革的设想，并于1991年决定把人头税调整为市政税（counciltax）。市政税是一种极其类似于原来的财产税但也考虑到人口因素的新税种。根据有关的规定，凡是年满18岁的住房所有者或住房出租者（包括完全保有地产者、住房租借者、法定的房客、领有住房许可证者6类），都要按住房（包括楼房、平房、公寓、活动房屋及可供居住的船只等）的估价缴纳市政税。住房的纳税估价分为8个档次，其税率实行累进制。但英国中央政府并不规定具体的市政税税率，而是规定此项税率由各地方议会根据地方政府的开支、税源及其他收入的数量等因素来确定。随着1993年4月该项税制改革的正式实施，市政税取代了实施不足3年的人头税开始成

① 齐志宏：《西方发达国家多级政府间税收权限与税收范围划分的比较分析》，载《税务研究》，2002(1)。

为英国地方政府的唯一税种。[①]

1997 年,英国进行了税收立法权下放的尝试,赋予苏格兰地区以特别的税收立法权,尽管苏格兰是英国唯一享有此种权力的地区,但授予的权力却相当有限:苏格兰议会只享有对个人所得税的税率进行变更的权力,而且可以变更的幅度还受到限制。尽管如此,至今为止,出于政治、经济等因素的考虑,苏格兰地区当局仍未实际运用这一权力。[②]

(二)俄罗斯税收立法权纵向配置的模式

总的来说,在苏联时期集中的财税体制下,税种的确定和税收的课征均由中央政府统管,绝大部分税种均由中央政府征收,然后再由中央根据各共和国的发展需要予以下拨,或者是按税种分成。地方财政长期采用统收统支办法,这不利于调动地方政府征税理财的积极性。1991 年苏联解体,独立后的俄罗斯旋即进行了税制改革,尤其是调整中央政府和地方政府的税收关系。按各级政府的职能和权限对税种作了划分:归联邦中央政府征收的税种主要有增值税、消费税、企业利润税、特别税(对银行、保险、股票及商品交易所、证券经营等行业课征的税率较高的税)、自然人所得税、关税、印花税、道路税、遗产税等;归地方(包括共和国、州、边疆区等)征收的税种主要有企业财产税、木材费、自然资源税、环境污染税、个人财产税、土地税、广告税、运输税、教育税、企业注册费等。尽管归地方政府征收的税种并不少,但由于税收总额不大,曾一度引起地方政府的强烈不满,它们要求扩大对税收的支配权。迫于地方政府的压力,联邦中央政府划出一些税收给地方:将增值税收入的 20%—50%划给地方;从 32%的利润税中划出 22%给地方,其中又将 12%划归州财政,10%划归州以下的地方财政;自然人所得税全部归地方。但这种划分的有效期

---

① 齐志宏:《西方发达国家多级政府间税收权限与税收范围划分的比较分析》,载《税务研究》,2002(1)。

② 金邦贵:《欧盟国家地方税收立法权问题初探》,载《西南政法大学学报》,2008(1)。

仅为5年。联邦中央政府要求地方要在5年期内建立自己的税收体制,这就意味着允许地方权力机关自行征税。因此,地方政府在税收方面的权限较以前已有所扩大。尽管如此,地方政府越权截留中央税收的现象仍很严重,为此,联邦政府曾专门发布命令,采取严厉的制裁措施,但此种现象屡禁不止。1993年有30多个联邦主体截留联邦税款,个别地方政府甚至将该地区90%的税款留为已用。这里固然有地方本位主义和地方民族主义作祟,但地方政府财政困难也是事实。1994年以来,俄罗斯在税收体制上进入了对中央和地方关系进行实质性改革的时期,主要方向是实行分税制。这一时期,中央政府和地方政府在职能和税收权限划分上取得了进展。首先,规定税收立法权集中在中央;其次,地方拥有一定的税收管理权限,尤其是联邦主体的执法机关和代表机关有权规定纳入地方预算税收的税率,有权新增税种。地方政府在预算和税收领域独立性的加强,使俄罗斯预算收入再分配向有利于地方预算的方面发展,地方预算在联合预算中的比重已增长到51%。[①]

1999年1月1日《俄罗斯联邦税收法典》生效后,《俄罗斯联邦税法典》进一步强化联邦中央政府的税收立法权,强调税法典所列税种清单是详尽无遗和不可增补的。其次,大大收缩地方政府的税收权限,规定除税法典规定的税种外,不允许各级地方政府自行新增地区税或地方税。再次,取消13种地方税费。《俄罗斯联邦税收法典》生效后,俄在中央与地方政府间税收权限的划分问题上有了一些新的变化。目前实行的既不是彻底的分税制,也不是适度的分税制,与二者均相区别。实际上,中央政府在税收上仍实行集权制,税收的立法包括征收的税种、税率、征税条件和怎样分配,都由中央政府统一制定。具体的税收条例、法令由国家财政部和国家税务总局制定,地方政府只能按中央政府的税收政策法令执行,无权各行其是。但划入

① 财政部《税收制度国际比较》课题组编著:《俄罗斯联邦税制》,第53—55页,北京:中国财政经济出版社,2000。

地方预算的那部分税收的税率可由地方政府来确定，中央政府则对地方政府规定的税率总规模加以限定。例如，利润税是联邦税，该税的设立和征收办法由联邦中央法律作出规定，而联邦主体只能针对该税划入本级地区财政的那部分改变税率。尽管这样会减少地方政府在税收政策上的权限，但能使国家在全国范围内实行一贯的税收政策。此外，根据需要，俄在税收的划分上也表现出一定的灵活性。[①]

第二节　各国税收立法权纵向配置的经验

税收立法权纵向配置实质上就是地方政府是否享有税收立法权以及享有多大的税收立法权。在市场经济条件下，生产要素自由流动，地方政府享有税收立法权将导致制度内的国内税收竞争。一般而言，地方税收立法权越大，制度内的国内税收竞争就越激烈、范围越广。经济学界从不同的角度出发，对国内税收竞争效应的认识存在着分歧。“税收竞争有效论”认为，国内税收竞争具有积极效应，具体体现在：可以提高地方公共产品的提供效率；可以有效制约政府自利行为，防止政府规模膨胀；有助于建立高效率的税收制度。“税收竞争无效论”认为，国内税收竞争具有消极效应，具体体现在：减少地方政府税收收入，导致公共产品提供不足；引起税收歧视和经济机会歧视，加剧地区间发展的不平衡；纵向国内税收竞争导致征税过度，削弱中央政府的宏观调控能力。笔者认为，国内税收竞争是一把双刃剑，只有符合本国国情、适度的国内税收竞争才能产生积极效应，最大限度地避免其消极效应。而要造就符合本国国情、适度的制度内的国内税收竞争，必须赋予地方政府适度的税收立法权，使税收立法权的纵向配置科学、合理。通过对各国税收立法权纵向配置实践的考察，下文提出税收立法权纵向配置的几条基本经验。

---

① 郭连成：《俄罗斯中央与地方政府间财政关系研究》，载《世界经济》，2002(10)。

一、税收立法权纵向配置应与国家结构形式相适应

国家结构形式是指国家的整体和部分、中央政权与地方政权之间的相互关系。就当代国家结构形式而言，单一制和联邦制是最为基本的两种类型。[①]“单一制”一词源自拉丁文“unus”，即“一”的意思，宪法学中是指在国家权力行使、配置和运用过程中，全国性政府单独享有全部主权权力（作为整个的主权由主权权力构成），区域性政府分享其他国家行使权的国家结构形式类型。“联邦制”一词也源自拉丁文，原文写作“foedus”，是“同盟、条约、契约、婚约”的意思，指的是由全国性政府和联邦成员单位根据宪法分享包括主权权力在内的国家权力行使权，并且不得单方面改变权力分享格局的一种国家结构形式类型。[②] 在今天的世界上近200个国家中只有20多个国家实行联邦制，然而，就是这20多个联邦制国家就占去了世界大约二分之一的土地和三分之一以上的人口，在拥有广大领土的国家中，大部分都实行了联邦制。[③]单一制的主要特征在于：第一，国民具有单一的国籍身份；第二，只有单一的现行宪法和统一的法律体系；第三，具有统一的最高国家权力机关，立法、行政和司法体系高度统一，最高国家权力归中央国家机关掌握，地方政权机关接受中央政权机关的统一领导；第四，国家主权高度统一，由中央权力机关代表国家主权充任国际法主体，统一行使外交权，各行政单位或自治单位不具有独立的外交权，即使个别地区享有一定的自治权，但这种自治权被限制在统一的国家主权范围之内。[④]联邦制的主要特点在于：第一，国民享有联邦和成员单位的双重国籍；第二，具有统一的宪法和法律，但在联邦宪法和基本法律的范围内，各联邦成员单位有自己的宪法和法律；第三，联邦设有最高立法、行政和司法机关，各成员单位还拥有自己

---

①④　孙关宏、胡雨春主编：《政治学》，第63、64页，上海：复旦大学出版社，2002。

②　童之伟：《单一制、联邦制的区别及其分类问题探讨》，载《法律科学》，1995(1)。

③　王丽萍：《论联邦制国家的特征与类型》，载《北京大学学报》（哲社版），1997(1)。

独立的立法、行政和司法机关，两者并不存在隶属关系，其权限划分是由联邦宪法所规定的，联邦成员政府在各自的辖域内独立行使权力，联邦政府则负责联邦整体的政务；第四，国家主权由联邦政府与联邦成员政府分享，联邦政府对外代表国家主权，但各联邦成员政府也有一定的外交独立性，在联邦宪法允许的范围内，可以与其他外交主体签订某些协定，有些联邦制国家的成员政府还可以以独立身份加入某些国际组织。[①] 也有学者认为，从当代的实际情况来看，联邦制的特征不在于双方根据宪法分享国家权力行使权，而在于根据不得单方面修改的宪法划分主权权力，即分享最高国家权力行使权。[②]

国家结构形式对于税收立法权的纵向配置有着重要的影响，在联邦制国家，税收立法权的纵向配置一般都由宪法加以规定，成员政府的税收立法权来源于宪法的直接规定，属于职权立法，而非来源于法律的授权。联邦制国家的联邦政府和成员政府都享有制定宪法和法律的权力，这就为成员政府拥有相对独立的税收立法权奠定了基础。而在单一制国家，地方政府的税收立法权多来源于法律的授权，属于授权立法，受到中央政权机关的制约。当然，在联邦制国家，成员政府的税收立法权的大小也有很大的差异，如美国、加拿大、瑞士等国，成员政府拥有相对自主、独立的税收立法权；而在德国，联邦政府的税收立法权优先于州政府，属于适度分权的税收立法权纵向配置模式；在俄罗斯、印度等国，税收立法权高度集中于联邦政府，成员政府拥有的税收立法权很小。在一些单一制国家，随着地方自治的发展，地方政府的税收立法权也在不断扩大，如日本、法国等。当今单一制与联邦制的界限已愈来愈不明确，单一制借鉴联邦制的优点，联邦制采纳单一制的长处，都是常见的做法；而且，现有的联邦制国家，不论是纵向分权方式，还是从联邦集权程度等方面看，共同点都愈来愈少，以至于有学者认为，现在这些联邦制国家，除了联邦制这

---

① 孙关宏、胡雨春主编：《政治学》，第64页，上海：复旦大学出版社，2002。

② 童之伟：《单一制、联邦制的区别及其分类问题探讨》，载《法律科学》，1995(1)。

名称外,几乎毫无共通之处。[①] 虽然税收立法权纵向配置的模式并不完全取决于国家结构形式,但是仍然不可忽视国家结构形式对税收立法权纵向配置的影响。

二、税收立法权纵向配置应与经济体制、经济发展水平相适应

尽管各国的国家结构形式存在单一制与联邦制的区别,但是,在市场经济条件下,财政联邦制成为普遍采用的财政体制。奥茨(Oates)对财政联邦制的定义是:"联邦制政府是一个既有集中决策又有分散决策的公共部门,这个公共部门中各级政府有关公共服务的决策主要取决于各自辖区内的居民(以及在辖区内从事活动的其他人)对公共服务的需求。"[②]海曼认为:"财政联邦制是指各级政府的税收与支出责任的分工。"[③]我国有学者认为,财政联邦制具有以下一般特征:第一,各级政府财政主要对相应的各级议会负责;第二,各级政府之间有比较明确的事权与财权划分;第三,政府间的财政转移支付制度是财政体制的一个重要组成部分。[④] 在财政联邦制财政体制下,地方政府不同程度地享有税收立法权。一般而言,在自由市场经济体制下,地方政府的税收立法权较大,而在政府主导型的市场经济体制下,地方政府的税收立法权相对较小。在经济发展水平相对较低的阶段,地方政府的税收立法权相对较小,而随着经济的发展,地方政府的自治能力增强,地方政府的税收立法权可以逐渐扩大。

---

① 《布莱克维尔大百科全书》,第255页,北京:中国政法大学出版社,1992。转引自张海廷《联邦制与单一制"对立"还是"统一"》,载《河北法学》,2002(3)。

② Oates, W. E, :Fiscal Federalism, New York, Harcourt Brace Jovanovich, 1972, p16. 转引自钟晓敏主编《地方财政学》(第二版),第84页,北京:中国人民大学出版社,2005。

③ Hyman, David D: Pubic Finance: A Contemporary Application of Theory to Policy, Fourth, The Dryden Press, 1993, p599 转引自钟晓敏主编《地方财政学》(第二版),第84页,北京:中国人民大学出版社,2005。

④ 钟晓敏主编:《地方财政学》(第二版),第84—85页,北京:中国人民大学出版社,2005。

三、税收立法权纵向配置应与国家的民主、法治水平相适应

一般而言，一国民主、法治水平越高，对中央政府与地方政府之间关系的法律调节能力越强，地方自治与中央政府的宏观调控才能均衡、协调运行，这样，地方分权才能取得好的效果。否则，地方分权则可能导致无序竞争、地区分割，乃至成为一盘散沙。

在民主、法治水平高的国家，地方政府拥有相对独立的税收立法权，可以通过完善的法制去调节、控制、协调，因而能够控制地方税收立法权的负面效应，不易产生严重的问题。例如，美国是个典型的联邦制国家，州政府拥有相对独立的税收立法权，无论是国内横向税收竞争还是国内纵向税收竞争都非常激烈。税收差异的悬殊导致了激烈的横向税收竞争，其激烈程度有时候达到了“割喉”的程度。美国三级政府的“同征税”比例高于一般国家，在存在激烈的横向税收竞争的同时，还存在一定程度的纵向税收竞争，这两种国内税收竞争形式共同形成了美国均衡的国内税收竞争。美国激烈的国内税收竞争不可避免地引起了许多严重的税收问题，如税源税基冲突问题、抵免问题、重复征税问题、州际贸易税收问题、对非居民的征税问题、税务管理问题等。美国国内税收竞争之所以能做到“散而不乱”，究其原因在于，美国不仅有完善的税收竞争制度框架，而且还有一套多维的税收协调制度。美国联邦宪法是联邦政府、州政府税收立法权的基本制度框架。美国联邦宪法列举联邦权力，未列举或者未禁止的权力归州政府，因此，根据联邦宪法，州政府拥有相对独立的税收立法权，州政府的税收立法权只受到联邦宪法条款的制约，不受联邦政府的直接干预。法院是国家宪法的维护者，是联邦政府与州政府权力争议的仲裁者，美国最高法院不仅对政府间的税收竞争行为进行裁判，而且有效地调节着各辖区的税收竞争程度。成熟的税收协调机制也使得美国的国内税收竞争有条不紊地进行着。美国的税收协调机制可以从纵向协调和横向协调两方面进行，纵向协调主要分为六

个方面：一是从扣除项目和抵免项目上着手调整税源、税基，加强税收合作；二是从税源划分上着手；三是税收合作管理；四是协调税基；五是税收附加协调；六是税收集中管理协调。横向协调主要是州际税收协调，可以分为两类：一是州际组织协调，包括税务管理协会的协调、跨州税收委员会协调和其他组织的税收协调。税务管理协会是一个由来自50个州及哥伦比亚特区及纽约市的税务机关组成的非营利机构，跨州税收委员会成立于1967年，共有20个会员州，是一个依据《税收的统一所得条例》和《跨州税收协议》进行税收协调的管理机构，主要从事跨州交易征税的协调。二是通过合作协议或双边交换协议的协调，如由45个州执行的《统一信息交换协议》，部分州与州之间签订的双边交换协议。①

如果一国的民主、法治水平不高，地方政府享有过大的税收立法权，往往易于产生负面效应。转轨时期的俄罗斯"以中央政府为壑"的纵向税收竞争就是典型事例。1991年苏联解体后，俄罗斯联邦成立。在财政上，俄罗斯联邦进行了分权改革，俄罗斯中央政府开始逐渐下放税权。随着税权的下放，俄罗斯联邦主体的独立经济利益开始得到加强，它们不仅互相之间进行激烈的财政竞争（包括税收竞争），而且和中央政府竞争税收收入。俄罗斯地区政府即联邦主体政府截留中央税收现象相当严重。1993年，有30多个联邦主体政府联合抗税，截流中央税收，有些地区政府截留中央税收的程度达到了90%以上。在资本难以流动、税收管辖交叉、财政职责划分不明确的情况下，俄罗斯中央和联邦主体政府之间进行了不合作的纵向税收竞争，从而导致实际税率不断上升。激烈的、非规范的纵向税收竞争，再加上地区间猛烈的横向税收竞争，使得俄罗斯的公司纳税人苦不堪言。公司为了逃避政府的税收掠夺，不得不把资本转移到国外，从而引起了严重的逃税、避税问题。俄罗斯联邦政府曾经几次试图进行税种分配，但每次都遭到了地区政府的政治抵抗，因为它们不愿

① 葛夕良：《国内税收竞争研究》，第189—198页，北京：中国财政经济出版社，2005。

意失去对自己有利的税源。由于俄罗斯联邦中央政府难以确定联邦体制的规则，所以在俄罗斯联邦体制中，中央政府处于明显不利地位。难怪俄罗斯前总统叶利钦在给鞑靼斯坦领导人的信中说："俄罗斯各地区占有了太多的国家税收主权，现在必须让出来。"1999 年，《俄罗斯联邦税收法典》实施，该法典不仅大大强化了中央的税收立法权，而且还大大收缩了以前地方政府实行新增地区税或地方税的权力，同时还取消了 13 种地方税费，缩小了地方政府的税收收入规模。①

四、根据税种的特征和功能来合理划分各级财政之间的税种，合理配置各级财政税种的立法权

世界上多数国家各级财政收入划分的主要形式是税种的划分，根据税种的特征和功能把税种划分为中央税、州税（省税）、州（省）以下的地方税、共享税，以税种为依据划分各级财政之间的收入。在合理划分各级财政的税种的基础上，根据本国国情合理配置各级政府对各级财政税种的立法权。有学者用表格对税收立法权纵向配置的一般情况作了如下总结。

政府间税种及其税权划分的一般情况如下表②：

税种	税基的决定权	税率的决定权	税收征管权	税收功能与特征
关税	C	C	C	进出口贸易税
个人所得税	C	C、P、L	C	流动性要素，再分配和稳定工具
公司所得税	C	C、P	C、P、L	流动性要素，稳定工具

① 葛夕良：《国内税收竞争研究》，第 186—189 页，北京：中国财政经济出版社，2005。

② 钟晓敏主编：《地方财政学》（第二版），第 46 页，北京：中国人民大学出版社，2006。

续表

销售税				
A. 单一环节	C、P	C、P	C、P、L	税基可协调，较低的奉行纳税费用
B. 多环节	C	C	C	税基可协调，较高的奉行纳税费用
财富税	C	C、P	C	再分配功能，税基流动
资源税				
A. 地区间分布不均匀的资源	C	C	C	调节税源不均衡功能
B. 地区间分布均匀的资源	C、P	C、P	C、L	税源分布均衡，且具有不可流动性
财产税	P、L	P、L	L	税基流动性小，地方征管效率高
“有害产品”税	C、P、L	C、P、L	C、P、L	“有害产品”的影响可能是全国性、地方或地区性的
使用费和受益税	P、L	P、L	P、L	能确定特定消费者

说明：表中C表示中央政府，P表示省或州等中间层次的政府，L表示省(州)以下的地方政府。

第五章　我国税收立法权的纵向配置

自秦朝以来，我国历史上绝大部分时期实行中央集权的君主专制制度，中央集权的体制使我国成为世界上历史悠久的大一统国家。税收立法权集中于中央是我国历代中央集权体制的重要方面，对于维护国家统一也起了重要作用。在当今社会主义市场经济条件下，如何从我国国情出发，合理配置中央和地方的税收立法权，需要深入研究。

第一节　新中国成立以前我国税收立法权的纵向配置

一、民国政府成立以前我国税收立法权的纵向配置

我国自第一个奴隶制国家夏朝建立以来，就创立了赋税制度。自秦朝以来，我国历史上绝大部分时期实行中央集权的君主专制制度，税收立法权集中在中央，地方政府只有依法征税、输税的权力。唐王朝“安史之乱”之后，唐建中元年(780年)，宰相杨炎推行“两税法”，将租庸调及各项杂费一并归入户税和地税，分夏秋两季征收。在两税的收入分配上制定了上供、留使、留州的分配体制，唐代中后期的三分制财政体制具有了分税制的萌芽。地方政府拥有了税收收益权，改变了传统的中央统收统支的财政体制，但是，从制度上说，地

方政府仍然不享有税收的立法权。当然,我国封建社会的历史上,地方政府在制度之外巧立名目收取各种苛捐杂税是屡禁不绝,特别是在封建王朝走向衰落时期,地方官员的横征暴敛更是愈演愈烈。

在民国政府成立以前,地方政府税收立法权的两个典型的例子是清雍正朝开始推行的"耗羡归公"、清朝后期的"厘金"制度,下文先介绍"耗羡归公"。耗羡又名"火耗"、"鼠雀耗",前者指熔铸赋银过程中的折耗;后者指运送漕粮过程中的折耗。"耗羡"成为清代地方官在正额赋税之外以补亏耗为名多征的附加税。[①] 康熙帝定下每两银子火耗不超过一分,地区间可稍有不同。但各地方官员普遍在康熙帝定的每两一分的火耗上加耗,普遍收到了一钱,"秦省火耗每两有加至二三钱、四五钱者"。然而火耗的滥征却没有被康熙帝制止,康熙帝私下里也说:"所谓廉吏者,亦非一文不取之谓","如州县只收一分火耗,此外不取,便是好官。"[②]雍正初年,户部亏空竟达250余万两之巨,雍正下决心加以整顿,一方面下令严禁重增耗羡,另一方面,他认为,火耗既然不能革除,"与其暗取而多征,不若明定其数,与其营私而中饱,不若责其办公","与其州县存火耗以养上司,何如上司拨火耗以养州县乎"。正是基于这一想法,雍正支持山西、河南两省首先实行耗羡改革,然后在全国推行耗羡归公制度。耗羡归公实质上就是把官吏非法加派改为法定的附加税,并把它的支配权由州县官吏一级提高到督抚藩司一级。在施行过程中,各省的耗羡银两也作了适当的调整,大约每两加收火耗一二钱左右,相比过去加三四钱甚至高达七八钱的状况,人民的负担确实有所减轻。[③] 耗羡的具体征收数量,各地并不一致,朝廷允许督抚及布政使等根据当地情况自行筹划。雍正五年有御史奏请各省火耗应酌定划一征收,户部议准,雍正还是强行否决。乾隆五年正月二十三日,乾隆特别发布一道谕旨,决

---

① 张研:《从"耗羡归公"看清朝财政体系及当代"税费改革"》,载《学术界》,2007(3)。

② 美芳:《"火耗归公"——清代整顿财经纪律》,载《中国审计》,2003(18)。

③ 漆亮亮:《雍正时期的耗羡归公制度》,载《涉外税务》,1999(6)。

意加强对耗羡的管理。该谕旨首先充分肯定了雍正推行耗羡归公的历史功绩:“提解耗银,较之过去私派私收,固已减数倍矣,自奉行之后,官员无拮据之忧,百姓免需索之累,吏治民生称为两便,此实中外所共知共见者。”该谕旨也提到“耗羡不同正项,从前未定有章程,且历年已久,各省条规不一”。乾隆十三年二月初一日,会办耗羡处将立定耗羡章程一案详议缮写上呈,乾隆谕“依议”。各省《耗羡章程》的制定,改变了雍正时代“未定有章程”、“各省条规不一”的状况。[①]可见,在此之前,在耗羡归公制度实施过程中,各省督抚对“耗羡”这种附加税拥有一定的制税权。

厘金,又称“厘捐”,创办于晚清咸丰三年(1853 年),它由最初的一种地方劝商捐助“经费”的临时筹款方式逐渐演变成全国性的具有商税性质的一种制度,直到 1931 年才被裁撤,历时 78 年。[②] 厘金制度的产生与太平天国农民战争密切相关。太平天国农民起义爆发前,清政府财政就已经相当拮据,1851 年 1 月,太平天国农民起义爆发,更使得清政府财政雪上加霜。咸丰三年,太平天国定都金陵(今南京),占据镇江、扬州各城。清政府为围剿太平军,调集数十万大军屯驻大江南北。由于清政府财政窘迫,难以给大军充分的接济,是年四月,以刑部侍郎在扬州帮办军务的副都御史雷以诚采纳幕客钱江的建议,采用捐厘之法。此法在扬州城附近仙女庙、邵伯、宜陵等镇率先施行,至咸丰四年(1854 年)三月,始行奏报,并请于江苏省各府州县,亦仿行劝办。由此可知,所谓“厘金”,就是“捐厘助饷”或“抽捐助饷”。厘金征收对象最初只及大米。厘金所抽之物大体值百抽一,所以称“厘金”。[③]据《清朝续文献通考》记载:“当时军需孔亟,筹款艰难,厘金虽自四年奏准,实则三年已先举行,兹谕权舆也。是年春金

---

① 董建中:《耗羡归公的制度化进程》,载《清史研究》,2000(4)。

②③ 郑备军:《中国近代厘金制度研究》,第 4、57—59 页,北京:中国财政经济出版社,2004。

陵失陷，饷源枯竭，太常寺卿雷以諴治军扬州，始于仙女庙创办厘捐。"[①]咸丰四年十一月，以内阁大学士兼礼部尚书在江苏帮办军务的胜保奏请在各省推行厘金制度。此奏虽未被完全采纳，但亦被赞成在各省试办。于是，各省纷纷仿行。湖南巡抚骆秉章首先响应，于咸丰五年(1855 年)四月创办了全国第一个省级厘金局。咸丰七年(1857 年)六月，胜保又上一疏，请饬各省普遍推行厘金制度。胜保的第二次奏请获得了咸丰皇帝的完全赞同，并"责成各省督抚，将各省厘金收入及动用确数，按季报部，以凭核查"。[②] 于是，厘金制度从咸丰七年以后，在全国各省普遍推广开来。厘金制度的产生是出于镇压太平天国农民起义的需要，同治三年(1864 年)，太平天国农民起义被镇压后，厘金制度并没有被停止和废除。其理由有二：一是当时各省军费浩繁，军费来自田赋不过十之三四，来自厘金却有十之六七；二是各省办理战后事宜需要巨额款项，而国库亦宜设法充实，故而有赖于厘金收入。尽管左副都御史全庆在同治三年七月奏请酌量裁撤各省厘金局，但清政府默然准许继续实行，从而使厘金制度成为一种常制。[③] 厘金的种类甚多，各省征收的厘金种类也不尽一致。如果以征收地点为标准，大体上可以分为三类：出产地厘金、通过地厘金和销售地厘金。从征收范围上说，厘金有四大类：百货厘、盐厘、洋药(进口鸦片)厘和土药(土制鸦片)厘。厘金的征收比率，各省极不一致。厘金创办之初，其征收比率是 1%，以后逐年提高，至光绪年间，则多数省份的征收比率均在 5%以上。在厘金创办初期，即在军事时期内，各省多由粮台、军需局和筹饷局等机关经理厘金，其后普遍设立专局专门经理厘金。各省多在省城设厘务总局，总局之下，设立各局卡，分布于全省各府县及各口岸。各通商要道(陆路、水路)皆设正

---

① 刘锦藻：《清朝续文献通考》(一)，《征榷考·厘金》，第 8038 页，浙江古籍出版社，1988。转引自郑备军《中国近代厘金制度研究》，第 54 页，北京：中国财政经济出版社，2004。

② 《皇朝经济文编》卷 55，据罗玉东《中国厘金史》转引。转引自郑备军《中国近代厘金制度研究》，第 73 页，北京：中国财政经济出版社，2004。

③ 郑备军：《中国近代厘金制度研究》，第 72—74 页，北京：中国财政经济出版社，2004。

局或正卡，经理抽厘。正局或正卡之下的征收机关有分局、分卡，稽查及缉私机关有分巡、巡卡、巡船和炮船等。[①] 据史料记载，咸丰军兴后新增加的厘金，“事平不去”，而且“卡若栉比，法若凝脂，一局多卡多人，只鸡尺布，并计起捐，碎物零星，任意扣罚……大抵有厘捐之省，殆无不舞弊之委员，无不染指之大吏。其款皆外销，即责令报部，亦止总数”。[②] 厘金的立法权亦下移到各省，学者缪全吉综之曰：“各省奏行厘捐之法，虽形式上系奏请朝廷核准，然以其非正供常赋，不过权宜计，故其捐课之项目、额数、税率，报解及协解之程度，报请之规定以及局卡之人事等，均无具体之规章。由于厘捐抽取方便，税源可靠，项类既极庞杂，数目巨大，朝廷亦无可稽考，地方实享其利。虽后亦有奉旨报销之事，但各省偶有依例奏销之案，而所报亦十不一二，不过虚应故事而已。从此，由以往督抚请求朝廷拨款之情势，转变为中央遇事必须呼吁各省协济。苟遇此种情形，除少数省份勉强作象征性之解缴外，更多以新政、省防、荒歉等借口推托，朝廷亦无可如何。要之，厘捐即由督抚推行并自由度之，终则为各省变相之税收与常规。”[③]厘金制度加速了晚清财权的下移，延缓了清政府的垮台，同时，厘金制度也造成多方面的社会经济危害：①提高了商品成本和价格，严重阻碍了商品流通；②严重阻碍了近代民族工商业的发展；③加剧了国货与洋货的不公平竞争，损害了民族的权利；④加重了农民和手工业者的破产，使广大民众的生活更加困苦；⑤成为地方拥兵自重的经济基础；⑥提供了吏治腐败的温床。[④]

---

①④ 郑备军：《中国近代厘金制度研究》，第137－147、222－245页，北京：中国财政经济出版社，2004。

② 《清朝续文献通考》卷四九，《征榷二一》，第8037页。转引自徐锋《清代中央财政与地方财政的调整》，载《历史研究》，1997(5)。

③ 缪全吉：《曾国藩幕府盛况与晚清地方权力变化》，载《中国近现代史论集》第5编，台湾商务印书馆，1985。转引自徐锋《清代中央财政与地方财政的调整》，载《历史研究》，1997(5)。

二、民国政府时期我国税收立法权的纵向配置

“辛亥革命”爆发后，1912 年 1 月 1 日，中华民国临时政府在南京宣告成立。1912 年 3 月，颁布《中华民国临时约法》，袁世凯篡夺大总统之位。1913 年底，北洋军阀政府财政部颁布《国家税地方税法草案》，并于翌年对原案稍事修正，1914 年修正案将国家税定为 17 种，地方税定为 20 种。该法案最大的特点是，其税项划分完全偏重中央一方，地方税收徒有其表。[①] 民国初年分税制从 1913 年冬宣布实施，到 1914 年 6 月 1 日由新任财长周自齐呈请取消，仅有半年的实施时间。[②] 1923 年，曹锟政府所颁布的《中华民国宪法》第二十三条规定：关税、盐税、印花税、烟酒税及其他消费税，及全国税率应行划一之租税，由国家立法并执行之。该《宪法》第二十五条规定：田赋、契税及其他省税，由省立法并执行，或令县执行之。

1928 年 6 月和 7 月，国民政府分别召开了全国经济会议和第一次全国财政会议，其中关于税制改革方面的筹议有如下几点：①整理、健全税收征管机构；②划分国家与地方财政收入的界限，明确关税、盐税、烟酒税、矿税、印花税和国营企业收入为国家财政收入；③实行关税自主，提高进口税率，保护民族企业利益；④裁撤国内货物通过税（即厘金），开设统税和特种消费税。同年 8 月，国民党二届五中全会接受了上述两会的建议，通过了《统一财政，确定预算，整理税收，并实行经济政策财政政策，以植财政基础而利民生建议案》，该文件实际上成为国民政府初期的财政经济总方针。[③] 1927 年夏，国民政府财长古应芬提出《国家收入地方收入暂行标准案》，该案对现行税目和将来计划创办的新税都进行了划分。1928 年，新任财长宋子文召集全国财政会议，复将上年制定的《国地分税法案》提交会议讨论，

①③　夏国祥：《近代中国税制改革思想研究（1900—1949）》，第 104—105、120—121 页，上海财经大学出版社，2006。

②　赵云旗：《中国分税制财政体制研究》，第 63 页，北京：经济科学出版社，2005。

会议最终公布的《划分国家收入地方收入标准案》对原案比较显著的改动有两处:一是原案规定所得税统归中央,而修正案则规定地方可以设置所得税的附加税;二是原案规定的地方税中有使用人税、使用物税,修正案则将这两项税删除了。1928年《国地分税法案》的特点是,它继"曹锟宪法"将田赋划入地方税后,又将较为人们所重视的营业税列为地方税,比以往同类法案进一步扩大了地方税的比重和范围。理论界对1928年《国地分税法案》的批评主要有两点:一是它没有对省以下的地方财政收支作进一步的划分;二是它在税项的划分上仍然没有达到中央与地方的平衡。①

1934年,第二次全国财政会议对1928年分税法案进行修正,制定出《财政收支系统法》,1935年,由国民政府颁布。该法对中央与省、县三级政府的收入关系、支出项目以及补助金制度等作了规定。《财政收支系统法》的最大特点是从地方财政中分出县级财政,对县级财政的税源作了明确的规定,确立了中央、省、县三级财政体制。1941年3月,国民党五届八中全会通过《改进财政收支系统统筹整理分配案》,提议将全国财政分为"国家财政"与"自治财政"两大系统。所谓"国家财政",系合并以前的中央财政与省级财政;所谓"自治财政",就是以前的县级财政。1941年6月,国民政府召开第三次全国财政会议,通过了财政部提出的《遵照八中全会通过改定财政收支系统实施办法案》,嗣由财政部制定《改订财政收支系统实施纲要》,由国民政府于1942年11月公布。抗战胜利后,1946年6月,国民政府财政部与粮食部主持召开第四次全国财政会议,这次会议对1935年公布的《财政收支系统法》作了修改,7月1日,国民政府正式颁行修改后的《财政收支系统法》及《施行条例》。该法将财政系统分为三级:一、中央;二、省及院辖市县;三、县市及相当于县市之局。②1946年《中华民国宪法》第一百零七条规定:中央财政与国税、国税与省税、

---

①② 夏国祥:《近代中国税制改革思想研究(1900—1949)》,第133—137、221—230页,上海财经大学出版社,2006。

县税之划分，由中央立法并执行之。该《宪法》第一百零九条规定：省财政及省税，由省立法并执行之，或交由县执行之。该《宪法》第一百一十条规定：县财政及县税，由县立法并执行之。

第二节 新中国成立以后我国税收立法权的纵向配置

一、改革开放以前我国税收立法权纵向配置的历史演变

1950年1月，中央人民政府政务院发布的《全国税政实施要则》对税收立法权作出规定："凡有关地方性税收之立法，属于县范围者，得由县人民政府拟议报请省人民政府或军政委员会批准，并报中央备案；其属于省(市)范围者，得由省(市)人民政府拟议报请大行政区人民政府或军政委员会核转中央批准。"1950年3月3日，政务院发布《关于统一国家财政经济工作的决定》。《决定》中规定：除了批准征收的地方税以外，所有关税、盐税、货物税、工商业税的一切收入，均归中央人民政府财政部统一调度使用。税则、税目、税率，统由中央人民政府财政部提交政务院决定施行，未经批准，各地人民政府不得变动。

第一届全国人大常委会于1958年6月3日通过了《农业税条例》，根据《农业税条例》，地方政府享有农业税具体适用税率的确定权、减免税的补充规定权以及《农业税条例》实施办法的制定权。《农业税条例》第十一条规定：各省、自治区、直辖市人民委员会应当根据国务院规定的平均税率，结合所属各地区的经济情况，分别规定所属自治州的平均税率和所属县、自治县、市的税率；自治州所属县、自治县、市的税率，由自治州人民委员会根据上一级人民委员会所规定的平均税率，结合所属各地区的经济情况，分别加以规定。如果县、自治县、市所属各地区的经济情况悬殊，不宜按照一个税率征收的，县、自治县、市人民委员会可以根据上一级人民委员会所规定的平均税率，分别规定所属各地区的税率，报请上一级人民委员会批准后执

行。《农业税条例》第二十一条规定:除本章各条的规定以外,其他需要给予优待和减免的,由国务院或者省、自治区、直辖市人民委员会规定。《农业税条例》第三十条规定:省、直辖市人民委员会应当根据本条例的规定,结合本地区的具体情况,制定农业税征收实施办法,报国务院备案。《农业税条例》第三十一条规定:自治区人民委员会可以根据本条例的基本原则,结合本地区的具体情况和民族特点制定本自治区的农业税征收办法,报国务院备案。自治州或者自治县人民委员会认为必要的时候,可以根据本条例的基本原则,结合本地区的具体情况和民族特点,制定本自治州、自治县的农业税征收办法,报省、自治区人民委员会备案。

1958 年 6 月 5 日,第一届全国人民代表大会常务委员会第九十七次会议作出决议,原则批准《国务院关于改进税收管理体制的规定》;1958 年 6 月 9 日,国务院公布试行。该《规定》指出:"为了正确地、因时因地制宜地进行税收工作,国家的税收管理体制,也有必要作相应的改进。改进的原则是:凡是可以由省、自治区、直辖市负责管理的税收,应当交给省、自治区、直辖市管理;若干仍然由中央管理的税收,在一定的范围内,给省、自治区、直辖市以机动调整的权限;并且允许省、自治区、直辖市制定税收办法,开征地区性的税收。这样,就有利于省、自治区、直辖市在中央的统一领导下,根据当地的实际情况,更好地运用税收这一工具,采取必要的鼓励和限制的措施,促进生产的发展,巩固社会主义经济,并且在生产发展的基础上,开辟财源,增加积累。"该《规定》对改进税收管理体制,作如下的规定:"一、印花税、利息所得税、屠宰税、牲畜交易税、城市房地产税、文化娱乐税、车船使用牌照税等七种税收,按照改进财政管理体制的规定,已经划为地方固定收入。有关这些税收的管理权限,也应当同时交给省、自治区、直辖市掌握。省、自治区、直辖市在中央统一的征税条例的基础上,根据当地实际情况,有权采取减税、免税或者加税的措施,有权对这些税收的税目和税率作必要的调整。二、商品流通税、货物税、营业税、所得税等四种税收,按照改进财政管理体制的规定，已经划为调剂分成收入，根据一定的比例，由中央和地方实行分成。有关这些税收的管理权限，仍然基本上归中央集中掌握。但是对于这些税收，也允许省、自治区、直辖市在下列规定的范围内，根据实际情况，实行减税、免税的措施，也可以实行加税的措施。(一)省、自治区、直辖市可以实行减税或者免税的范围规定如下：1. 工业、手工业试制的新产品和新建企业所生产的产品，在试制期间和生产初期，如果按照税法规定纳税会发生亏损的；2. 工业、手工业利用代用品、废品或者残次变质物品作原料，加工生产的成品，需要在税收上给予鼓励的；3. 工业、手工业制造零件、配件，是为了协助另一企业进行生产，需要在税收上给予照顾的；4. 企业事业单位为了帮助农业，培育和供应种子、种畜、幼畜、鱼苗等，或者为了配合开发山区，在山区设点加工，进行经营，需要在税收上给予照顾的；5. 农业生产合作社、农业生产合作社社员、个体农民自己生产的按照规定应当纳税的农业产品和副业产品，供自己使用或者向自由市场出卖，需要在税收上给予照顾的；6. 手工业生产合作社和合作商店，由于特殊原因，全年营业收入不足以支付从业人员的工资，需要在税收上给予照顾的；7. 灾区的农业生产合作社、农业生产合作社社员、个体农民为了生产自救，从事临时性的工业、手工业、贩运活动，或者灾区的商业企业为了配合救灾工作，进行某些无利的经营，或者社会救济部门组织生活困难的烈士家属、军人家属、荣誉军人和老弱残废进行生产自给，从事工业、手工业、贩运活动，需要在税收上给予照顾的。(二)省、自治区、直辖市可以实行加税的范围规定如下：1. 对于少数收入较多的个体手工业者和小商小贩，可以按照他们应纳的所得税额加征一成到五成(例如应纳所得税额十元，可以加征一元到五元)，个别获利特多的，可以超过这个限度。对于经营手工业、商业等各种合作组织，少数收入特多的，也可以按照他们应纳的所得税额，适当加成征收。2. 对于残存的资本主义工商业者和行商，可以按照他们应纳的所得税或者临时商业税税额加征一成到十成。个别获利特多的，可以超过这个限度。三、在农业税方面，省、自治区、直辖市应当根据《中华人民共和国农业税条例》并且结合实际情况，对于所属各个地区之间的负担，种植粮食作物和种植经济作物之间的负担，农业生产合作社和个体农民之间的负担，作必要的调整。四、在盐税方面，允许省、自治区、直辖市在原有征税办法的基础上，根据实际情况，对盐税税额作必要的调整，并且报国务院备案。五、省、自治区、直辖市人民委员会为了调节生产者的收入，平衡负担，开辟财源，或者为了有计划地安排生产，限制盲目的生产经营，在必要的时候，还可以把当地某些利润较大的土特产品和副业产品（包括集体经济的产品和个体经济的产品），列入货物税的征收范围，作为一个新增的税目，征收货物税；或者另外制定税收办法，开征地区性的税收。增列土特产品和副业产品货物税的税目，或者制定土特产品和副业产品的税收办法，应当报国务院备案。六、对于自治区在税收管理上应当给予更大的机动权限。自治区人民委员会如果认为全国统一的税法与本自治区的实际情况不相适应，可以制定本自治区的税收办法，并且报国务院备案。七、省、自治区、直辖市人民委员会，根据发展生产、繁荣经济和增加国家积累的原则，对于工商税的征收环节和起征点的规定，凡是认为确实不合理和不利于生产的，都可以机动处理，并且在处理之后报财政部备案。八、省、自治区、直辖市人民委员会在执行本规定的时候，应当注意以下各点：（一）采取减税、免税的措施，应当既照顾发展生产的需要，又照顾国家资金的积累。（二）采取调整税率或者增加税收的措施，应当注意不要影响生产的正常发展和物价的稳定。（三）各地在税收上所采取的措施，凡是同邻近地区有密切关系的，应当事先共同协商，取得相互的配合。（四）各地在税收上所采取的措施，对统一计划和全国平衡有较大影响的，或者涉及外交关系的，应当报经国务院批准。”

1958 年，税收立法权层层下放，一些地方出现随意解释税法的现象，有些省、自治区、直辖市对于县、市下放权力过多，形成各地权力分配不均和越权办事等现象。面对这种情况，中央决定调整税收征管体制，适当收回部分税收立法权。[①] 1961年1月，中央批转了财政部党组《关于改进财政管理体制加强财政管理的报告》，该《报告》提出："（一）凡属工商统一税税目的增减和税率的调整，盐税税额的调整，应当报经中央批准。凡属工商统一税纳税环节的变动，凡是牵涉一个大区内两个省、市、自治区以上的应当报经中央局批准；牵涉两个大区的，应当报经中央批准。（二）凡属开征地区性的税收，地方各税税目税率的变动，以及在中央规定的所得税的税率范围内确定具体税率，必须报经中央局批准。（三）凡属工商统一税中有关新试制的产品、以代用品作原料生产的产品，或者由于灾情等原因，需要给予减免照顾的，由省、市、自治区批准。地方各税的征税范围、减税免税、对小商小贩加征所得税的比例和起征点的确定，也由省、市、自治区批准。"

"文化大革命"开始后，出现了新的政治经济形势。财政部军事管制委员会于1969年4月向国务院报送《关于下放工商税收管理权限的报告》，提出了扩大地方管理税收工作权限的具体意见。同年5月，财政部根据国务院批准，选定八省、直辖市进行试点。1970年4月，财政部军管会在试点的基础上，又向国务院报送《关于下放工商税收管理权限的报告》；4月13日，国务院批准该《报告》。该《报告》对下放工商税收管理权提出了以下具体意见："一、扩大地方减税、免税的批准权，国营企业、手工业生产合作社因生产经营、价格发生较大变化和国营企业试制新产品，使整个企业发生亏损，按照国家规定纳税确有困难的，经各省、自治区、直辖市革命委员会批准，可以给予定期的减税、免税照顾，不再报财政部审批。二、下放对农村人民公社征税的管理权。各省、自治区、直辖市革命委员会可以在全国统一税法的基础上，确定工商统一税的征税范围，采取减税、免税措施，制定简便易行的收税办法。三、对投机倒把罚款和对个体经济加成征税的办法，由各省、自治区、直辖市革命委员会结合具体情况掌握处

① 杨文利主编：《中国税权划分问题研究》，第53页，北京：中国税务出版社，2001。

理。四、下放城市房地产税、屠宰税、车船使用牌照税、牲畜交易税和集市交易税的管理权。各省、自治区、直辖市革命委员会有权确定征税范围,调整税率和采取减税、免税措施。但是,停征国家规定的税种、税目要报国务院批准。”

1973年,国务院公布实施的《工商税条例草案》对分级管理的税权作了具体规定:一是工商税税目的增减和税率的调整由国务院决定,纳税单位适用的税目、税率,由省、直辖市、自治区革委会决定;二是村农村社队的企业,其减免税由省、直辖市、自治区决定;三是省、直辖市、自治区有权制定本地区具体的征税办法。1973年12月,财政部在《试行工商税有关问题的解释》中,对下放税收管理权限提出,下放的税权,“原则上应当集中在省、直辖市、自治区革命委员会,主要税收管理权不宜层层下放”。①

在执行工商税条例过程中,有的地区把税权层层下放,任意扩大减免税范围,任意停征税种、税目的问题相当严重,造成税收立法的混乱。1977年国务院批转的《财政部关于税收管理体制的规定》,再次集中了税收立法权,该《规定》第一条规定:“凡属国家税收政策的改变,税法的颁布和实施,税种的开征和停征,税目的增减和税率的调整,都由国务院统一规定。”第二条规定:“凡属下列情况的,应当报财政部批准:1.在全省、市、自治区范围内停(免)征或者开征某一种税。2.在全省、市、自治区范围内对某种应税产品,或者对某个行业进行减税、免税。3.对工商税中卷烟、酒(指用粮食生产的白酒、黄酒、啤酒、饲料粮酿酒)、糖(不包括饴糖)、手表四种产品,需要减税、免税的。4.盐税税额的调整(不包括土盐税额);按现行规定,不属于农牧业、渔业、工业用盐范围的其他用盐,需要减税、免税的。5.有关涉及外交关系和对外商征税(包括边境地区小额贸易)的问题。”该《规定》第三条规定:凡属下列情况的,由省、市、自治区革命委员会掌握审批,其中第七项就是“对城市房地产税、车船使用牌照税、牲畜交易税

① 杨文利主编:《中国税权划分问题研究》,第54页,北京:中国税务出版社,2001。

和集市交易税的减税、免税、变更税率、税额或停征。对屠宰税确定征税范围、调整税额和采取某些减税、免税措施。”该《规定》第四条规定：“省、市、自治区，为了贯彻中央的统一税法，可以制定具体征税办法。”该《规定》第五条规定：“对于涉及两个省、市、自治区以上的征税问题，如纳税环节、纳税地点的确定等，有关地区应当事先共同协商，取得一致意见。遇有问题时，由财政部帮助解决。”该《规定》第六条规定：“民族自治区革命委员会，对少数民族聚居地区的税收，可以根据全国税法规定的原则，制定税收办法，报国务院备案。”在计划经济体制下，税收立法权的下放造成了税收秩序的混乱，地方随意减免税现象严重，削弱了中央政府的财政能力。因此，在“文革”结束后，我国税收立法权纵向配置的趋势是税收立法权向中央高度集中。

二、改革开放以后到1994年新税制改革之前我国税收立法权的纵向配置

1981年3月11日，财政部发出《关于认真贯彻执行〈国务院关于平衡财政收支严格财政管理的决定〉有关税收问题的通知》。该《通知》规定，要认真整顿减税、免税的有关规定；要适当集中管理权限，加强税收的统一管理；要切实加强征收管理工作。1987年4月8日，国务院发布《国务院关于严肃税收法纪加强税收工作的决定》重申，今后凡涉及中央管理的减免税权限，各地区、各部门应事先征求财政部意见，报国务院审批；任何地区和部门自行下达超越自己管理权限的减免税文件一律无效，各级税务机关有权拒绝执行，并向财政部报告。1988年12月27日，国务院发布《国务院关于整顿税收秩序加强税收管理的决定》，指出：“国家税法必须统一，税权不能分散，统一税法的原则必须始终如一地坚持而不能有任何动摇和变通。”

国务院[1991]67号文件批转《国家税务局关于进一步推进依法治税加强税收管理报告》，该《报告》提出“坚决维护税法的统一性、严肃性”，认为：“坚持依法治税，统一税法，集中税权，是发展社会主义有计划商品经济的必然要求，也是税收工作的基本原则。”1991年4

月9日，第七届全国人民代表大会第四次会议通过的《中华人民共和国国民经济和社会发展十年规划和第八个五年计划纲要》提出："按照统一税政、集中税权、公平税负的原则，逐步理顺税制结构，强化税收管理，严格以法治税，充分发挥税收在增加财政收入和对经济实施宏观调控的重要作用。"第七届全国人民代表大会常务委员会第二十七次会议1992年9月4日通过、自1993年1月1日起施行的《税收征收管理法》第三条规定："税收的开征、停征以及减税、免税、退税、补税，依照法律的规定执行；法律授权国务院规定的，依照国务院制定的行政法规的规定执行。任何机关、单位和个人不得违反法律、行政法规的规定，擅自作出税收开征、停征以及减税、免税、退税、补税的决定。"

三、1994年税制改革以来我国税收立法权的纵向配置

（一）形式上的税收立法权的纵向配置

从1994年税制改革以后，从形式上的税收来说，中央高度集权的税收立法权纵向配置模式开始在我国建立。何谓"形式上的税收"？笔者认为，"形式上的税收"就是以"税"命名的国家强制性金钱给付。形式上的税收立法权就是对于这种形式上的税收的立法权。

1993年12月25日，国务院发布《关于实行分税制财政管理体制的决定》（国发[1993]85号），决定从1994年1月1日起改革现行地方财政包干体制，对各省、自治区、直辖市以及计划单列市实行分税制财政管理体制。该《决定》规定："中央税、共享税以及地方税的立法权都要集中在中央，以保证中央政令统一，维护全国统一市场和企业平等竞争。"1993年12月25日，国务院发布《国务院批转国家税务总局工商税制改革实施方案的通知》（国发[1993]90号）规定，工商税制改革实施方案将从1994年1月1日起在全国施行。《工商税制改革实施方案》规定："中央税和全国统一实行的地方税立法权集中在中央。"二者对中央与地方税收立法权的划分明显存在不同。可以看出，两个文件在非全国统一实行的地方税可否由地方自行立法这一

重大问题上存在着不同意见，同时，也可以看出，中央在是否授予地方部分税收立法权这一敏感问题上举棋不定、踟蹰徘徊。遗憾的是，如此重大、重要的中央与地方税收立法权划分问题，竟由国务院以文件形式加以明确，更为遗憾的是，国务院文件有些因势而发，未考虑与《税收征收管理法》的对接。[①]

1994 年以来，地方政府曾经在以下几个方面享有税收立法权，但目前已经被取消：

①屠宰税和筵席税的停征权或者实施办法的制定权。国发[1994]7 号文《国务院关于取消集市交易税、牲畜交易税、烧油特别税、奖金税、工资调节税和将屠宰税、筵席税下放给地方管理的通知》规定："屠宰税和筵席税下放地方管理后，各省、自治区、直辖市人民政府可以根据本地区经济发展的实际情况，自行决定继续征收或者停止征收。继续征收的地区，省、自治区、直辖市人民政府可以根据《屠宰税暂行条例》和《中华人民共和国筵席税暂行条例》的规定，制定具体征收办法。"2000 年 3 月 2 日，中共中央、国务院发出《关于进行农村税费改革试点工作的通知》，规定了农村税费改革试点的主要内容，包括取消屠宰税。同年 5 月 15 日，财政部、国家税务总局发出的《关于农村税费改革试点地区取消屠宰税的通知》规定，实行农村税费改革试点的地区，取消屠宰环节和收购环节征收的屠宰税。原来地方随屠宰税附征的其他收费项目也一律停止（按国家规定收取的检疫费等合法收费除外）。同年，作为全国农村税费改革试点的安徽省首先在全省范围内停止征收屠宰税。2002 年，农村税费改革试点工作从上年的安徽、江苏 2 个省扩大到 20 个省、自治区和直辖市，次年扩大到全国。到 2004 年，全国各地都已经停止征收屠宰税。2006 年 2 月 17 日，国务院总理温家宝签署中华人民共和国国务院令第 459 号，即日起废止 1950 年 12 月 19 日政务院发布的《屠宰税暂行条例》。另据国家税务总局了解，只有内蒙古自治区等个别省、自治

---

① 许善达等：《中国税权研究》，第 32 页，北京：中国税务出版社，2003。

区、直辖市开征了筵席税，且目前都已经被取消。[①]

（2）部分娱乐业营业税在《营业税暂行条例》所规定幅度内的具体适用税率的决定权。根据《营业税暂行条例》的规定：娱乐业税率为5%—20%，纳税人经营娱乐业具体适用的税率，由省、自治区、直辖市人民政府在本条例规定的幅度内决定。财政部、国家税务总局财税[2001]73号文《关于调整部分娱乐业营业税税率的通知》规定："为加强对娱乐性消费行为的调节，经国务院批准，从2001年5月1日起，夜总会、歌厅、舞厅、射击、狩猎、跑马、游戏、高尔夫球、保龄球、台球等娱乐行为的营业税统一按20%的税率执行。"财政部、国家税务总局财税[2004]97号文《关于调减台球保龄球营业税税率的通知》规定："经国务院批准，对台球、保龄球减按5%的税率征收营业税，税目仍属于'娱乐业'。"因此，对于上述营业税税目的具体适用税率，省、自治区、直辖市人民政府已经没有决定权。

（3）企业所得税计税工资具体标准的确定权。1994年1月1日起实施的《企业所得税暂行条例》第六条规定："纳税人支付给职工的工资，按照计税工资扣除。计税工资的具体标准，在财政部规定的范围内，由省、自治区、直辖市人民政府规定，报财政部备案。"随着《企业所得税法》自2008年1月1日起的实施，该项税收要素的立法权力也被取消。

（4）非全国统一的农业特产税的税目及其具体适用税率的确定权以及《关于对农业特产收入征收农业税的规定》的实施办法的制定权。根据1994年1月30日国务院143号令发布的《关于对农业特产收入征收农业税的规定》第三条规定，省、自治区、直辖市人民政府确定其他农业特产品收入为农业特产税的税目。该《规定》第十五条规定："省、自治区、直辖市人民政府可以根据本规定制定实施办法，并报财政部备案。"财政部、国家税务总局财税[2004]120号文《关于取消除烟叶外的农业特产税有关问题的通知》规定：为了贯彻落实党的

① 许善达等：《中国税权研究》，第32页，北京：中国税务出版社，2003。

十六届三中全会决定和中央农村工作会议精神，继续推进农村税费改革，进一步减轻农民负担，根据《中共中央、国务院关于促进农民增加收入若干政策的意见》(中发[2004]1号)有关规定，经国务院批准，从2004年起，对烟叶仍征收农业特产税，取消其他农业特产品的农业特产税。其中，对征收农业税的地区，在农业税计税土地上生产的农业特产品，改征农业税，农业特产品的计税收入原则上参照粮食作物的计税收入确定。在非农业税计税土地上生产的农业特产品，不再改征农业税；对已免征农业税的地区，农业特产品不再改征农业税。2005年12月29日，第十届全国人大常委会第十九次会议决定，第一届全国人大常委会于1958年6月3日通过的《农业税条例》自2006年1月1日起废止。2006年，在全国范围内免除了农业税，除烟叶以外的农业特产税也告废止。

另外，随着《农业税条例》的废止，地方政府的农业税立法权也告终止。目前，我国地方政府的税收立法权主要有以下方面：

(1)具体适用税率、税额的确定权。1997年4月23日国务院第224号令发布的《契税暂行条例》第三条规定："契税税率为3%—5%。契税的适用税率，由省、自治区、直辖市人民政府在前款规定的幅度内按照本地区的实际情况确定，并报财政部和国家税务总局备案。"1988年9月27日中华人民共和国国务院第17号令发布、根据2006年12月31日《国务院关于修改〈中华人民共和国城镇土地使用税暂行条例〉的决定》修订的《城镇土地使用税暂行条例》第五条规定："省、自治区、直辖市人民政府，应当在本条例第四条规定的税额幅度内，根据市政建设状况、经济繁荣程度等条件，确定所辖地区的适用税额幅度。市、县人民政府应当根据实际情况，将本地区土地划分为若干等级，在省、自治区、直辖市人民政府确定的税额幅度内，制定相应的适用税额标准，报省、自治区、直辖市人民政府批准执行。经省、自治区、直辖市人民政府批准，经济落后地区土地使用税的适用税额标准可以适当降低，但降低额不得超过本条例第四条规定最低税额的30%。经济发达地区土地使用税的适用税额标准可以适当提高，但须报经财政部批准。”2006 年 12 月 29 日国务院第 482 号令发布的《车船税暂行条例》第二条规定：“车船的适用税额，依照本条例所附的《车船税税目税额表》执行。国务院财政部门、税务主管部门可以根据实际情况，在《车船税税目税额表》规定的税目范围和税额幅度内，划分子税目，并明确车辆的子税目税额幅度和船舶的具体适用税额。车辆的具体适用税额由省、自治区、直辖市人民政府在规定的子税目税额幅度内确定。”2007 年 12 月 1 日国务院第 511 号令发布的《耕地占用税暂行条例》第五条规定：“国务院财政、税务主管部门根据人均耕地面积和经济发展情况确定各省、自治区、直辖市的平均税额。各地适用税额，由省、自治区、直辖市人民政府在本条第一款规定的税额幅度内，根据本地区情况核定。各省、自治区、直辖市人民政府核定的适用税额的平均水平，不得低于本条第二款规定的平均税额。”

(2)减免税的立法权。《车船税暂行条例》第四条规定：“省、自治区、直辖市人民政府可以根据当地实际情况，对城市、农村公共交通车船给予定期减税、免税。”2007 年 3 月 16 日第十届全国人民代表大会第五次会议通过的《企业所得税法》第二十九条规定：“民族自治地方的自治机关对本民族自治地方的企业应缴纳的企业所得税中属于地方分享的部分，可以决定减征或者免征。自治州、自治县决定减征或者免征的，须报省、自治区、直辖市人民政府批准。”

(3)其他税收要素的确定权。《城镇土地使用税暂行条例》第八条规定：“土地使用税按年计算、分期缴纳。缴纳期限由省、自治区、直辖市人民政府确定。”《车船税暂行条例》第六条规定：“车船税的纳税地点，由省、自治区、直辖市人民政府根据当地实际情况确定。跨省、自治区、直辖市使用的车船，纳税地点为车船的登记地。”《车船税暂行条例》第八条规定：“车船税按年申报缴纳。具体申报纳税期限由省、自治区、直辖市人民政府确定。”

(4)实施细则制定权。国发[1985]19 号文发布的《城市维护建设税暂行条例》第九条规定：“省、自治区、直辖市人民政府可以根据本条例，制定实施细则，并送财政部备案。”国发[1986]90 号文发布的《房产税暂行条例》第十条规定：“本条例由财政部负责解释；施行细则由省、自治区、直辖市人民政府制定，抄送财政部备案。”《城镇土地使用税暂行条例》第十三条规定：“本条例的实施办法由省、自治区、直辖市人民政府制定。”

（二）征费立法权的纵向配置

我国目前将形式上的税收之外的公共部门收费称为“行政事业性收费”，其中就包括了具有广义税收性质的“征费”。通过国家强制手段征收的行政性收费，本书称为“征费”。长期以来，地方行政机关的征费权没有得到有效规范，地方行政机关的征费权既脱离权力机关的控制，也脱离中央政府的控制，造成乱收费现象越演越烈，社会不堪重负，民怨沸腾。1990 年 9 月 16 日发布的《中共中央、国务院关于坚决制止乱收费、乱罚款和各种摊派的决定》规定：“行政事业性收费项目，审批权限集中在中央和省（不含计划单列市）两级。根据收费项目情况，分别由国家物价局、财政部和省物价、财政部门审批，重要项目须报国务院或省政府批准。设立各种基金的审批权集中到财政部，由财政部会同有关部门审批，重要的报国务院批准。”1997 年 7 月 7 日发布的中发[1997]14 号文《中共中央、国务院关于治理向企业乱收费、乱罚款和各种摊派等问题的决定》规定：“建立健全向企业的行政事业性收费、罚款、集资、基金项目的审批管理制度。今后，所有新增加向企业的行政事业性收费项目和标准，必须按隶属关系分别报财政部、国家计委或省、自治区、直辖市人民政府审批，重要的报国务院审批。各省、自治区、直辖市人民政府审批的收费项目和收费标准，要分别征得财政部和国家计委同意。向企业实施罚款，必须严格按照国家法律法规的规定执行。向企业集资，必须依据国家法律法规和国务院的规定进行。向企业收取基金，必须按照规定报财政部会同有关部门审批，重要的要报国务院审批。”2004 年 12 月 30 日财政部、国家发改委发布的财综字[2004]100 号文《行政事业性收费项目审批管理暂行办法》第九条规定：“省级国家机关、事业单位、代行政府职能的社会团体及其他组织(以下简称省级单位),省以下国家机关、事业单位、代行政府职能的社会团体及其他组织(以下简称省以下单位),申请设立一般收费项目,应当向省、自治区、直辖市财政、价格主管部门(以下简称“省级财政、价格主管部门”)提出书面申请,由省级财政、价格主管部门审批。省级单位、省以下单位申请设立重要收费项目,应当向省级财政、价格主管部门提出书面申请,由省级财政、价格主管部门审核后报省级政府批准。地方重要收费项目的范围由省级财政、价格主管部门确定。省级单位、省以下单位申请设立专门面向企业的收费项目,应当向省级财政、价格主管部门提出书面申请,经省级财政、价格主管部门审核后报省级政府审批,省级政府在审批之前应当按照中发[1997]14号文件的规定征得财政部和国家发展改革委同意。省级政府及其财政、价格主管部门批准设立的收费项目,应当于批准之日起30日内报财政部和国家发展改革委备案。”2006年3月27日国家发改委、财政部发布的《行政事业性收费标准管理暂行办法》第四条规定:“收费标准实行中央和省两级审批制度。国务院和省、自治区、直辖市人民政府(以下简称“省级政府”)的价格、财政部门按照规定权限审批收费标准。中央有关部门和单位(包括中央驻地方单位,下同),以及全国或区域(跨省、自治区、直辖市)范围内实施收费的收费标准,由国务院价格、财政部门审批。其中,重要收费项目的收费标准应由国务院价格、财政部门审核后报请国务院批准。除上款规定的其他收费标准,由省级政府价格、财政部门审批,并于批准执行之日起30日内报国务院价格、财政部门备案。其中,重要收费项目的收费标准应由省级价格、财政部门审核后报请省级政府批准。”

第三节　我国目前税收立法权纵向配置所存在的问题及其完善建议

一、我国目前税收立法权纵向配置所存在的问题

(一)形式上的税收立法权高度集中于中央

目前,我国形式上的税收立法权高度集中于中央。1992 年 9 月 4 日通过、自 1993 年 1 月 1 日起施行的《税收征收管理法》第三条规定:"税收的开征、停征以及减税、免税、退税、补税,依照法律的规定执行;法律授权国务院规定的,依照国务院制定的行政法规的规定执行。任何机关、单位和个人不得违反法律、行政法规的规定,擅自作出税收开征、停征以及减税、免税、退税、补税的决定。"1993 年 12 月 25 日国务院发布的《关于实行分税制财政管理体制的决定》(国发[1993]85 号)规定:"中央税、共享税以及地方税的立法权都要集中在中央,以保证中央政令统一,维护全国统一市场和企业平等竞争。"1993 年 12 月 25 日《国务院批转国家税务总局工商税制改革实施方案的通知》(国发[1993]90 号)规定:"中央税和全国统一实行的地方税立法权集中在中央。"目前,地方政府形式上的税收立法权只有以下方面:①对契税、城镇土地使用税、车船税、耕地占用税的具体适用税率、税额的确定权;②省、自治区、直辖市人民政府对城市、农村公共交通车船的车船税的定期减税、免税的确定权,民族自治地方的自治机关对本民族自治地方的企业应缴纳的企业所得税中属于地方分享的部分减征或者免征的确定权;③土地使用税缴纳期限、车船税的纳税地点及其申报纳税期限的确定权;④城市维护建设税、房产税、城镇土地使用税的实施细则制定权。

由此可见,我国目前形式上的税收立法权高度集中于中央,这固然有利于遏制地方税收权带来的混乱,但是,我国幅员辽阔,人口众多,多民族聚居,发展又极不平衡,中央高度集权的税收立法体制也

使税收立法难以适应各地千差万别的具体情况。

(二)中央政府对地方政府征费设定权的监督控制不够健全

如前文所述,本书所界定的广义税收包括“征费”。根据目前我国行政事业性收费管理体制,我国省级人民政府及其部门享有征费设定权。但是,我国目前处于向市场经济转轨时期,民主、法治尚不健全,地方行政机关的征费设定权既需要地方权力机关的监督控制,也需要来自中央政府的监督控制,否则,也会导致很多消极后果,如地方政府以费代税,通过征费权与中央政府竞争而产生的收费过度,通过征费而实施的地方保护主义等。改革开放以来,我国地方政府收费膨胀就是地方政府收费权滥用的反映。由于地方政府收费的混乱愈演愈烈,中央逐渐加强了对地方政府收费权的控制。1997 年 7 月 7 日发布的中发[1997]14 号文《中共中央、国务院关于治理向企业乱收费、乱罚款和各种摊派等问题的决定》规定:“建立健全向企业的行政事业性收费、罚款、集资、基金项目的审批管理制度……各省、自治区、直辖市人民政府审批的收费项目和收费标准,要分别征得财政部和国家计委同意。”2004 年 12 月 30 日财政部、国家发改委发布的财综字[2004]100 号文《行政事业性收费项目审批管理暂行办法》第九条规定:“省级单位、省以下单位申请设立专门面向企业的收费项目,应当向省级财政、价格主管部门提出书面申请,经省级财政、价格主管部门审核后报省级政府审批,省级政府在审批之前应当按照中发〔1997〕14 号文件的规定征得财政部和国家发展改革委同意。省级政府及其财政、价格主管部门批准设立的收费项目,应当于批准之日起 30 日内报财政部和国家发展改革委备案。”我国目前只对专门面向企业的地方收费项目实行中央政府部门的同意、批准制度,笔者认为,这种监督控制制度还是很片面的,而且,监督主体只是中央政府部门,监督主体的层次偏低。在我国现阶段,还应当进一步强化中央政府对地方政府征费立法权的监督控制,确立中央政府征费立法权的优先地位,对于重要的地方征费立法事先都要经过中央政府的批准,中央政府对地方政府的征费立法有事后监督的权力,对于违反宪法、法律以及不适当的地方征费立法有权加以撤销。《立法法》草拟稿中的中央专属立法权列举中曾经包括所谓的“税收性质的费”(Fees of Tax),这被看做中央政府试图控制强制收费的一种举动,但是,遭到地方政府和国务院某些部门的反对,结果,“税收性质的费”在以后的《立法法》草拟稿中被删除。①

(三)地方政府行使变相的税收立法权,进行制度外的税收竞争

1994年税制改革以后,形式上的税收立法权高度集中于中央,很多地方政府通过“先征后返”等方式行使变相的税收立法权,进行制度外的税收竞争。一些地方性法规、规章和地方政府决定、意见等甚至明文规定了税收返还条款,例如:江苏省人民政府1996年12月27日颁布的《关于加快高新技术产业化的若干意见》(苏政发[1996]153号)规定:“经省科技行政主管部门会同有关部门认定的高新技术产品,自确认之日起两年内所征收的增值税属地方的留成部分,经同级政府批准后,可列收列支,返还给高新技术产品生产单位。被省科技行政部门会同有关部门认定的高新技术的中试产品,自销售之日起两年内,经省财政部门审定,可将中试产品实际缴纳地方的企业所得税的50%返还企业,专项用于技术创新。企业研究开发新产品等发生的各项费用增幅在10%以上的,可再按实际发生额的50%抵扣应税所得额。”1999年1月31日颁布的《浙江省人民政府关于大力推进高新技术产业化的决定》(浙政发[1999]1号)规定:“对省认定的高新技术企业,经县以上同级财政审核,企业所得税地方所得部分头两年全额返还,后五年按50%返还,其中对开发生产具有自主知识产权的软件和基因工程产品的高新技术企业,头五年全额返还,后五年按50%返还。对国家级新产品和经省认定的高新技术产品,自认定之日起两年内所征收的增值税地方留成部分,经县以上同级财政审核

① Li Yahong, The Law-making Law: A Solution to the Problems in the Chinese Legislative System, Hong Kong Law Journal, 2000,30. 转引自崔卓兰、于立深《行政规章研究》,第116页,长春:吉林人民出版社,2002。

后,可列收列支予以返还。返还给企业的税款,全额用于高新技术研究开发和扩大再生产。"2002 年 5 月 24 日山西省第九届人民代表大会常务委员会第二十九次会议通过的《山西省高新技术产业发展条例》第十三条规定:"实施经认定的高新技术产业化项目,自项目认定之日起五年内上缴的企业所得税、营业税、增值税的地方收入部分,由当地人民政府安排专项资金对该项目给予扶持;拥有自主知识产权的项目,除享受上述优惠外,第六年至第八年上缴的企业所得税、营业税、增值税地方收入部分的 50%,由当地人民政府安排专项资金给予扶持。前款规定的专项资金,90%用于该项目实施单位的技术创新,10%纳入高新技术产业扶持资金集中使用。"财政部、国家税务总局财税字[1998]60 号文《关于制止越权减免企业所得税的通知》规定:"各地区不得采取即征即退的做法,变相减免企业所得税。"2000 年 1 月 11 日颁布的国发[2000]2 号文《国务院关于纠正地方自行制定税收先征后返政策的通知》(以下简称《通知》)指出:"1994 年实施的税制改革,进一步强化了税收法制,规范了税收管理,基本上遏制了越权减免税的现象。但是,最近一段时间以来,一些地方为了缓解企业困难或实现其他经济目的,违反有关规定,采取税收先征后返(也称列收列支)的办法,对企业已缴纳的税收予以返还。这种做法不仅扰乱了税收秩序,违背了统一税政、集中税权的原则,而且违背了公共财政的要求,削弱了财政调控能力,甚至形成了潜在的财政风险,必须采取有力措施,坚决予以制止。"该《通知》规定:"先征后返政策作为减免税收的一种形式,审批权限属于国务院,各级地方人民政府一律不得自行制定税收先征后返政策。对于需要国家财政扶持的领域,原则上应通过财政支出渠道安排资金。如确需通过税收先征后返政策予以扶持的,应由省(自治区、直辖市)人民政府向国务院财政部门提出申请,报国务院批准后才能实施。"该《通知》进一步规定了相关的责任措施:"各省(自治区、直辖市)人民政府要认真贯彻落实本通知精神,对本地区纠正自行制定税收先征后返政策的情况进行认真督查。凡拒不纠正继续擅自保留的,中央将相应扣减对该地区的转移支付和专项补助，并追究有关人员的责任。”遏制地方政府的变相税收立法权，在我国还需要进一步的法制建设。

二、完善我国税收立法权纵向配置的建议

我国现阶段处于向社会主义市场经济转轨时期，完善的社会主义市场经济尚处于建设过程中，民主、法治水平不高，法制尚不健全。因此，在现阶段，赋予地方政府过多的税收立法权所带来的负面效应将大于它的正面效应。但是，目前，我国形式上的税收立法权仍然过于集中，应当适当赋予地方政府一定的税收立法权。下文对完善我国税收立法权纵向配置提出了几点建议。

（一）通过税收基本法对我国税收立法权纵向配置作出规定

我国是单一制国家，在现阶段通过修改《宪法》来对税收立法权纵向配置作出规定尚不现实，根据我国《立法法》第八条的规定，“税收基本制度”只能制定法律。何谓“税收基本制度”？地方政府享有哪些税收立法权限？《立法法》仍然是语焉不详。笔者认为，可以通过制定《税收基本法》来对税收立法权的纵向配置作出一般规定。

（二）减少财政级次，在合理配置地方税种的基础上合理配置各级政府的税收立法权

新中国成立以来，我国政府层级体制经过一系列演变，形成目前的五级政府体制，即中央、省（自治区、直辖市）、市（地区、自治州）、县（自治县、县级市）、乡（民族乡、镇），1994 年开始推行的分税制改革，按照五级政府架构，相应地从中央到地方设立五级预算，从而形成了五级政府财政体制。政府财政级次过多产生了委托代理的效率损失，使各级政府间难以划分事权，也使各级政府间财权难以划分，在财力分配上不利于基层财政。[1] 世界上多数国家采用三级政府体制，我国也应当适应市场经济发展的要求，减少政府级次，建立三级政

① 刘海英：《地方政府间财政关系研究》，第 120—127 页，北京：中国财政经济出版社，2006。

府、三级财政。其一是取消乡级政府,将其改变为县级政府的派出机构;其二是取消市管县的体制,将市、县两级政府改造为独立、平行的省以下地方政府。但是,目前改变地方政府体制尚不现实,在维持政府级次的现状的条件下,可以先减少财政级次,通过推广“省管县”体制、“乡财县管”,实行三级财政。根据三级财政来合理划分各级财政的税种,在合理划分各级财政的税种的基础上,合理配置各级政府对各级财政的税种的立法权。我国目前划分政府间税种的依据是国务院发布的《关于实行分税制财政管理体制的决定》,该《决定》只对中央与地方税种以及中央与地方共享税种进行了划分,而对各级地方政府的税种并没有进一步划分。笔者认为,应当在确立三级财政的基础上,通过法律的形式划分中央、省级、市县级财政的税种。笔者对我国将来的三级财政的税种划分作如下设计:将关税、增值税、消费税、证券交易印花税、海洋石油资源税等作为中央税种;将企业所得税、个人所得税等作为中央与省级财政共享税种;将营业税、印花税、资源税、土地增值税、烟叶税、社会保障税、环境保护税等作为省级财政的税种,在社会保障实现全国统筹之后,可以将社会保障税上升为中央税种;将城市维护建设税、房产税、城市房地产税、城镇土地使用税、耕地占用税、车船税、契税等作为市县财政的税种,在物业税开征后,房产税、城市房地产税将被取消,物业税将作为市县财政的主体税种。

(三)授予地方政府对全国统一实行的部分地方税的执行性立法权以及部分税收要素的调整、确定权

地方政府税收立法权的对象是地方税种,但是,由于不同的地方税种具有不同的性质、特征和功能,各国国情千差万别,因而,地方政府的税收立法权并不能及于全部地方税种及其要素。在我国现阶段,可以授予地方政府对全国统一实行的部分地方税的执行性立法权以及部分税收要素的调整、确定权。全国统一实行、并且对宏观经济影响较大的营业税的创制性立法权、执行性立法权全部集中在中央,地方政府无权调整税收要素,无权进行解释。对于全国统一开征、对地方社会经济影响较大,同时具有较大外部效应的资源税、土地增值税、城市维护建设税、烟叶税、环境保护税、社会保障税、印花税等的创制性立法权由中央享有,省级政府享有制定实施细则的执行性立法权。对于全国统一开征、税源较为普遍、税源不易流动、外部效应较小、对本地社会经济影响较大的物业税、契税、城镇土地使用税、车船税、耕地占用税等由中央进行创制性立法,并授权省级政府在法定的税率幅度范围内确定各地区具体适用税率,同时由省级政府制定实施细则。随着我国民主、法治的发展,将来也可以进一步将上述税种的具体税率的确定权、执行性立法权授权市县政府行使。

(四)授予地方政府对非全国统一实行的地方税的立法权,但要经过上级政府的批准

对于具有地方特色、税源零星分散、不在全国统一开征的地方税以及尚未在全国统一开征的地方税,由地方政府进行创制性立法和执行性立法。但是,为了监督控制地方政府的这种税收立法权,应当采用对地方政府这种创制性税收立法的批准制度,即地方政府开征法定地方税之外的地方税由上级政府批准。例如,2007 年 3 月 10 日公布的山西省人民政府第 203 号令《山西省煤炭可持续发展基金征收管理办法》所征收的“煤炭可持续发展基金”目前还不是全国统一征收的基金,笔者认为,该基金从本质上看,也是资源税的一种。《山西省煤炭可持续发展基金征收管理办法》第三条规定:“各级地方税务机关根据省人民政府的决定,受财政部门的委托负责基金征收管理工作。”该基金的作用在于克服煤炭资源开采利用中的负外部性,促进煤炭工业以及产煤地区社会经济的可持续发展,其征收是依靠国家强制手段,因此,属于本书所界定的广义“税收”。但是有关该基金征收的政府规章是依据《国务院关于同意在山西省开展煤炭工业可持续发展政策措施试点意见的批复》而制定的。

在目前,非全国统一实行的地方税的创制性立法权只能由省级政府行使,将来随着条件的成熟,非全省(自治区、直辖市)统一实行的地方税则可以由市、县政府行使创制性立法权。我国《立法法》第六十三条第二款规定:"较大的市的人民代表大会及其常务委员会根据本市的具体情况和实际需要,在不同宪法、法律、行政法规和本省、自治区的地方性法规相抵触的前提下,可以制定地方性法规,报省、自治区的人民代表大会常务委员会批准后施行。"第四款规定:"本法所称较大的市是指省、自治区的人民政府所在地的市,经济特区所在地的市和经国务院批准的较大的市。"除了较大的市以外的市、县权力机关尚不具有立法权,但是,较大的市以外的市、县权力机关根据授权取得立法权还值得探讨。

第六章　税收立法权的宪法控制

创制性税收立法权由代议机关行使，是税收取得正当性的根本原则，是公民、社会组织的财产权不受国家征税权侵犯的基本保障。但是，税收的民主立法也有其天然的缺陷，当今西方国家的财政困境与其民主制度之间存在着内在的联系。因此，运用宪法控制税收立法权，对税收民主立法进行适度的介入和干预，是克服税收民主立法缺陷的重要制度设计。税收立宪对税收立法权进行了配置，确立了代议机关的税收立法权，同时，也为税收立法权的行使确立了基本原则。违宪审查机关根据宪法规范、原则和精神，基于一定的审查基准对税收立法进行审查，此即税收立法权的宪法控制。我国在加强税收立法民主建设的同时，也应当建立起税收立法权的宪法控制制度。

第一节　税收立宪

一、税收立宪的意义

宪法是国家的根本大法，具有最高的效力，宪法规定的内容是国家社会制度和政治制度的根本问题，主要包括国家性质、政权组织形式、结构形式以及公民基本权利和义务等内容。宪法是“法律的法律”，是衡量所有其他法律的法律标准。所谓“宪政”是指一种使政治运作法律化的理念或理想状态，它要求政府所有权力的行使都被纳入宪法的轨道并受宪法的制约……把宪法真正作为“法”——“更高的法”,并控制所有的政府权力,包括立法权,国家就实现了宪政。[①]法律是为了社会的统治而制定的,规定义务的主要目的是为了防止那些对社会造成危害的个人或组织的行为,以实现社会的良好秩序和安全保障。而宪法则恰好相反,它的主要目的不是为了规定个人义务——因为那是普通法律的事情,而正是为了防止法律对公民自由的过分控制,在这个意义上,宪法是“控制法律的法律”[②]。因此,税收立宪正是为了控制税收立法权,为税收立法权的行使确立基本的准则,具体而言,税收立宪的意义主要体现在以下两个方面。

(一)确立和控制代议机关的税收立法权,保障公民、社会组织的财产权

自国家产生以来,税收便不可避免,正如美国法学家奥利弗·温德尔·霍姆斯所说:“税收是文明的对价。”征税权是国家强制公民、社会组织向其转移财产的公权力,征税权如果得不到有效的控制,公民、社会组织的财产则始终处于受威胁的不安全的境地,其财产权也是有名无实。美国大法官约翰·马歇尔在麦克科洛克诉马里兰州案中说:“征税的权力事关毁灭的权力。”承认公民、社会组织的财产权,则国家征税权就必须来自人民的授予、同意,而人民的同意通常是通过代议制实现的。政府是在产权确定的情形下从属于公民的私有财产中拿走一部分,并且事先要取得公民的理解和同意,这才是“税收”。所以,国家税收的前提也就是民主宪政制度的必然前提,即财产的私人所有。所谓“私有财产不受侵犯”,首先就是私有财产不受非法税的侵犯。[③] 奥地利学者冯·米瑟斯指出:财产权为个人创造了一个不受国家控制的领域,限制了政府的行动范围及统治者的专横意志。财产权是抵制统治权力扩张的最牢固的屏障,是市民社会和民间的政治力量赖以发育的温床。因此,财产权成为自由、个人自治赖以植根和获取养料的土壤,它对人类的一切精神和物质文明的巨

①② 张千帆:《宪法学导论》,第11、25—26页,北京:法律出版社,2003。

③ 李炜光:《论税收的宪政精神》,载《经济活页文选》,2004(5)。

大进步产生了深远影响。[①] 只有强烈的财产权观念和发达的财产权制度才能对抗政府的征税权，才能确立“无代表不纳税”原则。中国皇权社会赋税制度与欧洲中世纪税制不仅在形态上，而且在法理基础上都有着很大的不同，西方税制以财产私有为法权基础，最后发展出平民通过代议制而控制国家税收的宪政政体；而中国“秦制”以后赋役制度的专制性基础在于：皇权是一切子民人身和财产的最终所有者、支配者。[②] 专制的税收制度必然导致横征暴敛，只有确立“无代表不纳税”原则，由代议机关掌控税收立法权，才能防范政府征税权的滥用。因此，在宪法上确立代议机关对税收立法权的保留，是一条保障公民、社会组织财产权的基本宪政原则。

为了保障公民、社会组织的财产权，宪法在确立代议机关的税收立法权的同时，还需要控制代议机关的税收立法权。在多数主义规则下，产权仍有可能受到侵犯，如多数人可以通过一个侵犯少数人财产的公共决议，而这样一来，产权制度就会遭到破坏，整个社会的效率就会大大降低。因此，保护产权的制度就是高于立法机构的又一基本规则。[③] 正如布坎南在其《自由的限度》中所说的那样，我们的时代面临的不是经济方面的挑战，而是制度和政治方面的挑战。也就是说，在美国宪法和其他宪政民主的宪法中存在着根本性的缺陷，在最大限度地保护个人自由这一目标上，那些制定了美利坚和法兰西自由宪法的国父们失败了。现代西方民主政治存在着自我毁灭的因素，应该发明一种新的政治技术和新的表示民主的方式。[④] 公共选择

---

① ［奥地利］冯·米瑟斯著，韩光明等译：《自由与繁荣的国度》，第 104—105 页，北京：中国社会科学出版社，1995。

② 王毅：《中国皇权社会赋税制度的法理逻辑及其制度结果——从“王税”、“官课”成为赋税制度基本形态谈起》，载《华东师范大学学报（哲社版）》，2007(1)。

③ 盛洪：《宪政经济学与宪政改革——〈宪政经济学〉中文版序》，第 4 页，载［美］布伦南、布坎南著，冯克利等译《宪政经济学》，北京：中国社会科学出版社，2004。

④ J. M. Buchanan, The Limits of Liberty, The University of Chicago Press 1975. 转引自张辰龙《在自由与民主之间保持张力——保守主义经济学家的民主理论》，载刘军宁等编《直接民主与间接民主》，第 137 页，北京：三联书店，1998。

学派提出了通过税收立宪限制代议机关征税权的理论。布坎南和Flowers将各种税收立宪设想归纳为程序性限制和数量限制两类。程序性限制是指,通过政治决策的规则和程序来间接控制税收和支出的水平,而数量限制是指,对税收或支出水平直接进行数量控制。程序性规定间接地限制着最终结果,而数量限制的目的在于直接限制课税权的行使范围,而不是依靠政治程序的修改。程序性限制包括:对于税收和支出立法的特殊多数;税收与支出的普遍性;税收与支出的同时决定;专项税收——部门预算;预算平衡;税基或税源的分离和不同层级间政府职能的分离。数量限制包括:收入或支出作为GDP的指定部分;税基的限制;对税率的直接宪法限制。[①]日本税法学家北野弘久也指出:"税法的不合理性,首先表现在立法过程,然后进入行政过程和裁判过程,最后扩大到经济过程。由于租税的立法过程是各阶级、各阶层斗争的过程,所以现实的税法绝不是以获得'法的正义'为目的的法,而是资本为获得自己利益的法。"[②]他进一步指出:"如何在立法过程中阻止滥用权力,这对保护纳税者的人权极富积极性的意义。如果在立法过程中炮制了不合理的税法,而在执行过程中因遵从租税法律主义法理而被迫得以严格执行,其结果将是有害无益的。综上可知,作为20世纪的现代宪法的一个重要任务,就是要通过制约立法过程中的滥用权力现象,以构塑'租税法律主义'。"[③]税收立宪的目标之一就在于克服代议机关税收立法的局限性,从而为公民、社会组织的财产权提供保障。

(二)确立税收立法权正当行使的基准,实现社会公平

在自由法治国时期,宪法的基本价值是保障自由,而在社会法治国时期,宪法的基本价值则出现了多元化,保障自由和实现社会公平

---

① J. M. Buchanan and M. R. Flowers, The Public Finance, Richard D. Irwin, INC, 1980, pp. 179—190. 转引自范立新《从税收专制主义到税收宪政主义——税收法治的经济学分析》,厦门大学2003年博士学位论文,第75—76页。

②③ [日]北野弘久著,陈刚、杨建广等译:《税法学原论》,第74、76页,北京:中国检察出版社,2000。

成为其两大基本价值。何谓“社会公平”？有学者认为，所谓“经济公平”，一是机会均等，即每一个人在市场经济活动中应有平等的参加经济活动并获取收入的机会，这是收入分配公平的重要前提和基础；二是收入与投入相适应，即每一个人获取的收入应与他在生产经营活动中投入的要素质量、数量和产出效率相对称。所谓“社会公平”，就是保障社会成员最基本的生活需要，使保障水平随社会生产的发展而不断提高，并把收入分配差距保持在大多数社会成员经济能力和心理能力可以承受的范围内。[①]

从语词学上，“现代社会国”概念的提法肇始于德国，1870 年德国的学术杂志《社会活动家》(social politicker)最早也是最充分地对其作出了阐释，并于随后由“铁血宰相”俾斯麦经国家社会保险制度的实施将福利观念付诸实践。1919 年德国《魏玛宪法》的颁布和实施是现代社会国的标志性事件。20 世纪三四十年代是现代社会国的发展期，其标志是罗斯福新政，五六十年代是其繁荣期，70 年代至今是其反思期。[②] 20 世纪以来，特别是“二战”以后，资本主义国家的法律和政策从自由、个人权利本位向社会本位转变，各国宪法逐渐确立公民的社会权。1919 年《魏玛宪法》以其社会权条款数量之庞大、社会权种类之完备、性质之明显而成为 20 世纪宪法之典范。该《宪法》专辟一篇规定“德国人民之基本权利及基本义务”，共 5 章 57 条，其中又以“经济生活”、“教育及学校”、“共同生活”3 章全面、准确地规定了公民的各项社会权，主要包括生存权、劳动权、劳动结社自由、组织工会、社会保险、必需生活水准、受教育权、科学艺术自由、婚姻、家庭、妇女儿童特别保护和扶助，等等。为保障社会权，《魏玛宪法》对经济自由、契约自由、所有权进行了限制，如第一百五十一条第一项规定：“经济生活之组织，应与公平之原则及人类生存维持之目的相适应。”第一百五十三条第三项规定：“所有权为义务，其使用应同时为公共

---

① 樊丽明：《税收调控研究》，第 113 页，北京：经济科学出版社，2000。

② 刘丽：《税权的宪法控制》，第 44—45 页，北京：法律出版社，2006。

福利之义务。”第二次世界大战后，由于国际人权立法的发展促使了国内立法新一轮的更新。“二战”后西欧各国宪法在规定各种社会权的同时，对经济自由作出了相应的限制，甚至提出“社会国家”的目标，如法国1946年《宪法》第一条规定法国为“社会共和国”，《德国基本法》第二十条第一款规定德国为民主的社会合作的联邦共和国。[①] 根据荷兰学者对截至1976年3月31日142部国家宪法的统计，规定劳动权的为55.0%，规定组织或参加工会权的有59.1%，规定休息和休假权利的有32.4%，规定享受宽裕或合理生活标准权利的有23.2%，规定国家救济和社会保险的有66.9%，规定受教育权的有51.4%。[②]

社会法治国以实现社会公平为己任，保障公民的各项社会经济权利的实现，而社会国家要实现这一职能，必须依赖大量的财政收入，而社会国家的财政收入最主要的来源就是税收。1954年德国公法大师Forsthoff发表著名文章《社会法治国之概念与本质》，断言“所谓现代法治国家成为社会（福利）国家，主要系以租税国家之形态表现其功能”。在这句话中实寓有两层深刻含意：一为走向社会福利国家道路上，仍不得放弃法治国家传统之核心理念，换言之，社会法治国仍奠基在自由法治国基础上，只在某一部分予以修正；一为社会福利国家之财源有赖租税予以供应，社会福利国家如不放弃法治国家之基本权保障，只有借助租税国形态作为中介。[③] 我国台湾学者葛克昌认为，社会法治国之两大工具，即为税法与社会福利法。[④]社会法治国为实现社会公平需要借助税收工具，社会公平也是一种纯粹公共产品，该税收也属于一般目的税。

一般目的税为提供纯粹公共产品和补贴准公共产品筹集财政资金，而量能课税则使一般目的税自身也成为实现社会公平的一种手

① 龚向和：《社会权的历史演变》，载《时代法学》，2005(3)。

② [荷兰]亨利·范·马尔塞文、格尔·范·德·唐著，陈云生译：《成文宪法的比较研究》，第154—160页，北京：华夏出版社，1987。

③④ 葛克昌：《国家学与国家法——社会国、租税国与法治国家理念》，第48、55页，台北：月旦出版社股份有限公司，1996。

段，使一般目的税在征收和使用两个环节都体现社会公平的要求，避免了一般目的税在征收、使用两个环节上的价值目标、功能的冲突。一般目的税为什么应当实行量能课税原则？一般目的税是用于提供纯粹公共产品和为准公共产品的生产提供补贴，全体社会成员都均等地、不可分割地享受其效用，因此，无法衡量各个社会成员具体的受益多少，从而不能适用受益原则。并且，受益原则、责任原则和机会原则所体现的只是一种经济公平，而不能实现社会公平。全体社会成员均等地享受公共产品的效用，而其费用的负担却按照经济能力来分配，这已经超越了经济公平，而达到社会公平的层次。随着现代社会国的兴起，社会公平成为现代宪法的基本价值目标，一般目的税实行量能课税也成为一项宪法原则。一般目的税的量能课税原则入宪确立了税收立法权正当行使的基准，体现了现代宪法对社会公平的价值追求。

二、宪法上的税收条款

大凡各国宪法都有税收条款，总而言之，宪法上的税收条款主要有以下几个方面：

(一)税收立法权的代议机关保留

税收应当经过人民的同意，“无代表不纳税”，议会取得税收立法权是代议制民主的先导及其确立的重要标志。税收立法权由代议机关保留成为宪法的一项原则，一些国家宪法还明确规定了代议机关保留的具体税收立法事项。当然，很少国家明确地将税收作为代议机关绝对保留的立法事项，在宪法规定的条件下，税收可以进行授权立法。一些国家宪法通过税收法定条款来规定代议机关的税收立法权，这里的“法”是指狭义的“法律”。但是，随着地方税收立法权的发展，税收法定条款的“法”可以扩大解释为包括地方性法规。

有学者认为，从世界范围来看，税收立法权的横向分配可以分为独享模式和共享模式。独享模式又称为“一元立法权限体制”，指税收立法权主要由立法机关享有，行政机关享有的立法权来自立法机关的委托或授权。共享模式又称“多元立法权限体制”，指税收立法权由两个或两个以上的政权机关共同行使，立法机关和行政机关都享有立法权，行政机关享有的立法权部分来自立法机关的授权，部分来源于自身的职权，如法国、日本等国。[①] 笔者认为，这种观点是值得商榷的。对于一般立法事项，一些国家存在复合立法体制，但是，对于税收立法而言，“无代表不纳税”已经成为各国公认的宪政原则。符合这种宪政原则的税收立法权横向配置的模式是：创制性税收立法权由代议机关保留，可以授予行政机关特定的创制性税收立法权，税收授权立法受到宪法的限制，税收执行性立法权由行政机关基于职权或者授权行使。税收授权立法从属于税收职权立法，税收执行性立法从属于税收创制性立法，因此，在税收立法领域不存在复合立法体制，亦即共享模式。所谓的“共享模式”是违背税收立宪所确立的“税收立法权代议机关保留”原则的。

（二）税收立法权在中央和地方之间的分配

在单一制国家，地方税收立法权主要来自中央的授权，随着地方自治的发展，地方政府也可以取得宪法上赋予的专属税收立法权。在联邦制国家，联邦政府和成员政府的税收立法权一般来自宪法的规定，宪法可以对联邦政府和成员政府的税收立法权进行适当的限制。

（三）联邦制国家的税收收益权和税收征收管理权在联邦政府和成员政府之间的划分

税收收益权是对税款的归属支配权。税收征收管理是税务行政执法行为，具体包括税源管理、税收征收管理、税收稽查等，税收征收管理权具体包括税务登记权、账簿和凭证管理权、纳税申报受理权、税收核定权、税收保全措施权、税收强制执行权、税收稽查权、税收行政复议权等。征税权的主体是国家，但是，如何在中央和地方之间分配税收收益权和税收征管权是各国财政体制的一个基本问题。在市

① 刘剑文主编：《税法学》（第二版），第158—159页，北京：人民出版社，2003。

场经济条件下，分税制财政体制被普遍采用，税种成为划分中央和地方税收收益权的根据，地方税种通常由地方税务机关征管。在单一制国家，多通过法律来划分中央税种、地方税种以及中央、地方的共享税种；在联邦制国家，多通过宪法来划分联邦税种、成员政府税种以及联邦和成员政府的共享税种，一些国家的宪法规定联邦政府和成员政府拥有各自独立的征税权，从而在宪法上明确联邦政府和成员政府的税收收益权和税收征管权。因此，在联邦制国家，税收收益权和税收征管权也属于税收立宪事项。

（四）税收公平原则

1. 税收公平原则的提出及其含义

早在17世纪，古典经济学家威廉·配第就提出了公平、便利、节省的税收原则，18世纪尤斯蒂提出的六大税收原则就包括了“平等课税”，亚当·斯密从经济自由主义立场出发，提出了平等、确实、便利、最少征收费用四大课税原则。德国经济学家瓦格纳提出的税收原则是财政政策原则、国民经济原则、社会公正原则、税务行政原则。其中社会公正原则包含普遍原则和平等原则，普遍原则是指课税应毫无遗漏地遍及社会上的每个人，不能因身份、地位等而有所区别，平等原则是指社会上的所有人都应当按其能力的大小纳税，能力大的多纳，能力小的少纳，无能力的（贫困者）不纳，实行累进税率。[①] 美国当代著名财政学家理查·穆斯格雷夫也提出：“税负的分配应该是公平的，应使每个人支付他合理的份额。”[②]穆斯格雷夫进一步指出：“根据纳税能力原则的要求，拥有相同能力的人们必须交纳相同的税收。而具有较高能力的人们则必须交纳更多一些。前者被称为横向公平，后者则被称为纵向公平。在这一原则下，横向公平只适用于最基

① 郭庆旺等编著：《当代西方税收学》，第209—217页，大连：东北财经大学出版社，1997。

② ［美］理查·A·穆斯格雷夫、皮吉·B·穆斯格雷夫著，邓子基、邓力平编译：《美国财政理论与实践》，第188页，北京：中国财政经济出版社，1987。

本的平等方面。”[①]

我国有学者对“税收公平原则”作了如下定义：税收公平原则通常是指纳税人的法律地位必须平等，税收负担在纳税人之间公平分配。[②] 那么，如何衡量税负的公平呢？通常所说的衡量税负公平的准则或标准有三种不同的观点：机会原则、受益原则和负担能力原则。机会原则要求以纳税人获利机会的多少来分担税收。获利机会相同的纳税人纳相同的税，获利机会多的纳税人多纳税。进一步来说，纳税人获利机会的多少是由其拥有的经济资源决定的。受益原则要求按纳税人从政府公共支出中获得的受益程度大小来分担税收。负担能力原则要求按照纳税人的负担能力来分担税收。[③]

笔者认为，不同性质的税收衡量税负公平的标准并不相同，受益税以受益原则来确定税负，即按照纳税人从政府提供的准公共产品中的受益程度确定税负；矫正税以责任原则来确定税负，即按照纳税人的负外部行为对社会造成的损失程度来确定税负；而狭义税收（即本书所指的一般目的税）则按照纳税能力来确定税负，即实行量能课税原则，而机会原则从总体而言在实践中不具有可行性。

2. 量能课税原则作为宪法原则和税收立法基本原则的争议

量能课税原则能否作为宪法原则和税收立法基本原则，在学术界尚存在争议，有肯定说和否定说两种观点。

第一，肯定说。日本税法学者北野弘久认为，应能负担原则（即量能课税原则——笔者注）属于立法理论标准上的原则，它在租税立法上起着指导性原则的重要作用。因此，有时已经成立的租税立法若违反了该项原则将会导致违宪无效的后果（如违反宪法第13条、第14条、第25条、第29条等情形）。从这个意义上来说，应能负担原则构成了宪法水准上的法律解释方面的原则。以日本宪法为基础，我

① ［美］理查·A·穆斯格雷夫、皮吉·B·穆斯格雷夫著，邓子基、邓力平编译：《美国财政理论与实践》，第195—196页，北京：中国财政经济出版社，1987。

② 刘剑文：《财税法专题研究》（第二版），第196页，北京大学出版社，2007。

③ 袁振宇等编著：《税收经济学》，第30—35页，北京：中国人民大学出版社，1995。

们应认识到应能负担原则不再单纯是财政学中租税论上的原则，而是宪法规定的原则。[①] 我国台湾学者葛克昌认为，税法不能仅仅被视为政治决定的产物，更不能经由形式上的立法程序即取得正当合法依据，相反，它必须受正义等价值观念的拘束，而量能课税正是税法体现伦理要求的基本原则。量能课税不仅应成为税收立法的指导理念、税法解释的准则，同时还是税法漏洞补充的指针和行政裁量的界限。量能课税原则还使税法成为可理解、可预计、可学习的一门科学。与体现“受益者付费”的税收利益原则不同的是，量能课税原则以纳税人的负担能力分配税收，旨在创设纳税人与国家之间的距离，以确保国家对每一国民的给付无偏无私，不受其所纳税额的影响。量能课税原则确保税课的平等性，同时也用于防范税课的过度。[②] 我国台湾学者陈清秀也认为，税法上税捐正义要求税法的规定应以合乎事理的各项原理原则为基础，并应前后一致地贯彻适用该原则。在税法上有关财政目的规范，应受量能课税原则的支配，此项原则可谓是《宪法》第七条平等原则的表现，其要求课税应趋向于纳税人的经济上的给付能力。其中所得、财产及消费（所得暨财产之使用）可作为衡量其经济上给付能力的指标。[③]

第二，否定说。部分学者则否认量能课税原则作为课税的基础原则，例如德国学者认为，量能课税原则并不是课税的基础原则。一项基础原则并无法忍受强烈限制的适用范围。然而联邦法院却将量能课税的原则要求特别限制于所得税法上。消费税以及一切其他的间接税、交易税包括销售税以及不动产税，则不考虑税捐义务人的给付能力。联邦法院固然认为在各种消费税上，给付能力表现在消费者上，然而此种见解并不切实际。正由于间接税并未考虑个人的给付能力，因此从17世纪以来即在政治上被抗争。在第一次世界大战

① [日]北野弘久著，陈刚、杨建广等译：《税法学原论》，第06—07页，北京．中国检察出版社，2000。

② 参见葛克昌《量能原则与所得税法改革》，载台湾《中原财经法学》第1期，1995年6月，第31—41页。转引自刘剑文、熊伟《税法基础理论》，第130页，北京大学出版社，2004。

③ 陈清秀：《税法总论》（第三版），第37页，台北：翰芦图书出版有限公司，2004。

期间，学者 Erzberg 想要使公共的财政需要的四分之三，透过直接税加以满足，但这种设想并未实现。其发展趋势却相反，间接税占总体收入的比例日益增加。在此范围内，量能课税原则与税法上竞争中立性原则互相竞争。[①] 我国学者刘剑文、熊伟认为，虽然量能课税的各项主张在宪法中都能找到相应的依据，但各种依据综合起来是否就能催生出一个宪法上的量能课税原则，这实在值得怀疑，量能课税原则并没有明确的法律依据。法学界对何谓"税收负担能力"并没有明确具体的标准，很大程度上受制于国家的财政需要。因此主张，税法应当恢复平等主义作为普遍原则的地位，将量能课税从整体上作为一种有待追求的财税理想。即便在所得税领域，也应当明确其法律依据，规范负担能力的衡量标准，使之统一在税收法定主义体系之下，避免法律适用过程中的恣意和轻率。[②]

3. 一般目的税的量能课税原则写入宪法条款的可行性

一般目的税实行量能课税原则，那么，如何衡量纳税能力？有"主观说"和"客观说"两种学说。"主观说"认为，政府征税使纳税人的货币收入和满足程度减小，即让纳税人牺牲效用，因而效用牺牲程度可作为衡量纳税人负担能力的标准。如果征税使每一纳税人的效用牺牲程度相同或均等，那么，税收便达到了纵向公平。由于对效用牺牲程度相同或均等有着不同的理解，形成了绝对均等牺牲、比例均等牺牲和边际均等牺牲三种不同的理论。绝对均等牺牲论认为，不同的纳税人，其总效用量的牺牲应是相等的。也就是说，不管纳税人收入的高低及其边际效用的大小，其所牺牲的总效用量都应当是相等的。在绝对均等牺牲条件下，税额如何在纳税人之间分配，取决于收入的边际效用。倘若纳税人货币收入的边际效用恒等不变，那么，所有纳税人应当交纳相同数额的税收。这时，所采用的税率应为固

---

① Heinrich Wilhelm Kruse, Lehrbuch des Steuerrechts, Band Ⅰ Allgemeiner Teil, 1991, S. 51f. 转引自陈清秀《税法总论》(第三版)，第 24—25 页，台北：翰芦图书出版有限公司，2004。

② 刘剑文、熊伟：《税法基础理论》，第 135 页，北京大学出版社，2004。

定税额,而且是按人头征收的。一般认为,收入的边际效用是递减的,高收入者货币的边际效用较小,而低收入者货币的边际效用较大,因此,高收入者应当负担更多的税收,而低收入者应当负担更少的税收。也就是说,应纳税额应随着收入的提高而增加。比例均等牺牲论认为,不同纳税人因纳税牺牲的总效用量与纳税前全部所得的总效用量之比应当是相等的。在比例均等牺牲条件下,若纳税人货币收入的边际效用恒等不变,则意味着纳税人因纳税牺牲的总效用量与纳税前全部收入的总效用量之比等于应纳税额与税前全部所得之比。这时,应当采用比例税率计税。在货币收入边际效用递减条件下,便要求采用累进税率课税。边际均等牺牲论认为,每个纳税人纳税的最后一个单位货币的边际效用应当是相等的。边际均等牺牲亦称为"最小牺牲学说"。因为每个纳税人边际效用的牺牲彼此相等,从全社会来看,各社会成员因纳税而受到牺牲的总量,已经缩小到最低的程度,或者说,税收负担使社会总效用的牺牲达到了最小。在边际均等牺牲条件下,若纳税人货币收入的边际效用恒等不变,那么,税收负担的分配难以确定,因为纳税人负担任何比例和数额的税收,其边际牺牲都是相同的。若纳税人货币收入边际效用递减,便要求实行累进课税,并且累进程度也较高,甚至要求实行100%的边际税率才能达到边际牺牲相同。[①]"主观说"虽然有自己的道理,但是,由于效用很难用指标衡量,因此,"主观说"很难在税收立法中实际操作。

"客观说"[②]主张负担能力可以以收入(所得)为依据,以支出为依据,或是以财产为依据。因为这三个因素中任何一个因素的增加都意味着负担能力的增加。至于以收入、支出或是财产中的哪一个作为衡量负担能力的依据,这直接涉及课税对象或税基的选择问题。

---

① 袁振宇等编著:《税收经济学》,第40—43页,北京:中国人民大学出版社,1995。

② 参见袁振宇等编著《税收经济学》,第40—43页,北京:中国人民大学出版社,1995;高培勇:《西方税收——理论与政策》,第32—34页,北京:中国财政经济出版社,1993。

在上述三个因素中，一般认为，收入最能够反映纳税人的负担能力。收入的增加使负担能力的提高最为显著，同时，收入的增加意味着支出能力的增加和增添财富能力的增加。收入不仅包含着财产收入，同时也制约着支出水平。但是，单以所得为税基，也有其不完善之处，如财产继承或受赠就体现了受让者负担能力的增加。纳税人的收入也有多种来源，既包括有勤劳收入，亦包括有不劳而获的意外收入或其他收入。对不同来源的收入不加区分，统统视作一般收入来征税，亦有失公平。收入并不是衡量纳税人相对经济地位的足够精确的指示器，极端的例子是，一个窖藏黄金的人和一个乞丐，都可能是"零收入"者（即收入方面为零的意思），但不会有人认为他们具有等同的纳税能力，因为财产的所有权也是对经济资源的控制。如果仅按收入征税，即使从横向的意义上看，也不可能认为是公平的。同时，税基的选择还应注意其在实践中的可行性，对所得课税，需要全面的核算资料，这一点即使在发达国家也是不容易做到的。

以支出作为衡量纳税人负担能力的依据的理由是，支出虽然来源于收入，但是，它不包括收入中用于储蓄的部分。所得税具有对储蓄重复征税的缺点：它不仅对储蓄的那部分收入进行征税，而且对储蓄的利息又征一道税，因此，并不符合公平原则。从鼓励节俭和储蓄角度看，对支出课税也具有优点，它有利于动员储蓄，加速资本的形成。这一点，对于发展中国家来说是尤为重要，因为发展中国家的资本短缺是一个长期存在的问题。税收体系的设计，应当有利于将消费转化为储蓄和投资，从而促进资本形成和生产能力的提高。不过，从实践角度看，对支出课税，必须具备纳税人各项收支的详细资料，这实在是一件不容易的事。

财产是衡量纳税人负担能力的又一依据。财产的增加意味着纳税人收入的增加或者隐含收入的增加。但是按纳税人拥有的财产来衡量其纳税能力，亦有一些缺陷：一是数额相等的财产并不一定会给纳税人带来相等的收益；二是在有财产的纳税人中，负债者与无债者情况不同，财产中的不动产与动产情况也不同；三是财产情形多样，实践中难以查核，估值颇难。

美国财政学家塞利格曼认为，量能课税的"主观说"缺少可操作性，因此需要从客观方面对纳税能力作出新的说明，他提出了客观能力标准。他认为，能力原则的发展经历了四个阶段，即以人丁为标准的阶段、以财产为标准的阶段、以消费或产品为标准的阶段、以所得为标准的阶段。他认为，所得是纳税人在一定时期内取得的总收入减除为取得这项收入而开支的费用后的余额，在现代社会中，只有所得最能反映人们真实的纳税能力，并对国民经济所产生的负面影响最小。[①] 以收入（所得）、支出、财产作为衡量纳税能力的标准，各有利弊，因此，应当综合采用收入、支出、财产这三项标准，应注意税基的广泛性以及各税种之间的互补性。任何的单一税制都很难实现量能课税，只有合理结合收入、支出、财产各项税基，实行复合税制，才能实现量能课税，同时与税收效率原则、税收社会政策原则相协调。总体而言，一般目的税实行量能课税是可行的，因此，一般目的税的量能课税原则入宪也是可行的。将一般目的税的量能课税原则写进宪法，为一般目的税的立法提供了基本准则，同时，一般目的税的立法仍然具有很大的自由裁量权。

4. 税收公平原则入宪的立法例

一些国家的宪法有比较明确的量能课税条款。例如，1789 年法国《人权宣言》第十三条规定："为了武装力量的维持和行政管理的支出，公共赋税就成为必不可少的；赋税应在全体公民之间按其能力作平等的分摊。"1947 年《意大利共和国宪法》第五十三条规定："所有人均须根据其纳税能力，负担公共开支。税收制度应按累进税率原则制订。"1978 年《西班牙宪法》第三十一条第一款规定："全体公民视经济能力并据以平等和渐进原则制定的公正的税收制度为维持公共开支作出贡献，这在任何情况下不得为查抄性质的。"1982 年《葡萄牙共

---

① ［美］塞利格曼：《累进课税论》、《所得税论》，商务印书馆，1935，转引自陈松青《西方税收公平原则的演进与借鉴》，载《当代财经》，2001(7)。

和国宪法》第一百零七条(税种)规定:“一、个人所得税旨在缩小不平等,应在考虑以家庭为单位的需要和收入的基础上,实行完全的累进税率。二、企业主要根据其实际收入纳税。三、遗产税和遗赠税实行累进税率,以利于公民间的平等。四、消费税旨在使消费结构适应经济发展和社会公平的变化着的需要,对奢侈消费应征收重税。”1960年《塞浦路斯宪法》第二章“基本权利和自由”第二十四条第一款规定:“任何人都有按其能力分摊公共负担的义务。”[①]一些国家的宪法还明确规定根据累进税率征税原则,例如,1987年《菲律宾共和国宪法》第二十八条第一款规定:“税则应统一和公平。国会应制定累进税则。”[②]一些国家的宪法原则性地规定了税收公平条款,例如,1973年《巴林国宪法》第十五条第一款规定:“征课捐税必须公平合理,依法纳税是应尽的义务。”[③]

第二节 税收立法的违宪审查基准

一、税收立法违宪的主要方面

违宪的界定是与宪法的调整对象联系在一起的,宪法所规制的是国家机关等的立法等政治行为以及政党的政治行为,因此,违宪是指违反宪法规范、原则、精神,并且应当承担相应的违宪责任的国家机关等的立法等政治行为以及政党的政治行为。税收立法活动要遵循宪法的规范、原则和精神,税收立法违宪就是指各种税收法律、行政法规、地方性法规、行政规章违反宪法规范、原则和精神。税收立

① 在宪法上规定量能课税条款的国家还有克罗地亚、洪都拉斯、萨尔瓦多、玻利维亚、智利、委内瑞拉、危地马拉、约旦等。

② 在宪法上规定累进税原则的国家还有意大利、葡萄牙、智利、委内瑞拉、叙利亚、约旦等。

③ 在宪法上有税收公平的原则规定的国家还有墨西哥、阿根廷、秘鲁、厄瓜多尔、土耳其等。

法违宪主要体现在以下几个方面：

(一)税收立法超越立法权限或者违反法定程序

正如前文所述，税收立法权的代议机关保留是现代各国宪法的一项基本原则，代议机关享有创制性税收立法权，行政机关可以基于授权享有一定的创制性税收立法权以及根据授权或者基于宪法规定的立法职权享有税收执行性立法权，中央和地方之间的税收立法权根据宪法进行配置，地方政府基于宪法规定或者基于法律授权享有税收立法权。各国家机关应当在宪法所规定的立法权限内进行税收立法活动，并且应当遵守法定的立法程序，如果超越宪法所规定的立法权限或者违反法定程序，其所通过的立法文件应当被撤销。行政机关的税收立法超越立法权限或者违反法定程序由代议机关加以审查、撤销；单一制国家的地方代议机关的税收立法超越立法权限或者违反法定程序由国会加以审查、撤销；国会的税收立法以及联邦制国家的成员政府议会的税收立法超越立法权限或者违反法定程序由违宪审查机构审查、撤销，而违宪审查也可以作为其他税收立法超越立法权限或者违反法定程序的最后救济方式。

(二)税收立法违反税收公平原则

正如前文所述，按照税收公平原则，受益税按照受益程度确定税负，矫正税按照纳税人的负外部行为给社会造成的损失程度确定税负，一般目的税按照经济能力来确定税负。一些国家将税收公平原则明确写入宪法。即使宪法上没有关于税收公平原则的明文规定，根据宪法的平等权保护，也可以推导出税收公平原则。也就是说，在宪法没有明文规定税收公平原则的情况下，税收立法违反税收公平原则将导致对宪法平等权保护的违反，从而构成违宪。有学者将"宪法平等权"界定为：由成文宪法、宪法性法律、人权公约、宪法解释、宪法判例、宪法惯例等确认或默认的，要求国家机关或强势者遵循"同样情况相同对待和不同情况差别对待"的原则，没有合适的理由不得实施歧视和不合理的差别待遇，对作出差别待遇的行为须承担举证责任的、保护公民权利的宪法规范；它是一般平等权和多项具体平等权的统一体;其基本内容是公民在宪法、法律上地位相同,平等地享有宪法和法律规定的权利、履行义务,平等地受罚和获得司法救济,做到公民不因民族、种族、肤色、性别、语言、职业、政治或其他观点、宗教信仰、财产、居住地点、户籍、家庭和其他身份等差异而遭到歧视或不合理的差别待遇。[①] 从世界宪政历史上看,平等原则呈现出从"适用平等"到"内容平等"的面貌。在西方主要国家的宪法理论中"法律面前人人平等"以"法律内容平等"为通说,有意识地扩大了平等原则的内涵,其核心在于不仅禁止不平等地适用法律,而且禁止不平等的内容本身被确立为法律。[②] 在美国,自1868年《宪法第十四修正案》通过后,人人平等享有法律保护的原则在人类历史上第一次被写入成文宪法,逐渐由一个仅针对法律实施机关的形式性原则转变为一个对立法机关有约束力的实质性原则。[③] 平等权保护是现代各国宪法普遍规定的内容,并且从形式平等向实质平等发展。形式平等是指保障公民法律上的平等,又称"机会平等",即虽然各人在事实上存在差异性,但在法律上同等处理。实质平等是指事实关系的均一化,即指社会经济关系事实上均等,它代表20世纪特别是在第二次世界大战以后人们对平等权观念的主流。[④]平等原则在税法上适用有双重意义:一为平等原则作为立法原则;二为平等原则作为法律适用原则。平等原则作为税法之立法原则,立法者受平等原则拘束,所立之法应与宪法正义价值观相一致。[⑤] 一般目的税采取量能课税原则,其税负差别是基于纳税能力的不同而确定的,是可以而且应当实行的合理的差别待遇,是实质平等的体现。在不和实质平等相冲突的条件下,形式平等仍然有适用的余地,受益税和矫正税的税负确定就

①④ 朱应平:《论平等权的宪法保护》,第37—38、48页,北京大学出版社,2004。

② [日]三浦隆著,李力、白云海译:《实践宪法学》,第104页,北京:中国人民公安大学出版社,2002。转引自朱孔武《论宪法平等权对税收立法的拘束》,载《江汉大学学报(社科版)》,2007(2)。

③ 朱孔武:《论宪法平等权对税收立法的拘束》,载《江汉大学学报(社科版)》,2007(2)。

⑤ 葛克昌:《所得税与宪法》,第32页,北京大学出版社,2004。

体现了形式平等。因此,税收立法违反公平原则,在当今各国宪法上普遍构成违宪。

(三)税收立法违反生存权保障原则

生存权在世界上首次受到宪法明文保障的是德国的《魏玛宪法》(1919 年)。《魏玛宪法》否定了君主制,采用了立宪主义的民主制,是德国的第一部共和制宪法。其构造,由第一编《联邦之组织及其职责》与第二编《德国人民之基本权利及基本义务》所组成。在第二编第五章《经济生活》开头之处的第一百五十一条第一款中,就规定对生存权实行保障。该条款规定:“经济生活之组织,应与公平之原则及人类生存维持之目的相适应。”这里虽然不能明确称之为“权利”,但是,它却明示了生存权是一种靠国家的积极干预来实现人“像人那样生存”的权利,而且,这与通过要求国家权力的完全不干预来确保国民自由(即国民的自律性领域)的自由权,在基本权利的内容上,两者是相异的。因而,生存权是在近代市民宪法所保障的人权宣言的体系中前所未有的崭新的基本人权。由于《魏玛宪法》高扬起福利国家的理念,宣示把实现对生存权的保障当做国家的政治性义务,因而对人类生活的进步具有重大的意义。在此之后,出现了一系列以宪法保障生存权性质基本权的国家,尤其可以说以第二次世界大战为契机,这样的国家之数量飞跃性地增加了,诸如 1946 年《法兰西第四共和国宪法》序文、1948 年《意大利宪法》第三十八条、《印度宪法》第三十八条等。[①] 1947 年《日本国宪法》第二十五条规定:“一切国民都享有维持最低限度的健康和有文化的生活的权利。国家必须在生活的一切方面努力于提高和增进社会福利、社会保障以及公共卫生事业。”在学者统计的 168 个国家的宪法中,有 130 个国家规定社会权,占 77.3%;规定最低生活保障权的国家有 80 个,占 47%。[②] 1948 年 12 月 10 日联合国大会通过的《世界人权宣言》第二十二条规定:“每

① [日]大须贺明著,林浩译:《生存权论》,第 3—4 页,北京:法律出版社,2001。
② 夏正林:《社会权规范研究》,第 239—251 页,济南:山东人民出版社,2007。

个人,作为社会的一员,有权享受社会保障,并有权享受他的个人尊严和人格的自由发展所必需的经济、社会和文化方面各种权利的实现,这种实现是通过国家努力和国际合作并依照各国的组织和资源情况。"第二十五条第一款规定:"人人有权享受为维持他本人和家属的健康和福利所需的生活水准,包括食物、衣着、住房、医疗和必要的社会服务;在遭到失业、疾病、残废、守寡、衰老或在其他不能控制的情况下丧失谋生能力时,有权享受保障。"联合国大会 1966 年 12 月 16 日通过的《经济、社会和文化权利国际公约》第十一条第一款规定:"本公约缔约各国承认人人有权为他自己和家庭获得相当的生活水准,包括足够的食物、衣着和住房,并能不断改进生活条件。各缔约国将采取适当的步骤保证实现这一权利,并承认为此而实行基于自愿同意的国际合作的重要性。"

宪法上的生存权保障显然适用于税收立法领域,从而可以推论出税收立法的人性尊严与最低生活费不课税原则,税收立法违反人性尊严与最低生活费不课税原则构成违宪。有的国家还专门规定了税收立法的生存权保障原则,如 1962 年《科威特国宪法》第四十八条规定:"依照法律纳税和缴付公共捐税是一项义务,为使维持最低的生活水平,法律规定收入微少的人免除纳税义务。"1973 年《巴林国宪法》第十五条第二款规定:"法律规定,对低收入者免征捐税以使其能维持最低限度生活水平。"1979 年《秘鲁共和国宪法》第十九条规定:"由于身体和精神上的缺陷而不能自理的人,有得到尊重其人格和享受法定的保护、照顾、康复和保险制度的权利。不以赢利为目的提供本制度中列举的服务的单位,以及负责照料不能自理者的个人,其用于有关开支部分的收入可不纳赋税。用于同样目的捐赠也不纳赋税。"我国台湾学者认为:宪法保障人民生存权的规定及尊重人性的尊严暨社会的福利国家原则,均要求不论国家是以社会(福利)国家的身份给予国民生存所必需的补助(社会救助),或者国家是以税捐国家的身份给予国民维持其最低限度生存所必需的财产,不予课税。为确保国民最低限度的生存权利,课税不应该侵害到国民最低限度的生存，因此国家不应该先对国民加以课税，之后，再以社会救助的方式退还给纳税人，以资补偿。国民所获得的所得财产，首先应属于自己，国家只能就不影响国民生存所必需的财产部分加以征收税捐。[①]

征税不能危及纳税人的生存权，这是宪法的生存权保障条款对税收立法的要求。也有观点认为，根据量能课税的原则，最低生活费没有纳税能力，因此不应当作为征税对象。笔者认为，人性尊严与最低生活费不课税原则并不仅仅是对纳税能力衡量的结果，而是直接来源于宪法的生存权，该原则不仅适用于量能负担的一般目的税，而且适用于受益税和矫正税以及公共收费。

（四）税收程序法违反正当法律程序

正当法律程序渊源于英国普通法中的“自然正义”（Natural Justice）原则，传统的自然正义原则包括两个基本内容：任何人都不应当成为自己案件的法官；当事人有陈述和被倾听的权利。[②] 受英国自然正义原则的影响，美国《宪法》确立了一项重要的宪法原则——正当法律程序原则（Due Process of Law）。1791 年美国《宪法第五条修正案》规定：“未经正当法律程序不得剥夺任何人的生命、自由和财产。”1868 年通过的美国《宪法第十四条修正案》也规定：“任何州不得未经正当法律程序而剥夺任何人的生命、自由和财产。”可见，正当法律程序不仅适用于联邦政府，而且适用于各州政府。1856 年纽约州法院对“怀尼哈默案”的判决，标志着正当程序原则已由单纯的程序性原则转化为既包含程序性限制也包含实质限制的原则，即程序性正当程序和实质性正当程序。[③] 根据美国法院的解释，程序性正当程序要求一切权力的行使剥夺私人的生命、自由或财产时，必须听取当事人的意见，当事人具有要求听证的权利。实质性正当程序要求国会所

---

① 陈清秀：《税法总论》（第三版），第 55—56 页，台北：翰芦图书出版有限公司，2004。

② 徐亚文：《程序正义论》，第 10 页，济南：山东人民出版社，2004。

③ ［美］施瓦茨著，王军等译：《美国法律史》，第 56—57 页，北京：中国政法大学出版社，1990。

制定的法律，必须符合公平与正义原则。如果国会所制定的法律剥夺个人的生命、自由或财产，不符合公平与正义的标准时，法院将宣告这个法律无效。① 从正当法律程序的发展路径来看，在今天的美国，正当法律程序适用是非常宽泛的，它不仅适用司法机关，而且适用行政机关与立法机关；不仅约束司法行为，还约束行政行为与立法行为。因此，正当法律程序也适用于立法行为。② 正当法律程序已经逐渐发展为各国宪法的一项重要原则，并成为《世界人权宣言》、《公民权利和政治权利国际公约》等国际公约的内容。

法律程序是指在制作、执行法律决定的过程中，各方主体的法律地位、相互关系、证据规则，以及制作、执行法律决定的时间、顺序、方式和步骤。税收程序是法律程序的一种，税收程序是税收征收过程中各方主体的法律地位、相互关系以及征税行为及其相关行为的时间、顺序、方式和步骤的总和。税收程序法是关于税收程序的法律规范的总称。在税收征收中，税务机关享有即时强制、自力执行的权力，但是，税收程序法也应当遵循最低限度的程序公正标准，否则也构成违宪。

二、税收立法违宪审查基准的选择与运用

违宪审查的英文是 Constitutional Review。有学者认为，应当译为“宪政审查”或者“宪法审查”，是指法院或者专门成立的审查机构，基于宪法对立法行为的审查。③ 有学者认为，违宪审查是指享有违宪审查权的国家机关通过法定程序，以特定方式审查和裁决某项立法或某种行为等是否合宪的制度。④ 违宪审查始终面临“反多数困境”，违宪审查基准可以合理界定违宪审查机构对于立法介入的限度，既有助于弥补民主制度的缺陷，保障公民的基本权利，又维护了民主制

① 王名扬：《美国行政法》(上册)，第 383 页，北京：中国法制出版社，1995。

② 汪全胜：《制度设计与立法公正》，第 206—207 页，济南：山东人民出版社，2005。

③ 张千帆：《宪法学导论》，第 153—154 页，北京：法律出版社，2003。

④ 周叶中：《宪法》，第 349 页，北京大学出版社，2000。

度的正当性，避免走向司法专制。双重基准(Double Standard)是美国式的双重基准下的类型化、多层次违宪审查基准模式的基础，这一模式起源于美国，最早是由美国联邦法院大法官斯通(Stone)(1872—1946年)在1938年“美国诉卡罗琳产品公司案”(United States v. Carolene Products Co.)中提出的。这是美国以及受美国影响的其他国家如日本判断立法或政府行为是否违宪的最为一般性的基准。[①]关于“双重审查基准”，实际上将对有关公民的基本权利的立法人为地划分为两个领域，一是受严格审查的“自由权”领域，一是受宽泛审查的“经济、社会权”领域。美国联邦最高法院在违宪审查的实践中，又对“双重审查基准”进一步予以细化，确立了“合理性基准”、“严格的合理性基准”、“严格的审查基准”和“LRA基准”(最小的必要限制基准)等各项具体标准。[②]下文将对税收立法违宪审查如何选择和运用适当的审查基准进行分析。

(一)税收立法超越立法权限、违反法定程序的违宪审查基准的选择与运用

宪法和法律关于税收立法权限、税收立法程序有相对明确的规定，税收立法主体对此并无多少自由裁量权，因此，对于税收立法超越立法权限、违反法定程序的违宪审查应当采取严格审查基准，下面举例加以说明。

1893年，美国发生了19世纪历史上最深刻的一次经济危机，国库收支极不平衡，民主党控制的国会采取增税的措施，于1894年通过了《威尔森—高尔曼法》。该法除规定取消1890年《麦金莱法》所规定的几种高额税率外，同时规定对超过4000美元收入的一切地产、利息、红利、薪金、获益一律征收2%的所得税。但是，在美国《宪法》第十六条修正案制定之前，根据美国《宪法》第一条第九款第四项的规定：“不得征收任何人口税或其他直接税，除非与本宪法所规定人口

① 姚国建：《违宪责任论》，第272页，北京：知识产权出版社，2006。

② 莫纪宏：《论“违宪审查的基准”及其学术价值》，载《南阳师范学院学报》，2007(11)。

调查或统计有适当之比例外。”该法通过后，一位名叫波洛克的股票持有人向联邦下级法院指控该法违反联邦宪法的规定，该案上诉到联邦最高法院。1895 年，美国联邦最高法院在受理“波洛克诉农民贷款信托公司”案中，首席法官富勒代表多数法官主张，认为自 1787 年以后，直接税包括对一切不动产、动产，以及随之而获得的地租和收益所课征的税。据此，富勒在判词中得出结论：第一，按土地所得课税违反《宪法》第一条第二款及第九款的联邦所课直接税必须按人口分配的规定。第二，1894 年法案规定：个人或公司法人所得在 4000 美元以下的免征所得税，若干法人团体和社会团体也免征所得税，与《宪法》第一条第八款各项税收“在合众国内均应全体一律”的规定相抵触。因此，最高法院宣布该法律违宪无效，依据美国《宪法》不得征收直接税的规定，联邦最高法院的这种解释限制了联邦国会的征税权的范围。[①] 1913 年，公布了《宪法第十六条修正案》，规定：“联邦议会应有权对任何来源的所得进行课税，无须由各州平均分派，亦无须顾及人口的多少。”

1790 年，联邦财政部长汉密尔顿提出银行法案，建议成立合众国银行，以巩固联邦政府在财政金融方面的信用，控制国内金融，促进工商业的发展。这一法案在 20 多年里一直遭到州权派的反对。第二次反英战争后，为解决财政困难，美国国会于 1816 年通过《第二银行法案》，1817 年，建立合众国第二银行。这家银行在各地设有分行。这一举动妨碍了根据各州颁发许可证营业的那些较小的银行的利益。马里兰州议会为抵制国家银行的影响，于 1818 年通过法令，对设在巴尔第摩市的合众国巴尔第摩分行所发行的票据课征重税，巴尔第摩分行司库麦卡洛克拒不付款，先申诉于马里兰州法院，后上诉至联邦最高法院。该案在对宪法的运用和解释上产生了三个重大的问题：①究竟是各州拥有主权，还是合众国人民拥有主权？②国会准许成立联邦银行的法案是否符合宪法？③如果符合宪法，一个州是否

① 曾尔恕：《美国宪法规定的国会征税权》，载《政法论坛》，1988(1)。

有权对该银行的活动征税？最高法院首席法官马歇尔在判词中援引了汉密尔顿的“默示权”的理论，对宪法的联邦主义原则作了全面的阐述。他裁定：联邦政府的权力直接渊源于美国人民，而不是渊源于各州，因此，各州无权对联邦银行的分行课税。马里兰州议会通过的对联邦银行分行征税的法令是违宪无效的。①

斯洛文尼亚共和国政府发布的《关于销售税的实施办法》第三十四条第二款第一段，在采用了《斯洛文尼亚共和国销售税法》第二十四条第一段的某些规定后，对纳税人的纳税义务又增加了两项条件，导致该办法的实施将会在某些情况下给纳税人增加新的纳税义务。对此，有关当事人就此行政规定向宪法法院提起诉讼。宪法法院在审理该案件的过程中发表了以下意见：行政规定必须与宪法和议会制定的法律保持一致，它们自身不能包含缺少法律依据的规定，特别是行政规定不能独立地决定交纳销售税的权利和义务。②

(二)税收程序法违反正当法律程序的违宪审查基准的选择与运用

什么程序是正当的乃是一个靠法院解释“正当程序”含义来回答的联邦宪法问题。在早期，法院采用一种被称为“历史判断模式的方法，将制宪者的原意作为程序正当性的判断依据”。在马休斯诉埃尔德里奇案中，最高法院确立了一种新的、灵活的判断标准，它判断程序正当性的依据是：第一，受官方行动损害的私人利益；第二，通过所采用的程序造成错误地剥夺该利益的危险，以及附加的或替代的程序保护的可能价值，如果有这方面的价值要考虑的话；第三，政府的利益，包括有关的职能，以及附加的或替代的程序法规定所造成的财政和行政负担。我国学者称之为“利益衡量模式”，而美国学者称之为“三部分检验法”。“利益衡量模式”是目前联邦最高法院有关正当程序判断的主导模式，根据这一标准，最高法院对程序正当性的判断

① 曾尔恕：《美国宪法规定的国会征税权》，载《政法论坛》，1988(1)。

② 韩大元、莫纪宏主编：《外国宪法判例》，第398—399页，北京：中国人民大学出版社，2005。

可以因案而异，具有很强的主动性、灵活性。[①] 程序性正当法律程序关系到公民的人身自由权和财产权，因此，有关立法违反程序性正当法律程序应当采取严格的违宪审查基准。对于税收程序法违反正当法律程序的违宪审查也应当采取严格的审查基准。

从宪法的正当法律程序原则出发，税收程序法应当遵循以下税收的程序性原则：第一，公开原则，指征税主体在行使征税权时，除涉及国家机密、商业秘密和个人隐私外，应当将与征税权行使有关的事项向纳税人和社会公开。第二，参与原则，是指受征税权力运行影响的人有权参与征税权力的运作过程，并对征税决定的形成发挥有效作用。参与原则的内容集中体现在征税相对人在税收程序上享有以下权利：①参加税收程序作为当事人；②听证和陈述申辩权；③申请救济权。第三，尊重纳税人原则，个人尊严不受侵犯是一项基本人权，基于人性尊严和人的主体性的要求，作为税收程序当事人的纳税人应当立于税收程序的主体地位。[②]

在我国台湾地区的税收立法中曾经存在对于税收行政复议的前置条件，台湾学者称为《税捐复查限制》。台湾地区“司法院”大法官会议多次释宪，虽然其中出现过波折，但最终宣告税捐复查限制违宪。在台湾地区 1990 年修正前之《税捐稽征法》第三十五条、1991 年修正前之《关税法》第二十三条以及《海关缉私条例》第四十九条等，均规定人民不服稽征机关之处分时，首先须缴纳部分或全部税款、保证金或提供相当担保始得提起税捐复查救济。若以宣告内容作为观察大法官解释之类型基准，则《税捐稽征法》及《关税法》之复查限制规定，在大法官解释第 224 号及第 321 号被宣告为不必要之限制，与“宪法”意旨有违；至于《海关缉私条例》之规定，并非无违宪疑义，而释字第 211 号解释却认为其系为贯彻海关缉私政策及增进公共利益

① 谢维雁：《论美国宪政下的正当法律程序》，载《社会科学研究》，2003(5)。

② 施正文：《税收程序法论——监控征税权运行的法理与立法研究》，第 112－126 页，北京大学出版社，2003。

所必要，故与“宪法”意旨尚无抵触。不过，嗣后大法官在释字第439号解释宣告《海关缉私条例》第四十九条规定系对人民诉愿及诉讼权利不必要之限制，与“宪法”第十六条所保障之人民权利之意旨抵触，应不再适用，本院释字第211号解释相关部分应予变更。至此，终于使得见解不再分歧而趋于一致。①

(三)税收立法违反生存权保障原则的违宪审查基准的选择与运用

生存权是公民最基本的人权，《世界人权宣言》提出“最低限度的健康和有文化的生活”是“与人类的尊严相适应的生活”，然而，生存权保障的标准因为各国处于不同的社会经济发展阶段而有所差异，随着时代的发展而发展，各国的文化传统对此也有着一定的影响。因此，对于税收立法违反生存权保障原则的违宪审查应当采取严格合理性审查基准。日本东京地区法院1980年3月26日判决即指出：“在规定有关要求租税负担的最低下限的课税最低限度时，要认定判断什么是健康的、文化的最低限度的生活……应认为是委由立法机关以合目的性的裁量加以判断，就其认定判断的错误，通常属于是否妥当问题，即使有发生立法机关的政治责任，但并未立即产生违宪违法的问题。然而，倘若上述课税最低限度忽视现实的生活条件，达到明显偏低的程度时，就违背了《日本宪法》第二十五条规定(指保障健康的文化的最低限度的生活)的精神，而产生违宪的问题。”②

宪法上所保障的生存权，是事涉人性尊严不可侵犯的生存权利，不仅指公民的物质生活，也包括其文化精神生活；不仅指个人之生存，而且也包括家庭之生存。此种权利是属于宪法上的基本价值决定，在制定及适用法律、法规时，悉应加以遵守。③ 就所得税而言，所得税的课税最低限额，如果高于健康的、文化的最低生活费基准(最低生活扶助基准)时，则符合宪法保障生存权的规定。至于所得税的

① 黄俊杰：《税捐正义》，第9—35页，北京大学出版社，2004。

② 陈清秀：《税法总论》(第三版)，第56页，台北：翰芦图书出版有限公司，2004。

③ 杨小强：《税法总论》，第116—117页，长沙：湖南人民出版社，2002。

课税最低限额，可以从具有扣除生活费性质的纳税义务人本人、配偶及扶养亲属的免税额以及扣除额加以计算得出。此种在所得计算上，除准许就获得所得所必要的经费扣除（客观的纳税能力）之外，并考量纳税人的个人主观情况，反映纳税人的主观纳税能力，就纳税义务人本人、配偶及扶养亲属等家属为维持最低限度的生活所必要的部分，因不具有纳税能力，而准予扣除，不列入课税范围。德国联邦宪法法院 1992 年 9 月 25 日第二审判庭亦裁判指出所得税法上的基础扣除额规定，必须符合平均的社会救助需要。认为"应接受所得税课税的税捐义务人，在就其所得履行所得税税捐债务之后，必须仍然保有足够的所得以支应其必要的生活费以及——在考量《基本法》第六条第一项之下——其家庭生活费需要（最低限度生存）"。"在税捐上所应给予照顾的最低限度生存金额，乃取决于一般经济上状况以及在法律上社会中所承认的最低限度的需要。对此加以估计乃属立法者的任务。然而，在立法者于社会救助法中已经决定最低限度的需要给予满足上述最低限度需要的情况下，则所得税所应给予最低限度生存金额即不应低于此项金额。"联邦宪法法院比较各年度平均的社会救助给付金额与基础扣除额后，发现平均的社会救助需要，均明显超过基础扣除额，例如 1992 年单身所需要社会救助金额约为一万二千马克到一万四千马克，而基础扣除额为五千六百一十六马克，因此，认定德国所得税法上有关基础扣除额以及一般的税率扣除额的规定，并不符合最低限度生存需要免除所得税的宪法上要求，乃宣告其规定违宪。①

（四）税收立法违反税收公平原则的违宪审查基准的选择与运用

按照税收公平原则，受益税按照受益程度确定税负，矫正税按照纳税人的负外部行为给社会造成的损失程度确定税负，一般目的税按照纳税能力来确立税负。受益程度、负外部行为所造成的社会损失的程度的计算都有很强的技术性。衡量一般目的税的纳税能力的

① 陈清秀：《税法总论》（第三版），第 56—58 页，台北：翰芦图书出版有限公司，2004。

标准有所得、支出和财产，但是，这三种标准中的任何一个都有一定的缺陷，只有合理地综合使用三种标准，适当地选择税基和税率，才能较好地实现量能课税，同时与税收效率原则、税收社会政策原则相协调。税收公平和社会经济发展程度密切相关，同时受制于税收的其他政策目标，并且受到各国税收征管手段的制约，税收公平标准的把握具有很大的灵活性，因此，在宪法的税收公平原则下，立法者仍然具有很大的自由裁量权。相对于立法机关和行政机关，违宪审查机构对社会经济政策较欠缺判断能力，违宪审查机构对于立法者的这种自由裁量权应当保持最大限度的尊重和克制，避免对政治部门的不适当的干预，因此，违宪审查机构在这方面应当选择对多数民主的最小的介入程度，对税收立法违反税收公平原则的违宪审查基准采取合理性审查基准。根据合理性审查基准，如何对税收立法是否符合税收公平原则进行判断呢？下文将着重对以下三个问题进行分析。

第一，税收公平原则下的税制结构。税制结构是税收制度的核心内容。关于税制结构的概念，有学者认为是指："国家根据集中收入和调节经济的要求，合理设置各个税种从而形成一个相互协调、相互补充的税收体系。因此，简单地说，税制结构也就是税收体系的布局问题。"[①]有学者认为，税制结构则是一个国家根据其社会经济条件、经济发展水平、财政支出需求和税收征管水平等，合理设置税系、税种、税制要素等而形成的一个相互协调、相互补充的整体系统构成。[②] 有学者认为，税制结构是指一国各税种的总体安排。需要指出两点：①税收结构是在具体的税制类型条件下产生的，税制类型一般有单一税制和复合税制两种，只有在复合税制下，才有税制结构问题；②在税制结构中，不同税种的相对重要性差异很大，形成了不同

① 侯梦蟾：《税收经济学导论》，第153页，北京：中国财政经济出版社，1990。

② 黄衍电：《中国税制结构：明辨与抉择》，第4页，北京：中国财政经济出版社，1999。

的税制模式。[①] 也有学者认为，税制结构是指："根据国情，为实现税收的效率、公平、财政目标，由若干不同性质和作用的税种组成的主次分明、长短互补、具有一定功能的税收体系。"[②]

在税收产生后的一段时期内，由于商品货币经济不发达，自给自足的自然经济占主导地位，国家财政收入的取得只能采取直接对人或对物征收的简单直接税，如按人口课征的人头税、按土地面积课征的土地税等，形成以简单直接税为主体的税制结构。当时虽然也有对商品的征税，但其收入很少，在税制中不占重要地位。随着社会生产力的发展，资本主义生产关系逐步确立，商品货币经济迅速发展，这样，各国普遍开征各种类型的间接税逐步取代原来简单的原始的直接税，形成了以间接税为主体的税制结构。但是，随着资本主义经济的发展，广泛开征间接税的弊端也逐渐显露出来。而与此同时，资本主义经济的发展带来了人们收入的不断增加，为征收所得税创造了条件。1999 年，英国首先开征所得税，其后经过多次反复和曲折的发展过程，最后在各国建立起了以所得税——这一现代直接税为主体的税制结构。自 20 世纪 80 年代以来，西方国家进行了大规模的税制改革，重新调整了税收对经济的干预政策，调整了税收政策的公平与效率关系，开始重新重视商品课税的作用，特别是增值税的推广，使得西方国家开始走降低所得税、加强和改进商品课税的道路，形成了所得税与商品税并重的税制结构。税制结构的演进经历了由简单的原始的直接税为主体的税制结构演变为以间接税为主体的税制结构；再由以间接税为主体的税制结构发展为以现代直接税为主体的税制结构；再到当前所得税与商品税并重的税制结构。[③] 20 世纪 90 年代末和 21 世纪初，发展中国家的税制改革继续了 80 年代以来的趋势：在不断提高所得税系的同时，完善了以增值税为主体的商品税

① 郭庆旺、赵志耘：《财政学》，第 423 页，北京：中国人民大学出版社，2002。

② 杨斌主编：《税收学》，第 56 页，北京：科学出版社，2003。

③ 岳树民、李建清等：《优化税制结构研究》，第 56—57 页，北京：中国人民大学出版社，2007。

系，逐步形成了两大税系平衡的局面。[①]

实际上，在一般目的税之外，受益税和矫正税也在当代得到很大的发展。受益税的典型代表是社会保险税。进入 20 世纪中叶之后，社会保险税收入不断增长。1990 年，世界有 80 多个国家开征了社会保险税，到 1998 年，开征社会保险税的国家增加至 100 多个。从目前开征社会保险税的国家看，不仅社会保险税的征税范围已扩大到几乎所有的工薪收入者，税率也随着经济的发展而逐步提高，其结果是社会保险税的收入占经济发达国家税收收入的比重逐步上升，成为经济发达国家位居第一或第二的大税种。[②] 社会保险税是 21 世纪最具增长潜力的税种。环境税是矫正税的典型税种，随着 1972 年世界经济合作发展组织环境委员会提出"污染者付费原则"，对此作出积极应对的便是环境税的出台。环境税自诞生以来税种不断发展，税收收入一直保持较高的增长态势。据统计，1998 年，丹麦的"绿色税收"已经占到 GDP 的 4.87%，占税收收入的10.03%；荷兰的绿色税收占 GDP 的 3.2%，占税收收入的 14%，在地方政府中，绿色税收占地方税收的 50%。[③]

以宪法的税收公平原则来审视税制结构，什么样的税制结构才符合税收公平原则呢？笔者认为，从税收的根据来看，税收分为受益税、矫正税和一般目的税。根据税收公平原则，受益税按照受益程度来确定税负，矫正税按照纳税人的负外部性行为给社会造成的损失确定税负，一般目的税按照纳税能力确定税负，即实行量能课税原则。衡量纳税能力的标准有所得、支出和财产。这三个标准各有优缺点，相对而言，所得是衡量纳税能力的较为理想的标准。所得包括

① 岳树民、李建清等：《优化税制结构研究》，第 141 页，北京：中国人民大学出版社，2007。

② 邓大松主编：《社会保险》，第 75 页，北京：中国劳动社会保障出版社，2002。

③ Dr. Willem Vermeend and Jacob der Vaart：Greening Taxes：The Dutch Model，Kluwer Law，1998，p. 118. 转引自岳树民、李建清等《优化税制结构研究》，第 119－130 页，北京：中国人民大学出版社，2007。

法人所得和个人所得，法人所得是法人（主要指公司法人）的利润，个人所得是纳税人的毛收入扣除费用后的余额。公司所得税以公司的利润为课税对象，为了鼓励公平竞争，采取比例税率，辅之以优惠税率。公司所得税能够体现税收的横向公平，但是不能体现税收的纵向公平。个人所得税的费用扣除需要考虑纳税人的婚姻状况、家庭赡养、扶养人口、医疗支出等，不会影响纳税人的基本生活，个人所得税实行累进税率，能够体现税收纵向公平。从各国实践看，个人所得税可以分为综合制、分类制和混合制三种课税模式，其中，综合制和混合制课税模式较能实现税收纵向公平。但是，所得并不能作为衡量纳税能力的唯一标准，只有和支出、财产标准相结合，恰当处理各自关系，才能较为准确地反映纳税能力。而且，所得税会在一定程度上抑制纳税人生产、工作的积极性，减少投资、储蓄和消费，对经济发展带来了负面影响。个人所得税计征复杂，需要较高的征管水平，个人所得税还需要国民收入水平有较大发展，而在发展中国家这些条件尚不完全具备。

商品税是对从事生产经营活动的法人和自然人，就其提供给社会消费的商品与劳务课征的税。[①] 按照税收转嫁理论，商品税可以转嫁给消费者，因而是间接税，实际上是对消费支出征税。长期以来，理论界一直认为，由于商品课税具有累退性，而最不具备公平课税的特点，也是主张以所得税代替商品课税的一个重要理论依据。归纳起来，认为商品课税具有累退性的理由大体有以下两点：①由于商品课税的转嫁性，消费越多的人，相对承担的税负就越重。而低收入者消费支出占其收入的比重一般高于高收入者，从而体现商品课税的累退性。②与所得税相比，由于商品课税通常实行的是比例税率，且没有零税率级距（不包括出口退税适用的零税率），而所得课税通常实行累进税率，体现累进征收的特征，而且规定有零税率级距，达不到某一收入水平的不纳税。但是，实证的研究表明，商品税并没有呈

① 郭庆旺等编著：《当代西方税收学》，第264页，大连：东北财经大学出版社，1997。

现明显的累退性特征，这些实证资料也表明：低收入者的消费主要是花在低税或无税的生活必需品上，而高收入者的消费支出花在高税奢侈品上，累退性被部分抵销。[①] 利用选择性消费税改善收入分配主要有两种方式：第一种方式是对穷人消费的商品免税或是实行低税率；第二种方式是对主要由富人消费的奢侈品课征高税率。[②] 因此，商品税并没有严重违背税收公平原则，由于商品税在组织财政收入、发挥经济效率等方面的优势，在发达国家，商品税在当代重新受到重视，在发展中国家，商品税的地位依然突出。

财产是衡量纳税能力的辅助标准。财产税是以纳税人所拥有或支配的某些财产为征税对象的一种税。财产税有广义和狭义两种理解，狭义财产税一般仅指财产保有税，即着眼于财产保有的事实而课征的税收。财产保有税根据其课税对象范围的大小，可分为选择性财产保有税和一般性财产保有税。选择性财产保有税以纳税义务人的特定财产为课征对象，这类保有税又大体分为不动产保有税和动产保有税。不动产保有税主要是对保有土地及其定着物（主要是房屋）的课税。动产保有税主要是对保有车辆、船舶和飞行器等动产的课税。一般性财产保有税以纳税义务人的财产总额或财产净额为课征对象，包括临时课征和每年反复课征的税收。严格意义上说，现代社会已不存在一般性财产保有税。根据经济合作与发展组织拟定的《国际税收协定范本》和联合国拟定的《国际税收协定范本》，以及国际财政文献局有关资料，广义的财产税则不仅包括财产保有税，还包括财产转让税和财产收益税。财产转让税是指对财产转让课征的税收。因财产转让可以分为有偿转让和无偿转让，财产转让税相应地可以分为财产有偿转让税和财产无偿转让税。财产有偿转让税一般仅指不动产有偿转让税。因财产的无偿转让在现实生活中主要体现为财产的继承和赠与，故财产的无偿转让税也主要体现为遗产税和

① 李万甫：《商品课税经济分析》，第99—104页，北京：中国财政经济出版社，1998。

② 朱为群：《消费课税的经济分析》，第118页，上海财经大学出版社，2001。

赠与税。财产收益税是对财产产生的收益的课税。财产收益税一般仅指不动产收益税,不动产收益税是指在不动产所有权不发生转移的情况下,对让渡不动产权益而取得的收益课税。[①] 财产税是一个古老的税种,在现代税制中,财产税在一国总体的税制结构中已经不能成为主体税种,只能作为辅助税种。但是作为地方税种,在县市财政中财产税可以作为主体税种。

综上所述,在宪法的税收公平原则之下,并不意味着一般目的税只能采取单一的个人所得税,也不意味着只能采取单一的所得税。相反,采取复合税制才更加符合税收公平原则,并且,与税收的效率、财政收入、社会政策等目标更加协调,因而,复合税制是符合宪法的税收公平原则的。当然,不可否认,所得税在体现量能课税方面具有优势,特别是个人所得税最能实现税收纵向公平,因此,应当积极创造条件,确立个人所得税在税收体系中的重要地位,使所得税成为主体税种或者主体税种之一。发展中国家应当加强税收征管,随着社会经济发展,逐步提升所得税的地位。从宪法的税收公平原则出发来对税制结构进行审查,应当最大限度地尊重立法主体的自由裁量权,采取合理性审查基准,即只有当税制结构明显失当,才进行干预。

第二,税收公平原则下的税基、税率。税基(tax base)是一个比较复杂的概念,包括两个方面:一方面是指被征税的项目或经济活动,是税收的经济基础,通常分为三大类,即收入(所得)、消费和财富;另一方面是指计算税额的基础或依据,简称计税依据(tax basis),通常是在具体计算应纳税额时使用。与税基相联系的概念是税源(source of taxation),税源是指税收的经济来源。不同的税种有不同的经济来源,有的税种的课税对象与税源是一致的,如所得税的课税对象和税源都是纳税人的所得。有的税种课税对象与税源不同,如财产税的课税对象是纳税人的应税财产,但税源往往是纳税人的财产收益。特别是各种商品课税,课税对象是各种应税商品和服务,税

① 漆亮亮:《财产税体系研究》,厦门大学2003年博士论文,第10—15页。

源则是这些商品和服务的销售收入。[①] 本书所指的税基是指计税依据。从宪法的税收公平原则审视税基，受益税应当能够找到确定纳税人受益程度的合理标准，矫正税应当以污染物和污染产品等为税基，一般目的税的税基选择应当能够反映纳税人的纳税能力。就个人所得税而言，税基选择应当全面反映纳税人的纳税能力，采取综合制或者混合制课税模式，税基选择不仅要考虑纳税人的客观纳税能力，而且要考虑纳税人的主观纳税能力，在费用扣除的制度设计上，应当考虑纳税人的婚姻状况、家庭赡养、扶养人口、医疗支出等因素。

税率是指税额与征税对象的数量比例关系，是计算应纳税额的尺度，体现征税的深度。通常税率分为以下三种形式：①比例税率。比例税率是对征税对象只规定一个征税比率，不论其数额的大小，都按同一比率征税。在具体运用上，比例税率又可以采取不同的表现形式，包括行业比例税率、产品比例税率、地区差别比例税率、幅度比例税率、有起征点的比例税率等。②固定税额是按征税对象的一定计量单位规定固定的税额，在具体运用上又可以采用地区差别税额、幅度税额、分类分级税额等。③累进税率是按征税对象数额的大小，规定不同等级的税率。累进税率按照其累进依据和计算方法的不同又可分为全额累进税率、超额累进税率、超倍累进税率、超率累进税率。[②]

按照量能课税原则，固定税率、比例税率、累进税率三者相比较，固定税率最有可能损害公平，比例税率能够体现税收的横向公平，差别比例税率在一定程度上体现了税收的纵向公平。但是，总体而言，比例税率不足以实现税收的纵向公平，只有累进税率既能够体现税收的横向公平，也能够体现税收的纵向公平。商品税应当采取差别比例税率，对于基本生活必需品实行低税率或者免税，对于奢侈品采取高税率。公司所得税采取比例税率，对于中小公司可以实行一定

① 郭庆旺、赵志耘：《财政学》，第295页，北京：中国人民大学出版社，2002。
② 储敏伟、杨君昌主编：《财政学》，第52—53页，北京：高等教育出版社，2000。

的优惠税率，个人所得税采取累进税率，高收入适用较高的税率，中低收入适用较低的税率或者免税。

违宪审查机构对于税法中税基、税率是否合乎税收公平原则的审查也应当采取合理性审查基准，最大限度地尊重立法主体的自由裁量。日本大岛工薪阶层税金诉讼案就是涉及个人所得税的税基、税率的违宪审查案例。[①] 该案原告是日本同志社大学商学部教授，原告长期认为日本的薪金所得者所得税存在严重不合理现象，与其他所得者相比，薪金所得者被不恰当地加重了所得税负，所得税法对性质相近的所得分别规定税收负担的做法违反《宪法》第十四条所规定的法律面前人人平等的原则，因而所得税法是违宪的。为此，大岛从1964年起就没有申报收入，因此于1965年10月受到所辖税务署长的欠税处分及无申报加算课税处分。大岛依法提起申诉，但被驳回。大岛认为，基于所得税法的违宪性，那么根据所得税法所作的决定当然是无效的，并且由于其所受到的处罚使他具备了诉因和原告资格，于是在1965年8月25日向京都地方法院提起请求取消上述处分的诉讼，并要求对所得税法进行违宪审查。大岛以下述三点理由提起宪法诉讼，主张上述课税处分因违反《日本宪法》第十四条第一项规定而无效：①税法承认事业所得者的必要费用可以实额扣除，但是却不承认薪资所得者的必要费用实额扣除，而且薪资所得的薪资特别扣除额标准过低；②相较其他所得者的纳税申报方式，对薪资所得者采取源泉扣除方式，这种方式使得对其所得的掌握能力显然要高于其他所得者甚多；③对其他所得者并无合理的理由而创设各种租税优惠措施，相对而言，是对薪资所得者课以显然不公平的租税负担。

案件的一审法院京都地方法院于1974年5月30日作出了一审判决，驳回了原告的请求。原告提起上诉，上诉审法院大阪法院经过

① 参见胡建淼主编《外国宪法案例及评述》(下册)，第733—735页，北京大学出版社，2004；林明谊《租税公平原则对租税立法的限制》，台北大学1999年度公法硕士论文，第65—67页；钱俊文《国家征税权的合宪性控制》，第298—299页，北京：法律出版社，2007。

5年多的审查于1979年11月7日判决维持一审判决。大岛不服，又向日本最高法院提起诉讼。1985年3月27日，最高法院大法庭作出判决，肯定了一审法院的判决，认为处分所依据的所得税法并不违反宪法。日本最高法院多数意见以下述理由驳回大岛的诉讼请求：①税收立法必须以国家政策、社会经济、国民所得、国民生活等实际状态为基础，委由立法者作政策性、技术性的判断，因此，司法机关原则上必须尊重立法者的形成空间。在税法领域，因所得性质不同而有差别待遇，其立法目的仍属正当；除非该立法所采用的"差别待遇"与前述目的之间的关联性明显地不合理，否则不能否定其合理性，从而并不违反《日本宪法》第十四条。②关于薪资所得者就与其职务有关的费用支出，与家庭上的费用或是相关联的费用，在区分上有着显著的困难。如果实行各个薪资所得者的必要费用实额扣除，或是允许在必要费用的实额扣除与薪资特别扣除两者之间任意选择，那么庞大的薪资所得者的数量，将会给稽征机关带来技术上的重大难题。③薪资所得的薪资特别扣除，与其实际的必要费用相比，尚非明显地欠缺相当性。④至于薪资所得由于采取源泉扣缴方式，以致对其所得之掌握能力远远高过对其他所得，只有在显然违反正义平衡观念，而且长期持久存在于租税法制本身时，才可以认为违宪，而本案尚未符合前述要件，所以尚不构成违宪。⑤至于上诉人主张有关其他所得者的租税优惠措施欠缺合理性一点，纵使确如上诉人所言，也不过是导致该措施本身是否有效的问题，与判断本案课税规定是否违宪无关。可见，日本最高法院在本案判决中尊重立法者的广泛形成空间，因此采取美国模式下的合理性审查标准，认为只要立法目的正当，而且达成该立法目的之手段非出于纯粹恣意，就不违反平等原则。

大岛工薪阶层税金诉讼案尽管以原告的败诉而告终，但它对日本具体的税赋制度改革、推动其向更为公正合理的方向发展起到了极大的促进作用。日本政府分别于1969年、1970年、1973年和1974年改革了税收制度，使得扣除的必要费用有了大幅度的提高。

第三，税收公平原则下的税收特别措施。税收特别措施是指国家基于特定的政策目的，透过税制上之例外或特别规定，给予特定纳税义务人减轻或加重税收债务利益之措施。从形式上看，税收特别措施概念应是基于非财政目的考量并违反量能课税原则给予纳税人减轻或加重税收负担的特别规定。[①] 我国台湾学者将税收特别措施称为“管制诱导性租税”，即为特定目的，以违反量能原则平等负担方式，为特别有利之租税负担（租税优惠），或特殊不利之税负，作为经济诱因，以达成管制诱导目的的非财政目的的租税。管制诱导性租税虽以对行为人之管制诱导为主要目的，只要仍以取得财政收入作为附属目的，仍不失为宪法上人民有依法律纳税之基本义务中所谓之“税”。[②]

正如前文所述，量能课税体现了社会公平的价值，社会公平是现代社会的基本价值取向，也是现代社会的基本公共利益。税收特别措施（管制诱导性租税）是对量能课税原则的违反，因此，税收特别措施是对社会公平价值的牺牲，其目的在于实现其他方面的公共利益，使社会公平与其他方面的公共利益能够协调发展。私人利益与公共利益存在冲突，不同类型的公共利益之间也存在冲突，如经济效率与社会公平的冲突、经济增长与可持续发展的冲突等。立法者经常面临着私人利益与公共利益的冲突、公共利益之间的冲突，立法作出怎样的取舍才具有正当合理性？从法的社会化趋势出发，在经济领域中，在私人利益与公共利益发生冲突的时候，公共利益优先于私人利益，但是私人利益也应当得到最大限度的保护，以公共利益限制私人利益应当符合比例原则。不同的公共利益应当相互协调发展，立法应当兼顾不同的公共利益，协调处理它们的冲突，对于基本的公共利益应当最大限度地予以尊重，对于基本的公共利益的限制也应当符合比例原则。因此，一般目的税的量能课税原则并非没有任何例外，

---

① 钱俊文：《国家征税权的合宪性控制》，第 284 页，北京：法律出版社，2007。

② 葛克昌：《行政程序与纳税人基本权》，第 70—73 页，北京大学出版社，2005。

那么，税收特别措施作为量能课税原则的例外，怎样判断其正当合理性并从而具有合宪性？

我国台湾学者认为，一般而言，管制诱导性租税存在之正当合理性，在于立法者对纳税义务人之经济或其他行为，基于公共利益有诱导促进或管制之必要者，且此种目的，有必要使用租税减免或加重作为工具，并提出管制诱导性租税的正当合理性的三项标准：第一，须有助于公共利益。管制诱导性租税，既以牺牲量能课税平等负担为工具，须有差别待遇之正当合理事由。其主要合理正当性，在于此种方式，有助于引导或促进公共利益，亦即利用租税优惠，有助于整体社会利益。第二，须符合比例原则。管制诱导性租税在目的上有助于公共利益，仍有不足，而须以牺牲量能平等负担之手段达成，其目的与手段之间须符合比例原则。审查管制诱导性租税是否符合比例原则，须审查管制诱导性租税牺牲量能平等原则，是否有助于政策目标之达成（适合原则），是否除租税手段外，别无其他可达成政策目标之手段（必要原则），其所追求公益之分量是否超越牺牲量能平等课征之法益（狭义比例原则）。管制诱导性租税除牺牲量能课税之平等原则外，其管制诱导其目的在于干预，可能涉及纳税人之基本权，例如职业自由，因某些租税优惠措施而影响市场竞争力，亦可能损及财产权保障及其他自由权。因此，除了平等权之差别待遇须受比例原则之审查外，纳税人自由权之干预，同样须受比例原则之审查。第三，平等原则与租税优惠间公共利益权衡。管制诱导性租税其正当合理性，除须符合公共利益、其目的与手段须符合比例原则外，还须此种租税优惠所增进公益之比重，经权衡后超过平等课税之公益。①

税收特别措施的主要类型是税收优惠，税收优惠的社会经济政策目标主要在于促进科技创新、优化产业结构、促进可持续发展、促进区域协调发展、保护弱质产业、引进外资、促进社会和文化事业发展，还有政治、军事、外交等目标。税收特别措施具有很强的政策性，

① 葛克昌：《行政程序与纳税人基本权》，第82—84页，北京大学出版社，2005。

在宪法原则下，立法者应当具有充分的政策裁量的空间，违宪审查机构从宪法的税收公平原则审查税收特别措施的正当合理性，应当充分尊重立法者的自由裁量权。

第三节　构建我国税收立法违宪审查制度的思考

一、我国违宪审查制度的一般分析

（一）违宪审查的起源、发展及模式

违宪审查制度的起源可追溯到美国1803年联邦最高法院首席大法官约翰·马歇尔作出的著名判决，即“马伯里诉麦迪逊”一案的判决。美国最高法院近两百年来通过违宪审查来保障宪法的实施，产生了巨大的影响。迄今为止，美国联邦最高法院对大约4000件关系宪法解释的案件进行了审查，宣告了由美国议会制定的80余件法律违宪，至于州法律被宣告违宪的就更多。可以说，美国宪法颁布以来两百多年基本保持不变，联邦最高法院作为宪法的捍卫者的作用是功不可没的。[①]

在欧洲大陆，最早建立宪法法院的国家是奥地利，它在1920年就设立了以保障宪法实施为目的的宪法法院。第二次世界大战后，鉴于纳粹政权践踏宪法和人权的暴行，许多国家都将注意力放到如何保障宪法的具体实施上。在这种情形下，在继承了普通法传统的国家中，最高法院具有了审查法律是否合宪的权力，如瑞士联邦法院、北欧国家的最高法院等。在具有大陆法传统的国家中，一些专门以保障宪法实施的机构得以设立，有的是作为专门的司法机构而存在，有的是作为宪法监督机构而设立的。例如，法国在1946年建立了宪法委员会，在第五共和国时期，将宪法委员会改为宪法法院（或者仍

① 莫纪宏主编：《违宪审查的理论与实践》，第7—9页，北京：法律出版社，2006。

然称宪法委员会)；意大利在1947年建立了宪法法院；德国在1949年建立了宪法法院。第二次世界大战以后，违宪审查实践发生两个方面的变化：一是很多普通法系国家的最高法院纷纷仿效美国最高法院的违宪审查制度，确立了通过司法审查途径来保障宪法实施的制度；二是一些国家成立了专门的宪法法院来处理宪法案件，并且由于专门宪法法院的成立，违宪审查的范围得到扩大，违宪审查的作用也越来越明显。自20世纪80年代末以来，违宪审查制度的作用通过各国违宪审查的实践活动得到了充分的体现。在违宪审查制度逐渐走向成熟的过程中，一个值得关注的现象就是宪法法院模式的普及化，在1989年至1991年前苏联、中东欧国家发生剧变以后，这些国家都成立了宪法法院。[①]

关于违宪审查的模式，有学者认为世界现存的违宪审查制度大致分为两种类型——美国模式与欧陆模式。美国模式承认各级法院都有权进行合宪性审查，但这种审查只针对已经生效的法律，只能在处理各类普通诉讼案件的程序当中采取所谓“附带审查”(即宪法问题只能作为具体争议内容的一部分而不能作为主要争议提出来)的方式。与美国模式不同，在欧洲大陆法系各国中，合宪性审查的职能被限定在单一的司法性机关(宪法法院、宪法评议委员会等)集中履行，普通的各级法院以及最高法院则无权过问。[②] 有学者认为世界各国的违宪审查模式有三种类型：一是立法机关审查；二是司法机关审查；三是专门机关审查。[③] 有学者认为，综观各国宪法，依据违宪审查的主体不同，大致可以将违宪审查制度分为以下四种模式：立法机关行使违宪审查权；普通法院行使违宪审查权；宪法委员会行使违宪审查权；宪法法院行使违宪审查权。[④] 也有学者认为，大体而言，世界上有四种类型违宪审查体制：①司法审查制，这种类型以美国为代表；

---

① 莫纪宏主编：《违宪审查的理论与实践》，第9—17页，北京：法律出版社，2006。

② 季卫东：《合宪性审查与司法权的强化》，载《中国社会科学》，2002(2)。

③ 唐忠民：《论我国的违宪审查体制与完善》，载《现代法学》，2002(6)。

④ 林广华：《违宪审查制度比较研究》，第146页，北京：社会科学文献出版社，2004。

②宪法法院审查制，这种类型以德国为代表；③宪法委员会审查制，这种类型以法国为代表；④代表机关审查制，这种类型20世纪以后以社会主义国家为代表。[①]

(二)我国违宪审查制度的现状

关于我国目前的违宪审查制度尚存在争议，一种观点是认为我国目前尚未实际建立起违宪审查制度，[②]另一种观点是认为我国已初步建立了违宪审查制度。[③] 就承认我国具有违宪审查制度的观点而言，在违宪审查主体这一基本问题的理解上也有分歧：第一种理解是，违宪审查的主体是全国人民代表大会及其常委会，其法律依据是《宪法》第六十二条第二款、第十一款，第六十七条第一款、第七款、第八款和《立法法》第八十八条第一款、第二款，第九十条，第九十一条；第二种理解是，违宪审查主体除了全国人民代表大会及其常委会，还包括我国地方各级人民代表大会及其常委会，其法律依据是《宪法》第九十九条第二款，第一百零四条，《立法法》第八十八条第四款、第五款；第三种理解是，我国违宪审查主体除各级人民代表大会及其常委员会外还包括县级以上人民政府，其法律依据是《宪法》第八十九条第十三款、第十四款，第一百零八条，《立法法》第八十八条第三款、第六款；第四种理解是，我国违宪审查主体应当以全国人民代表大会及其常委会为主，包括国务院、省一级人大及其常委会、较大的市人大及其常委会和省一级人民政府。[④] 产生上述各种分歧的原因在于我国目前的违宪审查制度仍然是相当模糊的。我国1982年《宪法》规定，全国人民代表大会监督宪法的实施，全国人民代表大会常务委员

---

① 胡锦光：《立法法对我国违宪审查制度的发展及不足》，载《河南省政法管理干部学院学报》，2000年(5)。

② 参见周叶中、刘鸿章《加强宪法监督，建设法治国家》，载《武汉大学学报(哲社版)》，1999(3)；王克稳《我国违宪审查制度建立的主要法律障碍》，载《现代法学》，2000(2)。

③ 参见胡锦光《立法法对我国违宪审查制度发展及不足》，载《河南省政法管理干部学院学报》，2000(5)；范忠信《中国违宪审查与立法冲突解决机制》，载《法律科学》，2001(6)；唐忠民《论我国的违宪审查体制与完善》，载《现代法学》，2002(6)。

④ 唐忠民：《论我国的违宪审查体制与完善》，载《现代法学》，2002(6)。

会解释宪法、监督宪法的实施。因此，全国人大及其常委会享有违宪审查权有较明确的宪法依据，而其他国家机关能否作为违宪审查主体则尚不明确。但是，全国人大及其常委会违宪审查的范围却是有限的，不包括行政规章、规范性文件等。

全国人民代表大会常务委员会在2004年5月成立了法规审查备案室，该工作室不仅负责法规备案，更重要的是审查下位法和上位法，尤其是和宪法的冲突与抵触。第十届全国人大常委会第四十次委员长会议于2005年12月16日完成对《行政法规、地方性法规、自治条例和单行条例、经济特区法规备案审查工作程序》(简称《法规备案审查工作程序》)的修订，并通过了《司法解释备案审查工作程序》，以进一步建立健全法规和司法解释备案审查制度，维护国家法制统一。这些都预示着我国将逐步启动违宪审查制度。

(三)对我国违宪审查制度的展望

我国学者对构建我国违宪审查制度提出了如下主要观点：立法机关审查制；专门机构——宪法监督委员会审查制；宪法法院审查制；最高法院审查制；设立宪法委员会和最高法院违宪审查庭并行的复合审查制；设立宪政委员会和宪法法院两步走的模式。[①]

笔者认为，我国应当在坚持人民代表大会制度的前提下建立违宪审查制度，采取代表机关违宪审查模式，但在具体方案上，我国的代表机关违宪审查制可以有两种选择。第一种方案是设立在全国人大闭会期间受全国人大常委会领导的宪法监督委员会，其审查范围包括行政法规、地方性法规、自治条例、单行条例、政府规章、规范性文件等，同时，在公民的宪法权利受到公权力的侵害时，在穷尽其他救济程序后可以向宪法监督委员会请求救济。宪法监督委员会的违宪审查既包括抽象审查也包括附随审查(抽象审查即指直接对立法或特定政府行为的合宪性进行审查，附随审查即指对违宪审查必须附随于具体宪法争议个案之中)。宪法监督委员会采取事后审查机制，其审查决定应当报全国人大常委会审核批准。

① 刘素英：《关于违宪审查制度研究综述》，载《探索》，2004(1)。

这种方案只需对现行《宪法》、《立法法》作较小的修改，难度不大，但缺陷在于宪法监督委员会无权对全国人大制定的基本法律以及全国人大常委会制定的法律进行违宪审查，而全国人大对基本法律、基本法律之外的法律的违宪审查尚缺乏可操作性的程序设计。第二种方案是设立在全国人大领导下，对全国人大负责的专门违宪审查机构——宪法委员会（或称宪法监督委员会）。宪法委员会专门行使宪法监督权，同时，取消全国人大常委会监督、解释宪法的职权。宪法委员会的审查范围包括法律和其他各种立法、规范性文件等。其审查方式既可以是抽象审查也可以是附随审查，可采取事后审查制。宪法委员会对基本法律、基本法律之外的法律、全国人大常委会批准的自治条例和单行条例的审查决定应当报全国人大批准后生效，对其他立法、规范性文件审查决定一经作出立即生效。这种方案需要对现行宪法作较大修改，难度较大，但有利于提升违宪审查机构的独立性，从而有利于强化宪法监督。

二、我国的税收立宪

（一）我国税收立宪的现状

我国现行《宪法》关于税收的条款只有一条，即第五十六条，该条规定："中华人民共和国公民有依照法律纳税的义务。"对于《宪法》第五十六条的理解学术界颇有分歧。有学者认为，"法律"存在广义和狭义两种理解，仅从文义的角度不足以证明《宪法》第五十六条中的"法律"就是最高立法机关所制定的法律；从体系角度看，《宪法》第五十六条置于"公民的基本权利和义务"一章，不是规定在总纲中，也不是规定在国家机构一章中，因此，很难说这是对税收立法权的限制，只能说是对公民纳税义务的确认。这两种解释方式都难以在宪法上为税收法定主义正名，必须求助于目的解释。宪法的目的只有一个，即保护公民基本权利，税收的开征也必须受制于公民的基本权利，也只有从这个角度才能正确理解如何对税收进行法律规范。如果剥夺公民的参与权，或者剥夺公民代表在税收问题上的决定权，而直接由政府或其他机构向公民开征税收，这与宪法保护公民财产权的宗旨是背道而驰的。正因为如此,《宪法》第五十六条既是对公民纳税义务的确认,也是对国家课税权的一种限制。此处所谓的"法律",应该仅指全国人大及其常委会制定的法律,不包括国务院的行政法规,更不包括部门行政规章和地方行政规章。这样,《宪法》第五十六条就可以成为税收法定主义的最高法律依据,而《立法法》和《税收征收管理法》不过是从各自不同的角度体现税收法定主义的要求。[①] 有学者认为,能够理解前述二学者通过庞大的逻辑体系、复杂的推理过程从而将《宪法》第五十六条确定为税收法定主义之法源的良苦用心。但是,我国《宪法》并未规定税收法定主义。不管争论如何,我国《宪法》应对税收法定主义予以明文准确规定。[②]

笔者赞成我国《宪法》尚未确立税收法定主义,我国《宪法》第五十六条只是对于公民纳税义务的规定。确认公民的纳税义务是多数国家宪法的一项基本内容,从宪法上确认公民的纳税义务,为税收立法权提供了宪法依据,但是,税收立法权同样还要受到宪法的规范和制约。而在我国《宪法》上对于税收立法权的规范和制约是缺失的。

我国《立法法》第八条规定:"下列事项只能制定法律……(八)基本经济制度以及财政、税收、海关、金融和外贸的基本制度……"对于何谓"税收的基本制度",《立法法》并未给予明确界定,笔者认为,创制性税收立法应当属于法律保留的范围,而执行性税收立法可以采取行政立法。《立法法》虽然确立了"税收基本制度"的法律保留,但是,《立法法》毕竟只是法律,而不具有宪法效力。因此,《立法法》关于"税收基本制度"法律保留的规定还不属于税收立宪。

(二)关于我国税收立宪的建议

1. 关于我国宪法的税收条款的内容的建议

前文已经述及,各国宪法上的税收条款主要包括税收立法权的

---

① 刘剑文、熊伟:《税法基础理论》,第108—109页,北京大学出版社,2004。

② 李刚、周俊琪:《从法解释的角度看我国〈宪法〉第五十六条与税收法定主义——与刘剑文、熊伟二学者商榷》,载《税务研究》,2006(9)。

代议机关保留、税收立法权在中央和地方之间的分配、联邦制国家的税收收益权和税收征收管理权在联邦政府和成员政府之间的划分、税收公平原则等。

我国税收立宪首先就是确立中央权力机关——全国人民代表大会及其常务委员会对于税收立法权的保留，即税收的法律保留。我国是单一制国家，目前还不宜在《宪法》上确立地方政府的税收立法权，可以通过《地方税收通则法》以及单行税收法律授予地方一定的税收立法权。关于地方政府税收立法权的配置前文已经述及，这里不再赘述。

我国《宪法》如何确立税收的法律保留的范围？我国《立法法》规定“税收的基本制度”属于法律相对保留的范围。何谓“税收的基本制度”目前尚没有正式解释。笔者认为，根据“无代表不纳税”的原则，创制性税收立法都应当属于法律保留的范围，创制性税收立法既包括税收实体法，也包括税收程序法。根据我国《宪法》、《立法法》，国务院，国务院各部、委员会，中国人民银行、审计署和具有行政管理职能的直属机构，省、自治区、直辖市和较大的市的人民政府，具有执行性立法权。执行性税收立法权由国务院、财政部、国家税务总局以及地方人民政府行使。在我国现行立法体制下，在宪法上规定税收制度属于法律保留事项，并不意味着行政机关不享有执行性税收立法权。在我国还存在全国人民代表大会和全国人民代表大会常务委员会的立法权限的划分，笔者认为，“基本的税收制度”应当作为全国人民代表大会的立法权限，而除“基本的税收制度”以外的税收制度应当作为全国人民代表大会常务委员会的立法权限。税收基本法、税收征收管理法以及重要的税种法应当属于其他基本法律，应当由全国人大制定。其他税收法律由全国人大常委会制定。行政机关的创制性税收立法必须基于法律的授权，地方政府的创制性税收立法权也要来源于法律的授权。税收授权立法应当遵循《宪法》和《立法法》的授权立法的规则。行政机关基于职权享有执行性税收立法权。

一些国家宪法对于税收公平原则有比较具体的规定，有的还明确提出采取累进税率。笔者认为，宪法上的税收公平原则不宜规定得过于具体，应当给予立法者足够的税收立法的自由裁量空间，以便立法者能够根据不同国情、社会经济的发展状况、税收征收管理水平等因素制定最优税制，协调税收公平原则与税收效率、税收社会政策原则的关系。因此，我国宪法只宜对税收公平原则作原则性规定。

2. 关于我国税收立宪模式的建议

税收立宪模式是指在宪法中规定税收条款的形式和体例的安排。有学者认为税收立宪模式大体上分为以下几种：①"义务型税收立宪模式"，是指在宪法规定公民权利义务等内容的章节中对公民的纳税义务等进行规范的形式。在这种模式中，由于其所规定内容的不同，还可以分为两种不同的形式，第一种形式为单纯规定公民的纳税义务的形式；第二种形式是在规定公民纳税义务的同时还规定了有关税收法律的原则、内容等的问题。②"制度型的税收立宪模式"，是指在宪法规定国家经济或财政制度等内容的章节中对税收基本制度、基本原则等问题进行规定。③"义务与制度混合模式"，是指在宪法规定国民权利与义务的章节中规定国民的纳税义务，而在国家的经济制度或财政体制等章节中规定税收的设定、原则等内容的模式。除上述三种模式外，还有少数国家的宪法是在规定立法机关的权力或内容的章节中，规定了税收立法的权力或税收法律的基本原则。[①]

笔者认为，税收立宪的意义在于规范和控制税收立法权，单纯的纳税义务规定并不符合税收立宪的要求。纵观各国宪法，笔者认为，各国税收立宪的内容往往体现在宪法的不同部分，从不同的侧重点规定税收立宪的事项，各国税收立宪的模式大体上可以分为以下几种模式：①在公民权利义务章节和议会（或者立法机关）章节规定税收条款，例如韩国、越南、泰国、哈萨克、乌兹别克、吉尔吉斯、叙利亚、俄罗斯、乌克兰、保加利亚、墨西哥、哥斯达黎加、危地马拉、智利、玻利维亚、阿根廷等。②在公民权利义务和财政税收章节中规定税收

① 王鸿貌、李小明：《税收立宪论》，载《法学家》，2004(2)。

条款，例如日本、黎巴嫩、科威特、阿联酋、巴林、西班牙、摩尔多瓦等。③在议会（或者立法机关）章节规定税收条款，例如荷兰、爱尔兰、冰岛、列支敦士登、丹麦、挪威、希腊、马其顿、菲律宾、巴拿马、萨尔瓦多等。④在财政税收或者经济制度章节中规定税收条款，例如约旦、伊朗、德国、比利时、芬兰、卢森堡、斯洛伐克、斯洛文尼亚、格鲁吉亚、厄瓜多尔、尼加拉瓜等。⑤在公民权利义务章节中规定税收条款，例如意大利、罗马尼亚、土耳其、塞浦路斯、土库曼等。⑥在议会和财政税收章节中规定税收条款，例如葡萄牙、立陶宛、印度、巴基斯坦、新加坡、马来西亚、洪都拉斯、巴西、委内瑞拉等。

在我国《宪法》修改时增加财政章节的可能性不大，笔者认为，可以在“公民的基本权利和义务”部分规定“公民有依照法律纳税的义务”的同时，规定税收公平原则。在全国人民代表大会及其常务委员会的职权条文中增加关于其税收立法权的规定，将“制定、修改和废除税收征收管理基本制度、重要税种的法律”明确为全国人民代表大会的立法职权，将“制定、修改和废除其他税种的法律”明确为全国人民代表大会常务委员会的立法职权。

三、宪政视野下的我国税收法律制度的不足及其完善建议

在宪政视野下，我国应当逐步实现创制性税收立法权主要由全国人民代表大会及其常委会行使，同时授权地方权力机关行使必要的地方税创制性立法权，对授予行政机关创制性税收立法权应当加以严格限制。以宪法的税收公平原则来衡量我国现行的税收法律制度，尚存在诸多与宪法原则相抵触之处，下文重点就个人所得税法、财产税法和税收征收管理法来加以分析。

（一）宪政视野下的我国个人所得税法的不足及其完善建议

1. 宪政视野下的我国个人所得税法的不足

以宪法的税收公平原则来衡量我国现行《个人所得税法》，在以下几个方面还存在不足：

第一,分类制课税模式不能实现税收纵向公平。课税模式设计是个人所得税的基础之一。不同类型的课税模式在税基和税率等税制要素方面差别较大,在体现公平或效率原则方面也有很大区别。从各国实践看,个人所得税可以分为综合制、分类制和混合制三种课税模式。[①] 综合制是指对于纳税人的各类所得,不论其来源均视为一个所得整体,经汇总计算后,适用统一的宽免和扣除规定,按照统一的累进税率计算应纳税额的课税模式。分类制是指对于纳税人的各类所得,要区分所得来源分别适用于不同税率。分类制也可以被视为按所得类别设置的几个单独税种,因为不同所得之间在计算应纳税款时没有什么实质联系。分类制通常采用比例税率,仅对工薪所得可能会采用累进税率,使得税率的累进性较弱。混合制也称二元制、分类综合制,这种模式是指对于纳税人的各类所得,先按照所得类别分别适用不同税率,在此基础上,对于较高的所得再按累进税率征收一道附加税。在实践中,有些国家对部分所得分类征税,对另一些所得类别综合征税。这也可以归入混合制。分类税制由于无法汇总所得、无法按照纳税人具体情况给予宽免和扣除,所以不能全面反映纳税人的负担能力,在纵向公平方面几乎毫无作为。仅从理论上看,混合制综合了综合制、分类制的优点,但实践效果却远不是这样。混合制的结构最为复杂,给税收征管带来很多困难,使得这种模式从执行结果看,远远达不到其预期的公平目标。从公平和效率角度评价,这种模式并不理想,所以许多西方学者对这种模式的评价较差。在实践中采用纯粹的混合制模式的国家越来越少。从公平的角度评价,综合制比分类制有优势,综合制比较符合"负担能力"原则,其税基和税率设计都能体现公平,尤其是纵向公平的要求。从总体上看,只有实现了纵向公平,才真正实现了税收公平的目标,个人所得税应当以实现纵向公平为己任,因此,综合制课税模式代表着个人所得税

① 夏琛舸:《所得税的历史分析和比较研究》,第145—152页,大连:东北财经大学出版社,2003。

的发展方向。我国目前的个人所得税制仍然采用分类制的课税模式，不利于实现税收的纵向公平。

第二，费用扣除不能反映纳税人的实际纳税能力。从理论上说，所得税的税基应该是净所得而不是毛所得。换言之，应该是从毛所得中扣除为了获得该所得而必须支付的各种费用之后的余额，即税法上所谓的应税所得。应予扣除的项目主要由三部分构成：第一部分是纳税人养家糊口的生计费用，这主要是为了保障劳动力的简单再生产；第二部分是为取得所得所必须支付的有关费用（以经营性费用为主）；第三部分是为了体现特定社会目标而鼓励的支出，如慈善捐赠、赡养费等。相应地，在各国税法中，对扣除项目主要可以分为个人宽免、经营费用和非经营费用三类。美国等少数发达国家在这三类扣除项目之外还强调对亏损的处理，所以在这类国家中，扣除项目还包括亏损。就个人宽免来说，各国税法对生计费用的正式用词通常为“个人宽免”，有的国内学者也将其称为“家计扣除”，它是对有效维持纳税人本人及家庭生计及健康所必要的生活费用支出项目的扣除，其实质是扣除纳税人的基本生活费用，保证劳动力的简单再生产。从理论上说，生计扣除应实现几个基本目标：①对最低收入阶层免税；②促进税率的累进性；③考虑纳税人的家庭因素，能适应赡养人口多少及家庭成员状况不同的各个家庭的实际情况；④调整税收负担。在个人宽免的设计上，各国普遍考虑家庭因素，即纳税人的配偶、老人、孩子数量、被抚养者数量，部分国家还专门照顾残疾人，所以个人宽免的内容比较宽泛。一般做法是，先规定基本宽免，然后针对配偶、子女、老人、被抚养者、残疾状况等分别规定各种补充宽免。[①] 我国目前的个人所得税的工资薪金的费用扣除采取单一的标准，没有考虑纳税人的家庭负担，不能反映纳税人的实际纳税能力，不能很好地体现量能课税原则。另外，我国个人所得税的工资薪金所得的

---

① 夏琛舸：《所得税的历史分析和比较研究》，第171—174页，大连：东北财经大学出版社，2003。

费用扣除不能随物价指数上涨及时调整，往往容易使低收入阶层也成为个人所得税的纳税人，使个人所得税变成“人头税”。

第三，工资薪金所得的最高边际税率过高，税率级次过多。如何设计累进税率制度？这涉及效率与公平的权衡。按照效率原则的要求，累进税率结构应当是税率档次少，边际税率低；而按照公平原则要求，税率档次多，边际税率高。这种情况也正好与各国税制发展的进程相吻合，以美国为例可加以说明。美国个人所得税税率的变化较大。1913 年开征个人所得税时，税率水平很低，最低边际税率为 1%，最高边际税率为 7%。1917 年，最高边际税率调至 67%。1925—1931 年，税率水平又有所降低，最高边际税率只有 25%左右，1929 年的最低边际税率仅为 0.375%。从 1932 年开始，税率水平逐年增高，1944 年达到最高水平，最低边际税率为 23%，最高边际税率为 94%。1944 年之后，个人所得税税率逐年降低，从 1993 年开始，最高边际税率为 39.6%。[①] 2001 年 5 月下旬，美国参众两院通过了布什的减税议案。这意味着，自 2001 年 7 月 1 日起，美国在未来 11 年中减税 1.35 万亿美元。这是美国 20 年来最大的一项减税计划，根据方案内容，布什减税计划的重点是削减个人所得税。从世界来看，个人所得税改革的趋势是降低最高边际税率，减少税率级数。我国目前个人所得税采取九级超额累进税率，最高边际税率为 45%，最高边际税率过高，税率级数过多。

2. 宪政视野下的我国个人所得税法的完善建议

个人所得税在体现量能课税原则上有着重要意义，我国目前个人所得税的征管手段还比较落后，从而制约了我国个人所得税由分类制课税模式向综合制模式的转变。今后，我国应当积极创造条件，加强个人所得税的征管，逐步提高个人所得税在税收体系中的地位，积极推进分类制课税模式向综合制课税模式转变。在费用扣除的设

① 蔡秀云：《个人所得税制国际比较研究》，第 181—182 页，北京：中国财政经济出版社，2002。

计上要充分考虑纳税人的主观纳税能力，即他的家庭负担、健康状况等因素，真正体现按照实际纳税能力来负担税款。同时，要充分保障纳税人的生存权，最低限度的生活费用不得课税。在税率设计上适当降低最高边际税率，减少税率级数。

(二)宪政视野下的我国财产税法的不足及其完善建议

1. 宪政视野下的我国财产税法的不足

财产税可以分为财产保有税和财产转让税，我国目前的财产保有税主要有车船税、房产税、城镇土地使用税等，财产转让税主要有契税等。各种强制性的房地产收费属于本书所指的广义税收，也可以认为是财产税。以宪法的税收公平原则来衡量我国目前的财产税制，在以下几个方面存在不足：

第一，房地产强制性收费违反受益原则。正如前文所述，某些准公共产品具有受益的差异性、拥挤性，但是不具有受益的排他性，或者排他的成本过于高昂而在技术上不可行，这样就需要根据受益程度对这种准公共产品的受益者强制性收取费用以弥补准公共产品的成本，这就是受益税的一种根据。本书所指的广义税收包括以收费名义出现的受益税。我国目前在房地产的开发、交易等环节的行政性收费主要是强制或者变相强制收取的，具有广义税收的性质，属于受益税的范畴。但是，我国目前的房地产收费没有对缴费人受益程度的科学测算依据，收费的支出很多并非用于使缴费人特定受益的支出范围。我国政府各部门目前对房地产收费可以分为三类：①项目性收费。一是为城市基础设施建设筹资的收费，这类收费占房地产开发成本的15%左右，包括城市基础设施配套费、人防工程费、水电增容费、电网改造费、供水设施工程补偿费等；二是为公共配套设施的建设筹资的收费，这类收费大约占房地产开发成本的10%至15%，包括商业网点配套费、教育设施配套费、易地绿化建设费、体育设施配套费、邮电通讯设施配套费、城市公用消防设施配套费等。②管理费、手续费。主要包括立项管理费、开发管理费、拆迁管理费、施工管理费、规划管理费、房地产租赁合同审核费、鉴证费、房地产买卖抵押鉴证费、绿化管理费、建设项目划定红线手续费、验线费、土地出让管理费、土地测量费等。③各种证件工本费。主要包括建设用地规划许可证工本费、建设工程规划许可证费、国有土地使用权证工本费等。[1] 王超斌等10位全国政协委员在2008年3月向第十一届全国政协一次会议提交了一份联名提案——《关于减少政府收费环节遏制住房价格上涨的建议》,委员们在调研各地房价飙升的原因时了解到,各地政府在房地产开发过程中所征收的费用,除了土地出让金和双重配套费外,收费达50余项,涉及25个部门,这些成本占到房价的15%至20%。王超斌委员指出,在这50多个收费环节中,有很多个收费属于乱收费、白收费。比如,企业交了绿化费以后还是要自己花钱做绿化。再比如,开发商的图纸,政府部门收上去象征性地看一看,动辄就要几十万甚至几百万的收费。[2] 可见,我国目前的房地产收费已经严重违背了受益原则。

第二,在不动产保有环节,没有对不动产开征统一规范的物业税。现行的城镇土地使用税和房产税只在城市、县城、建制镇和工矿区征收,而把广大农村的应纳税对象排除在征税范围之外。同时,城镇土地使用税和房产税均将个人所有非经营用的房地产等列为免税对象,使征税范围非常狭窄。应当看到,经过改革开放的发展,我国当前的制度安排和经济结构已经发生了深刻的变化。一是经济转轨时期伴随着工业化的进程,农村城市化程度不断提高,一些地区已具备了城市的功能,尤其是在经济发达地区的农村,房产规模急剧扩大,经营用房快速膨胀,可以纳入征税范围,作为稳定的税收来源;二是中国住房制度改革使得居民住房的商品化程度大大提高。高收入阶层通常选择面积大、地段好、各种服务设施齐全的住房,因而享受了更多的社会公共服务。对个人自用住房完全免税,不仅使国家放

① 王洪卫、陈歆、戴扬等编著:《房地产租费税改革研究》,第65—66页,上海财经大学出版社,2005。

② 《税费比例占房价四成多,十委员连夜递减费提案》,http://finance.sina.com.cn/g/20080314

弃了调节居民收入分配的重要手段，还违背了多受益者多纳税的公平原则。[①]

2. 宪政视野下的我国财产税法的完善建议

从宪法的税收公平原则来衡量我国现行财产税法，应当逐步取消房地产开发、交易等环节的不合理收费，创造条件适时开征统一、规范的物业税。中共中央十六届三中全会通过的《关于完善社会主义市场经济体制若干问题的决定》提出："实施城镇建设税费改革，条件具备时对不动产开征统一规范的物业税，相应取消有关收费。"在我国物业税的设计中，可以将纳税人界定为：全国各城市、县城、建制镇、工矿区拥有土地使用权和房屋所有权的单位和个人以及拥有农村经营性用房所有权的单位和个人。土地使用权和房屋所有权出典的，承典人为纳税人。我国的物业税税制要素设计可采用以市场价值体系为基础，按照物业分类不同适用差别比例税率，在统一评估比率基础上分别评估征税的模式。[②]

（三）宪政视野下的税收征收管理和争讼法的不足及其完善建议

税收征收管理和争讼法属于税收程序法，应当遵循宪法上的正当法律程序原则，充分保障纳税人的程序性权利，尊重纳税人的主体地位。以宪法的正当法律程序原则衡量我国的税收征收管理和争讼法，在纳税争议行政复议前置以及设置前置条件这些问题上存在明显的缺陷。

我国《税收征收管理法》第八十八条第一款规定："纳税人、扣缴义务人、纳税担保人同税务机关在纳税上发生争议时，必须先依照税务机关的纳税决定缴纳或者解缴税款及滞纳金或者提供相应的担保，然后可以依法申请行政复议；对行政复议决定不服的，可以依法向人民法院起诉。"第二款规定："当事人对税务机关的处罚决定、强制执行措施或者税收保全措施不服的，可以依法申请行政复议，也可以依法向人民法院起诉。"纳税争议实行行政复议前置，剥夺了纳税

①② 张青等：《物业税研究》，第136、122页，北京：中国财政经济出版社，2006。

人、扣缴义务人、纳税担保人对于行政复议和行政诉讼的选择权，无疑对他们权利的救济是不利的，也无助于提高税务行政复议的公正性与效率。

根据《税收征收管理法》第八十八条的规定，对于与征税有关的纳税争议，不仅行政复议是行政诉讼的前置程序，行政复议本身也需要满足一定的前置条件。如果纳税人、扣缴义务人或担保人不能先依照税务机关的纳税决定缴纳或者解缴税款及滞纳金或者提供相应的担保，不得申请行政复议。这种关于税务行政复议前置条件的规定，实际上源自国务院 1986 年 4 月 21 日颁布的《税收征收管理暂行条例》，该《条例》第四十条规定："纳税人、代征人或其他当事人同税务机关在纳税或者违章处理问题上发生争议时，必须首先按照税务机关的决定缴纳税款、滞纳金、罚款，然后在十日内向上级税务机关申请复议。上级税务机关应当在接到申诉人的申请之日起三十日内作出答复。申诉人对答复不服的，可以在接到答复之日起三十日内向人民法院起诉。"1992 年 9 月 4 日通过的《税收征收管理法》对纳税争议仍然实行复议前置主义，仍然将缴纳税款和滞纳金作为复议前提。其修改之处在于，对其他类型的税务争议改行选择复议制度，对罚款的争讼也不再要求先行缴纳罚款。2001 年 4 月 2 日修订的《税收征收管理法》增加了纳税人、扣缴义务人、纳税担保人在提供担保后申请行政复议的规定。尽管增加了纳税担保的内容之后，纳税争议行政复议的条件已经有所缓和，但迄今为止，这仍然是一个饱受诟病的条款。法律之所以如此强硬地要求当事人只有在缴纳税款及滞纳金之后才能申请复议，主要是考虑税款的及时安全入库。实际上，按照《行政复议法》第二十一条的规定，在行政复议期间，原则上不停止具体行政行为的执行。按照《行政诉讼法》第四十四条的规定，在行政诉讼期间，原则上也不停止具体行政行为的执行。如果出现停止执行的情形，一般也是行政机关或法院认为有必要，或者法律法规有直接的规定。这足以说明，税款的安全与申请复议、提起诉讼之间没有必然联系。为纳税争议的行政复议设置前置条件，其手段和目的之间缺乏必要的平衡，因而严重违背了法治国家所要求的比例原则。如果当事人无法缴纳税款和滞纳金，其申请救济的权利就完全被剥夺。因此，纳税争议行政复议前置条件的规定有违背宪法原则的嫌疑。[①]

保护纳税人的权利、提高纳税人的地位是税收程序法的主旨。加拿大在1985年专门颁布了《纳税人权利宣言》，规定纳税人享有如下权利：获得完整而准确的征税资料；税务人员公正、诚实、快捷和礼貌的服务；企业机密和个人隐私权的充分保护；由独立司法机关处理征纳纠纷。[②] 我国税收征收管理和争讼法应当进一步完善对纳税人权利的保护，把为纳税人服务落到实处，对纳税争议实行选择复议制度，取消纳税争议的行政复议或者行政诉讼的前置条件。

建立完善的税收法律制度，必须要有健全的税收立法体制。因此，应当进一步加强税收立法民主化建设，同时，通过违宪审查制度对税收立法进行适度的干预，使税收立法在民主和宪政的轨道上运行。

① 刘剑文、熊伟：《税法基础理论》，第484—490页，北京大学出版社，2004。

② 荣建华：《纳税人权利保障制度的立法探讨》，载《中央财经大学学报》，2001(3)。

结 语

人民负有纳税义务，并非基于统治者的强权，而是基于全社会对于公共产品、准公共产品以及矫正负外部性的需求。税收是全社会通过集体决策确定的公共产品的“价格”(一般目的税)、准公共产品受益者所分担的准公共产品成本(受益税)、负外部行为的制造者对于社会损失的补偿(矫正税)。为了保障人民的财产权和自由权，税收立法权原则上应当由代议机关保留。但是，税收的专业性、技术性越来越强，税收具有了越来越多的经济调节功能，税收行政立法不可避免。由代议机关行使创制性税收立法权，行政机关基于授权行使特定的创制性税收立法权以及基于授权或者职权行使执行性税收立法权，同时，税收行政立法受到代议机关、司法机关的监督，这是既能够保障公民基本权利，同时又具有效率的税收立法权横向配置的模式。根据本国国情赋予地方政府适度的税收立法权，具有积极的效应。反之，取消地方税收立法权则会扼制地方政府的积极性，过度地赋予地方税收立法权，则会带来恶性的税收竞争。税收条款是现代各国宪法的重要内容，宪法不仅对税收立法权的配置作出规定，而且确立了税收立法权行使的基本原则，主要有税收公平原则、生存权保障原则以及正当法律程序原则等。违宪审查机构基于一定的审查基准，对税收立法进行适度的干预，通过权力制约机制，使税收立法权达到良好的运行状态，在民主、自由、社会公平正义之间保持协调。

“税收是文明的对价”，而世界上的各种文明却呈现出复杂的多样性，从而也使得世界更加丰富多彩。西方文明从征税权的斗争中孕育出代议制民主，摆脱了封建专制，为资本主义市场经济的发展创造了政治条件,走上了现代化道路。各国都有自己的历史传统,各国都应当选择适合本国国情的发展道路,各国政治法律制度的设计也必须从本国的国情出发。对于发展中国家而言,学习西方发达国家的经验,吸收西方文明的合理价值,是融入世界发展潮流的必然选择。但是,照搬西方发达国家的模式,往往并不成功,甚至带来灾难。税收立法权配置和控制制度的设计也必须适合本国的国情,服务于本国的发展目标,并随着社会经济的发展不断加以改革,逐步走上民主、法治的轨道。探索我国的税收立法权配置和控制制度对于我国社会主义民主、法治建设具有重要的开拓意义。

参考文献

中文原著：

1. 葛克昌、陈清秀.《税务代理与纳税人权利》.北京大学出版社,2005。

2. 葛克昌.《行政程序与纳税人基本权》.北京大学出版社,2005。

3. 葛克昌.《税法基本问题——财政宪法篇》.北京大学出版社,2004。

4. 葛克昌.《所得税与宪法》.北京大学出版社,2004。

5. 黄俊杰.《纳税人权利之保护》.北京大学出版社,2004。

6. 黄俊杰.《税捐正义》.北京大学出版社,2004。

7. 葛克昌.《国家学与国家法:社会国、租税国与法治国理念》.台北:月旦出版社股份有限公司,1996。

8. 黄俊杰.《宪法税概念与税条款》.台北传文文化事业有限公司,1997。

9. 陈清秀.《税法总论》(第三版).台北:翰芦图书出版有限公司,2004。

10. 刘剑文主编.《财税法论丛》.北京:法律出版社。

11. 徐孟洲主编.《税法》.北京:中国人民大学出版社,2006。

12. 刘剑文主编.《税法学》.北京:人民出版社,2003。

13. 刘剑文、熊伟.《税法基础理论》.北京大学出版社,2004。

14. 刘剑文.《财税法专题研究》(第二版).北京大学出版

社,2007。

15. 张守文.《税法原理》(第四版).北京大学出版社,2007。

16. 钱俊文.《国家征税权的合宪性控制》.北京:法律出版社,2007。

17. 刘丽.《税权的宪法控制》.北京:法律出版社,2006。

18. 周刚志.《论公共财政与宪政国家——作为财政宪法学的一种理论前沿》.北京大学出版社 2005。

19. 朱孔武.《财政立宪主义研究》.北京:法律出版社,2006。

20. 白彦锋.《税权配置论:中国税权纵向划分问题研究》.北京:中国财政经济出版社,2006。

21. 涂龙力、王鸿貌.《税收基本法研究》.大连:东北财经大学出版社,1998。

22. 熊英主编.《地方税收法律问题研究》.北京:中国税务出版社,2001。

23. 许善达等.《中国税权研究》.北京:中国税务出版社,2003。

24. 施正文.《税收程序法论——监控征税权运行的法理与立法研究》.北京大学出版社,2003。

25. 杨小强.《税法总论》.湖南人民出版社,2002。

26. 杨文利主编.《中国税权划分问题研究》.北京:中国税务出版社,2001。

27. 陶广峰主编.《经济法学》.北京:中国检察出版社,2007。

28. 陶广峰等.《经济全球化与中国经济法》.北京:中国检察出版社,2006。

30. 陶广峰、张宇润.《金融创新与制度创新》.北京:中国政法大学出版社,2006。

31. 杨紫煊主编.《经济法研究》.北京大学出版社。

32. 徐杰主编.《经济法论丛》.北京:法律出版社。

33. 漆多俊主编.《经济法论丛》.北京:方正出版社。

34. 史际春主编.《经济法学评论》.北京:中国法制出版社。

35. 李力.《宏观调控法律制度研究》.南京师范大学出版社,1998。

36. 刘定华、肖海军等.《宏观调控法律制度研究》.北京:人民法院出版社,2002。

37. 漆多俊主编.《宏观调控法研究》.北京:方正出版社,2002。

38. 张莉莉.《经济法自由理念研究》.北京:中国检察出版社,2007。

39. 周旺生.《立法学》.北京:法律出版社,2004。

40. 朱力宇、张曙光主编.《立法学》(第二版).北京:中国人民大学出版社,2006。

41. 乔晓阳主编.《立法法讲话》.北京:中国民主法制出版社,2000。

42. 戚渊.《论立法权》.北京:中国法制出版社,2002。

43. 邓世豹.《授权立法的法理思考》.北京:中国人民公安大学出版社,2002。

44. 陈伯礼.《授权立法研究》.北京:法律出版社,2000。

45. 刘莘.《行政立法研究》.北京:法律出版社,2003。

46. 崔卓兰、于立深.《行政规章研究》.长春:吉林人民出版社,2002。

47. 汪全胜.《制度设计与立法公正》.济南:山东人民出版社,2005。

48. 曾祥华.《行政立法的正当性研究》.北京:中国人民公安大学出版社,2007。

49. 王宝明等.《抽象行政行为的司法审查》.北京:人民法院出版社,2004。

50. 吴大英、任允正、李林.《比较立法制度》.北京:群众出版社,1992。

51. 李林.《立法机关比较研究》.北京:人民日报出版社,1991。

52. 苗连营.《立法程序论》.北京:中国检察出版社,2001。

53. 汪全胜.《立法效益研究——以当代中国立法为视角》.北京:中国法制出版社,2003。

54. 张千帆.《宪法学导论》.北京:法律出版社,2003。

55. 韩大元主编.《宪法学》.北京:高等教育出版社,2006。

56. 许崇德主编.《宪法》.北京:中国人民大学出版社,1999。

57. 童之伟.《国家结构形式论》.武汉:武汉大学出版社,1997。

58. 张千帆等.《宪政、法治与经济发展》.北京大学出版社,2004。

59. 吴越.《经济宪法学导论:转型中国经济权利与权力的博弈》.北京:法律出版社,2006。

60. 高培勇主编.《费改税:经济学界如是说》.北京:经济科学出版社,1999。

61. 高培勇主编.《中国税费改革问题研究》.北京:经济科学出版社,2004。

62. 安体富、王海勇等.《当前中国税制改革研究》.北京:中国税务出版社,2006。

63. 郭庆旺等编著.《当代西方税收学》.大连:东北财经大学出版社,1997。

64. 袁振宇等编著.《税收经济学》.北京:中国人民大学出版社,1995。

65. 岳树民、李建清等.《优化税制结构研究》.北京:中国人民大学出版社,2007。

66. 葛夕良.《国内税收竞争研究》.北京:中国财政经济出版社,2005。

67. 储敏伟、杨君昌主编.《财政学》.北京:高等教育出版社,2000。

68. 钟晓敏主编.《地方财政学》(第二版).北京:中国人民大学出版社,2005。

69. 邓子基等.《地方税系研究》.北京:经济科学出版社,2007。

70. 张美中.《税收契约理论研究》.北京:中国财政经济出版

社,2007。

71. 刘溶沧、赵志耘主编.《税制改革的国际比较研究》.北京:中国经济出版社,2002。

72. 财政部《税收制度国际比较》课题组编著.《美国税制》.北京:中国财政经济出版社,2000。

73. 财政部《税收制度国际比较》课题组编著.《加拿大税制》.北京:中国财政经济出版社,2000。

74. 财政部《税收制度国际比较》课题组编著.《日本税制》.北京:中国财政经济出版社,2000。

75. 财政部《税收制度国际比较》课题组编著.《德国税制》.北京:中国财政经济出版社,2004。

76. 财政部《税收制度国际比较》课题组编著.《英国税制》.北京:中国财政经济出版社,2000。

77. 财政部《税收制度国际比较》课题组编著.《法国税制》.北京:中国财政经济出版社,2002。

78. 财政部《税收制度国际比较》课题组编著.《俄罗斯联邦税制》.北京:中国财政经济出版社,2000。

79. 财政部《税收制度国际比较》课题组编著.《韩国税制》.北京:中国财政经济出版社,2001。

80. 财政部《税收制度国际比较》课题组编著.《台湾税制》.北京:中国财政经济出版社,2002。

81. 许云霄.《公共选择理论》.北京大学出版社,2006。

82. 黄恒学主编.《公共经济学》.北京大学出版社,2002。

83. 钱乘旦、许洁明.《英国通史》.上海社会科学院出版社,2002。

84. 阎照祥.《英国政治制度史》.北京:人民出版社,1999。

85. 李剑鸣.《美国通史》第Ⅰ卷《美国奠基时代 1585—1775》.北京:人民出版社,2002。

86. 吕一民.《法国通史》.上海社会科学院出版社,2002。

87. 郭华榕.《法国政治制度史》.北京:人民出版社,2005。

88. 孙翊刚主编.《中国财政史》.北京:中国社会科学出版社,2003。

89. 吴兆莘.《中国税制史》(全二册).北京:商务印书馆,1995年影印版。

90. 郑备军.《中国近代厘金制度研究》.北京:中国财政经济出版社,2004。

91. 夏国祥.《近代中国税制改革思想研究(1900—1949)》.上海财经大学出版社,2006。

92. 田穗生等.《中外代议制度比较》.北京:商务印书馆,2000。

93. 周叶中.《代议制度比较研究》.武汉大学出版社,2005。

中文译著:

1.[英]西蒙·詹姆斯、克里斯托弗·诺布斯著.《税收经济学》.北京:中国财政经济出版社 1988。

2.[英]斯蒂芬·贝利著,左昌盛、周雪莲、常志霄译.《地方政府经济学:理论与实践》.北京大学出版社,2006。

3.[日]金子宏著,战宪斌等译.《日本税法》.北京:法律出版社,2004。

4.[日]井手文雄著,陈秉良译.《日本现代财政学》.北京:中国财政经济出版社,1990。

5.[日]金子宏著,战宪斌等译.《日本税法》.北京:法律出版社,2004。

6.[日]北野弘久著,陈刚、杨建广等译.《税法学原论》.北京:中国检察出版社,2000。

7.[日]宫泽俊义著,董璠舆译.《日本国宪法精解》.北京:中国民主法制出版社,1990。

8.[美]理查·A·穆斯格雷夫、皮吉·B·穆斯格雷夫著,邓子基、邓力平编译.《美国财政理论与实践》.北京:中国财政经济出版社,1987。

9.［美］鲍德威、威迪逊著，邓力平译.《公共部门经济学》（第二版）. 北京：中国人民大学出版社，2000。

10.［美］布伦南、布坎南著，冯克利等译.《宪政经济学》. 北京：中国社会科学出版社，2004。

11.［美］瑟仁伊著，丁一译.《比较税法》. 北京大学出版社，2006。

12.［美］哈维·S·罗森著，郭庆旺、赵志耘译.《财政学》. 北京：中国人民大学出版社，2006。

13.［美］费雪著，吴俊培译.《州和地方财政学》. 北京：中国人民大学出版社，2000。

14.［美］布坎南著，娄承曜译.《公共财政与公共选择》. 北京：中国财政经济出版社，2000。

15.［美］墨菲等著，解学智等译.《美国联邦税制》. 大连：东北财经大学出版社，2001。

论文：

1. 陈敏.《宪法之租税概念及其课征限制》.《政大法学评论》第 24 期。

2. 王毅.《中国皇权社会赋税制度的法理逻辑及其制度结果——从"王税"、"官课"成为赋税制度基本形态谈起》.《华东师范大学学报（哲社版）》，2007（1）。

3. 张守文.《论税收法定主义》.《法学研究》，1996（6）。

4. 张守文.《税权的定位与分配》.《法商研究》，2000（1）。

5. 赵长庆.《论税权》.《政法论坛》，1998（1）。

6. 吴国平等.《税收立法权划分研究》.《财经理论与实践》，2001（5）。

7. 陈书全、杨林.《〈立法法〉与我国税收立法体系的完善》.《税务与经济》，2002（6）。

8. 刘剑文.《关于我国税收立宪的建议》.《法学杂志》，2004（1）。

9. 王源扩.《财政法基本理论问题研究回顾与探析》.《江西财经

大学学报》,2004(2)。

10. 华国庆.《中国税权重构的法律思考》.《河北法学》,2004(9)。

11. 翟继光.《税收法定原则比较研究》.《杭州师范学院学报(社科版)》,2005(2)。

12. 胡学勤.《论税收立法权的划分及立法体制的改革》.《涉外税务》,2003(10)。

13. 李金亮.《英国议会征税权探源》.《史学月刊》,1994(4)。

14. 曾尔恕.《美国宪法规定的国会征税权》.《政法论坛》,1988(1)。

15. 鲁篱.《税收法律主义初探——兼评我国税收授权立法之不足》.《财经科学》,2000(2)。

16. 齐志宏.《西方发达国家多级政府间税收权限与税收范围划分的比较分析》.《税务研究》,2002(1)。

17. 王鸿貌、李小明.《税收立宪论》.《法学家》,2004(1)。

18. 孙开.《税收权限划分的国际比较与启示》.《财经问题研究》,1999(3)。

19. 苏明.《中国地方税税权的划分研究》.《宏观经济研究》,1999(11)。

20. 周俊琪.《中央与地方税权关系的历史考察》.《税务研究》,2004(12)。

21. 安体富、王海勇.《税权划分的国际比较与改革思路》.《经济研究参考》,2006(58)。

22. 李炜光.《公共财政的宪政思维》.《战略与管理》,2002(3)。

23. 赵世义.《经济宪法学——宪法学与经济学理论交融的历史启迪》.《法律科学》,1997(3)。

24. 单飞跃.《经济宪政:一个宪政新命题的提出》.《湖湘论坛》,2005(3)。

25. 王怡.《立宪政体中的赋税问题》.《法学研究》,2004(5)。

26. 李龙、朱孔武.《财政立宪主义论纲》.《法学家》,2003(6)。

27. 朱孔武.《财政立宪主义:论题、命题与范式》.《江苏行政学院学报》,2007(4)。

28. 陶广峰.《法律现代化与意识形态化色彩》.《中国法学》,2003(4)。

29. 陶广峰.《全球化与中国经济法的发展进路》.《南京大学学报》,2005(3)。

30. 陶广峰.《从中国经济法的发展历程看经济法的国家观》.《甘肃政法学院学报》,2007(1)。

31. 陶广峰、胡小红.《公共经济法论略》.《安徽大学学报》,2005(2)。

32. 张千帆.《从宪法到宪政——司法审查制度比较研究》.《比较法研究》,2008(1)。

33. 赵娟.《论行政法的宪政基础——对行政法与宪法之间关系的再认识》.《中国法学》,2005(2)。

34. 赵娟.《对"代议机关至上论"的回应》.《江苏警官学院学报》,2007(4)。

35. 张辰龙.《在自由与民主之间保持张力——保守主义经济学家的民主理论》. 载刘军宁等编《直接民主与间接民主》. 三联书店,1998.

36. 汤善鹏.《立法权正当行使的法理学研究》. 吉林大学 2006 年博士论文。

37. 范立新.《从税收专制主义到税收宪政主义》. 厦门大学 2003 年博士学位论文。

38. 徐红.《财权掌控与财政民主——英美议会财政权的政治学分析》. 复旦大学 2006 年博士论文。

39. 李培才.《政府干预的法律问题研究》. 南京大学 2006 年博士论文。

40. 杨仕兵.《公共物品供给法律规制研究》. 南京大学 2007 年博士论文。

41. 李玉虎.《经济发展与法律制度变迁论纲——以中国经济改革与法律制度发展为视角》.南京大学2007年博士论文。

42. 胡小红.《公共利益及其相关概念再探讨》.《学术界》,2008(1)。

英文文献:

1. Tiebout, Chaeles M, A: Pure Theory of Local Expenditures, Journal of Political Economy 64(October 1956).

2. Wilson, J. D.: Theories of Tax Competition, National Tax Journal 52, 1999.

3. J. M. Buchanan: The Limits of Liberty, The University of Chicago Press, 1975.

4. Tollison, Robert: Public and legislation, Vieginia Law Review vol. 74, 1988.

5. E A Marmolo: Constitutional Theory of Public goods, Journal of Economic Behavior & organization, vol. 38.

6. Paul Silk & Rhodri Walter: How Parliament works, London and New York: Longman, 1988.

7. Boadway, R. W: Public Sector Economics, Winthrop Publidhers, Inc. 1979.

8. Richard. Waganer: Charging for Government: User Charges and Earmarked Taxes in Principle and Practice, Routledge chapman and Hall Inc. 1991.

9. Somchai sujjaongse: Tax Policy and Reform in Asian Countries, Journal of Asian Economics 16(2005).

10. Junghun Kim: Tax Reform Issues in Korea, Journal of Asian Economics 16(2005).

11. Ronald Burgress: Public Revenue without Taxation, Sheperd－weldwyn Ltd. 1993.

12. William H. Hoyt: Tax Policy Coordination, Vertical Externalities, and Optimal Taxation in a system of Hierarchical Governments, Journal of Urban Economics 50(2001).

13. Steven Vago (Saint Louis University): Law and Society (Third Edition), New Jersy, Prentice Hall, Englewood Cliffs, 1991.

14. Rainmonodo, Henry John: Economics of State and Local Government, New York, N. Y. Praeger, 1992.

15. James Buchanan: Liberty, Market and State, Political Economy in the 1980s, Brightan: Wheatsheaf, 1986.

16. Peter Self, Government by the Market (The Politics of Public Choice)? Boulder & San Francisco, Westriew Press, 1993.

17. James. M. Buchanan, Constitutional Economics, Oxford, 1991.

18. R ichar B. M ckenzie, Constitutional Economics, Preface by Edw in J. Feulner, J r. , L exington , 1984.

19. Leroy N. Rieselbach: Congressional Politics: The Evolving Legislative System, Boulder, San Franscisco. Oxford: Westview Press, 1995.

20. James l. Sundquist: The Decline and Resurgence of Congress, Washington D. C: The Brookings Institution, 1981.

21. Bagehot: The English Constitution, Cambridge University Press, 2001.

22. Andrew Beale, Esential Constitutional Law, Cavendishing Limited, 1997.

23. Breton, A. Competitive Governments: As Economic Theory of Politics and Public Finance, Cambridge u. a, 1996.

24. Oates, Wallace E. Fiscal Federalism, New York: Harcourt Brace Jovanovich, 1972.

25. Hyman, D. N, Public Finance: a Contemporary Application of Theory to Plicy, Harcourt, Inc. , 1999.

26. Brennan. Geoffery and Buchnan. James, The Power to Tax, Cambridge University Press, 1980.

27. Dennis C. Mueller, Public Choice , Cambridge, New York: Cambridge University Press, 2003.

28. Brennan, G, Buchanan, J., The Power to Tax: Analytical Foundations of a Fiscal Constitution, Cambridge University Press, 1980.

29. Taxing Powers of States and Local Governments, OECD Publication, 1999.

30. Oates, Wallace E. , An Essay on Fiscal Federalism, Journal of Economic Literature(37), 1999.

31. Todd Sandler, Collective Action, The University of Michigan Press, 1992.

32. Richard Cornes and Todd Sandler, The Theory of Externalities, Public Goods and Club Goods, Cambridge University Press, 1995.

33. P. A, Samuelson, The pure Theory of Public Expenditure, Review of Economies and statistics(36), November, 1954

后记

本书是在我的博士论文的基础上修改而成的。2004年金秋有幸成为南京大学的一名博士研究生,师从陶广峰教授研习经济法。导师的精彩授课为我指明了研究的方向、开拓了我的学术视野。多年来,导师在各种场合传道授业、指点迷津。导师学识渊博,其见解常令我感到高屋建瓴、耳目一新。本文的选题和写作都凝聚了导师的大量心血,不断得到导师的指点、鼓励。在论文初稿完成后,导师花费大量时间给予了精心的修改。在此,谨致以深深的敬意和感谢!

孙南申教授、范健教授、李浩教授、眭鸿明教授、赵娟教授在论文答辩中提出了很多宝贵意见,为进一步研究指明了方向。在此深表敬意和感谢!

在读博期间,南京大学法学院范健教授、邵建东教授、张淳教授、孙国祥教授的精彩授课给我很多启发,在此深表敬意和感谢!南京大学法学院老师的敬业精神给我留下了深刻印象,永远激励我投身于科学研究事业。南京大学厚重的学术氛围、悠久的校园文化积淀使我受到深深的感染。

感谢王源扩教授、王先林教授、华国庆教授、储育明教授、程雁雷教授、张宇润教授等多年来的鼓励和帮助,感谢华国庆教授对论文修改提出的宝贵建议,感谢安徽人学法学院的领导和同事对我的学习提供的支持和帮助,感谢陈颖洲老师提供了宝贵的宪法资料。

感谢安徽大学出版社的大力支持，感谢安徽大学出版社朱丽琴编辑在本书出版过程中提出的宝贵修改意见、付出的艰辛劳动。

感谢安徽大学经济法制研究中心、安徽大学“经济法前沿问题研究”创新团队为本书出版提供的经费资助。

胡小红

2009 年 2 月 15 日于安大龙河校区